养老服务发展实践：困境与出路
——来自重庆的观察

罗　伟◎著

中国书籍出版社
China Book Press

图书在版编目（CIP）数据

养老服务发展实践：困境与出路：来自重庆的观察 / 罗伟著 . -- 北京：中国书籍出版社，2024.5

ISBN 978-7-5068-9870-6

Ⅰ . ①养… Ⅱ . ①罗… Ⅲ . ①养老—社会服务—研究—重庆 Ⅳ . ① D669.6

中国国家版本馆 CIP 数据核字（2024）第 093925 号

养老服务发展实践：困境与出路——来自重庆的观察

罗　伟　著

图书策划　成晓春

责任编辑　吴化强

封面设计　博健文化

责任印制　孙马飞　马　芝

出版发行　中国书籍出版社

地　　址　北京市丰台区三路居路 97 号（邮编：100073）

电　　话　（010）52257143（总编室）（010）52257140（发行部）

电子邮箱　eo@chinabp. com. cn

经　　销　全国新华书店

印　　刷　天津和萱印刷有限公司

开　　本　710 毫米 ×1000 毫米　1/ 16

字　　数　237 千字

印　　张　13.5

版　　次　2025 年 1 月第 1 版

印　　次　2025 年 1 月第 1 次印刷

书　　号　ISBN 978-7-5068-9870-6

定　　价　96.00 元

前　言

中国拥有庞大的老年群体，面临着日益严峻的老龄化形势。据国家统计局发布的数据显示，2023 年末全国 60 岁及以上人口高达 29697 万人，占全国人口的 21.1%，其中 65 岁及以上人口达 21676 万人，占全国人口的 15.4%，老年群体的大规模增加势必带来对养老服务的巨大需求。当前，养老问题越来越受到社会各方的高度关注。积极应对人口深度老龄化，加快发展养老服务业，不断满足老年人持续增长的养老服务需求，既是保障和改善民生的迫切需要，也是促进经济社会持续健康发展的必然要求。

中国社会化养老服务起步较晚，“十二五”期间才真正开始迅速发展起来。近年来社会养老服务资源快速增加，居家养老和社区养老服务也得到大规模发展，在满足老年人养老服务需求方面发挥了积极作用。但是，中国的养老服务体系在快速发展的同时还存在不少问题。

重庆市作为中国的一个大城市，养老服务是其社会发展的重要方面之一。尽管近年来重庆市一直致力于改善养老服务，提高老年人的生活质量，不断完善老年人福利政策，建设了一系列的养老机构和社区服务设施，但其老龄化程度还是较高，提高养老服务的质量和覆盖面已成为一个必须面对的任务。

在内容上，本书共分为三个篇章，第一篇为总报告，主要是重庆市养老服务发展报告，分为三个部分：重庆市养老服务发展现状、重庆市养老服务发展趋势研判、加快重庆市养老服务发展的对策建议；第二篇为专题研究，分别是重庆市机构养老服务发展报告、重庆市社区居家养老服务发展报告、重庆市社会力量参与重庆市养老服务发展报告、重庆市脱贫地区农村养老服务发展报告、重庆市养老服务需求调研报告；第三篇为实践探索，分别探析了渝中区积极探索大城市中心城区社区养老服务可持续发展之路、九龙坡区逐步构建舒适便民的居家养老服务体系、渝北区稳健推进居家和社区养老服务社会化、开州区着力完善养老服务政策体系、大足区注重农村养老服务体系建设与管理创新、奉节县努力探索贫困家庭失能人员集中兜底供养路径、綦江区横山镇市级健康养老示范基地建设纪实、武隆区仙女山镇市级健康养老示范基地建设纪实。

在撰写本书的过程中，作者参考了大量的学术文献，得到了许多专家学者的帮助，在此表示真诚感谢。本书内容系统全面，论述条理清晰、深入浅出，但由于作者水平有限，书中难免有疏漏之处，希望广大同行及时指正。

罗 伟

2023 年 12 月

目 录

第一篇　总报告

本篇主要内容为总报告，主要论述了重庆市养老服务发展报告，主要分为三个部分：重庆市养老服务发展现状、重庆市养老服务发展趋势研判、加快重庆市养老服务发展的对策建议。

重庆市养老服务发展报告

养老问题是世界性难题。比中国更早进入老龄社会的发达国家，至今仍然没有完全解决包括政府和社会、家庭、个人的责任边界，以及服务模式优化选择等养老难题。怎样建立和完善符合本国实际的养老服务体系，是各国普遍关注和积极探索的问题。

与发达国家相比，中国由于特殊的现代化进程和人口发展状况，老龄化社会呈现出速度快、规模大，并伴随着“少子”老龄化、高龄化、空巢化、家庭结构小型化和家庭保障功能快速弱化的现象。[①] 同时，我国老年人患病比例高，患病时间早，带病时间长。[②] 这些特征叠加“未富先老”“未备先老”的经济社会发展阶段背景，人口老龄化已对我国社会发展和经济增长形成严峻挑战。党的十八大以来，以习近平同志为核心的党中央高度重视我国的老龄化问题，提出了“着力发展老龄产业”“培育老龄产业新的增长点”等一系列重要论断，十九大报告提出了“加快老龄事业和产业发展”的要求，及时科学综合应对人口老龄化，事关国家发展全局，事关亿万百姓福祉。

---

① 郑功成：我国的人口老龄化速度之快、规模之大 世界前所未有。http://www.rmzxb.com.cn/c/2018-03-12/1991764.shtml.

② 健康中国行动推进委员会办公室。http://www.nhc.gov.cn/xcs/s7847/201907/520f21e5ac234785bcc363a286866fb0.shtml.

2018 年，重庆市 60 岁以上户籍老年人口达到了 719.55 万，占总人口的 21.13%，其中，65 岁以上老年人口 516.24 万，占比为 15.17%，老龄化率居全国第六，西部第一，[①] 重庆即将进入超老化社会；相关资料显示，2035 年，重庆老龄人口将达到 871 万；2050 年，将接近 1000 万，[②] 重庆市人口老龄化不可逆转的趋势正在加速发展。重庆在全国 31 个省区市中，经济发展位居中等偏上水平，社会发展与国内不少省市有较大差距，如何应对"银发浪潮"的挑战，构建符合中国国情和重庆特点的以居家为基础、社区为依托、机构为补充、医养相结合的养老服务体系，提高养老服务质量，增进民生福祉，努力让老年人"老有所养、老有所医、老有所为、老有所学、老有所教、老有所乐"，成为市委市政府高度重视的问题。对重庆养老服务发展进行全面研究，明晰发展现状和历程，诊断发展的堵点、痛点、难点，把握发展形势和趋势，明确发展任务和重点，对提升基本公共服务效能，培育新的经济增长点，为促进全市养老服务高质量发展提供有效智力支持有着重要的现实意义和战略价值。

一、重庆市养老服务发展现状

（一）主要成效

经过 20 年的不断发展，特别是经过"十三五"时期的快速发展，全市以居家为基础、社区为依托、机构为补充、医养相结合的养老服务体系初步形成，制度设计不断加强，政策支持体系不断完善，养老服务市场全面放开，老年人福利持续提升，初步构建起"大养老"格局。2018 年末，全市有养老床位 21.8 万张，每千名老人拥有床位 30.8 张；社区养老服务能力覆盖率超 80%；[③] 全市护理型床位占比达 22%。[④] 建成养老产业聚集区 3 个，国家级示范养老机构 2 家，医养结合示范机构 5 家。

---

① http://gongyi.cqnews.net/column/2019-10/16/content_50696005.html.

② 重庆市民政局社会福利和慈善事业促进处．开创新时代养老服务工作的重庆实践 [J]. 社会福利，2018（4）.

③《重庆市民政工作情况汇报》，重庆市民政局，2019 年 4 月 27 日。

④ 关于市五届人大二次会议第 0230 号建议办理情况的答复函 .http://wsjkw.cq.gov.cn/rdjyzxtardjy/20190617/247158.html.

1. 养老服务制度设计进一步加强

为了保障老年人的合法权益，发展老龄事业，积极应对人口老龄化，弘扬中华民族敬老、养老、助老的传统美德，根据《中华人民共和国老年人权益保障法》等法律、行政法规，重庆结合本市实际制订实施《重庆市老年人权益保障条例》，从 8 个方面对养老相关事宜进行了规范，于 2018 年 3 月 1 日起实行。为维护老年人合法权益，规范养老机构服务行为，促进养老机构发展，政府出台了《重庆市城乡养老机构服务管理办法》（渝府令〔2008〕214 号）。国家取消养老机构设立许可后，重庆市为进一步做好养老机构规划建设、机构设立、扶持发展、服务运营及其监督管理，迅速出台了《重庆市养老机构管理办法》（渝府令〔2019〕326 号）。为促进养老服务业健康有序发展，进一步规范特困人员供养服务机构、社区养老服务设施和社会办养老机构等政府奖励补助资金管理，切实发挥资金使用效益，重庆制订了《重庆市养老服务市级财政资金管理办法》（渝民发〔2018〕43 号）。为解决长期失能人员的长期护理和日常照料难题，根据《人力资源和社会保障部办公厅关于开展长期护理保险制度试点的指导意见》（人社厅发〔2016〕80 号）精神，重庆制订了《重庆市长期护理保险制度试点意见》（渝人社发〔2018〕43 号）。为弥补农村养老服务发展短板，市民政局联合 8 个部门下发了重庆市《关于加强农村留守老年人关爱服务的实施意见》。为进一步提升老年人福利水平，重庆实施了高龄津贴、养老服务补贴和护理补贴三项制度。

2. 养老服务政策体系不断完善

2011 年到 2017 年是我国养老政策体系建设快速推进期，多项国家和地方政策文件的密集出台推动了养老服务的快速发展。重庆市把养老服务作为惠民利民的重要工作来抓，坚持以需求为导向，注重政策引领，创新服务供给机制，完善服务体系，夯实发展基础，努力破解制约养老服务业健康发展的制度瓶颈，相继出台了一系列的政策措施，对全市养老服务发展起到了良好的促进作用，为全面加快重庆市养老服务发展提供了有效保障。全市以社区养老服务为突破口，先后印发了《重庆市人民政府办公厅关于印发 22 件民生实事工作实施方案的通知》（渝府办发〔2013〕217 号）、《重庆市人民政府办公厅关于印发重庆市社区养老服务“千百工程”实施方案的通知》（渝府办发〔2018〕99 号），以“民生工程”的形式切实推进社区养老服务发展；以《重庆市人民政府关于加快推进养老服务业发展的意见》（渝府发〔2014〕16号）、《重庆市人民政府办公厅关于全面放开养老服务市场提升养老服务质量的实施意见》（渝府办发〔2017〕162号）为代表的系列政策文件，从建设补贴、税费优惠、运营扶持、土地供应等方面不断完善支持政策。

3. 机构养老趋于理性，空间分布基本均衡

市民政局“养老服务机构管理信息系统”（以下简称“机构管理系统”）数据显示，全市有养老机构1403家，床位11.85万张，入住老年人总数为6.71万人，床位使用率为56.6%，其中，城市养老服务机构484家，床位6.02万张，入住老年人总数为3.61万人，床位使用率59.90%；农村养老服务机构919家，床位5.83万张，入住老年人总数为3.10万人，床位使用率53.24%。

重庆2013年大力推进城市社区养老服务发展，机构养老逐渐向“补充”角色定位回归。中国民政统计年鉴数据显示，2017年年末养老机构数比2014年下降了23.56%，年末职工人数下降了7.39%，年末床位数下降了18.06%，年末在院人数下降了36.51%，机构建筑面积下降了6.08%。2013年前，机构床位使用率基本在七成以上，从2014年起逐年下滑，较低的床位利用率，一定程度上表明机构养老仍超前于社会发展需求。

如图1-1-1所示，在区域分布上，全市城市养老机构呈现出“主城丰渝东南瘠”的地域分布特征。城市养老机构的数量分布依照地域位置自主城向渝西片区、渝东北片区和渝东南片区逐渐减少，经济相对发达的主城片区机构数量普遍多于其他几个片区。

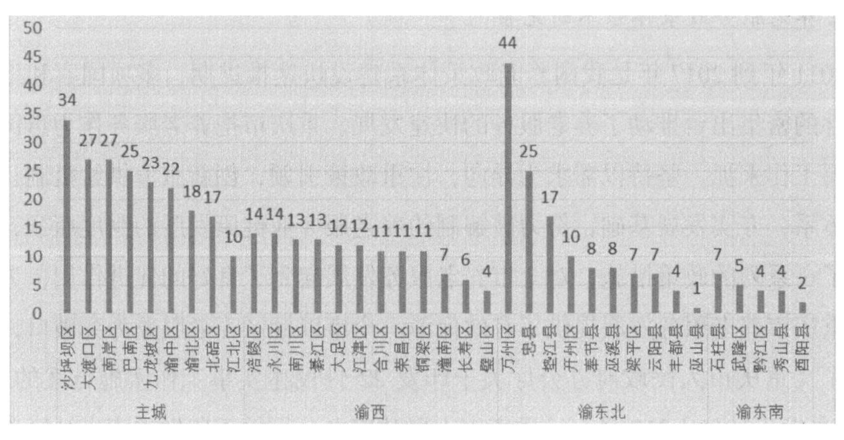

图1-1-1　城市养老机构区域分布图

数据来源：根据“机构管理系统”数据整理

如图 1-1-2 和图 1-1-3 所示，农村养老机构基本分布在主城以外的其他区县。37 个区县（渝中区没有农村）中 18 个区县的农村敬老院实现全覆盖，秀山、潼南、忠县敬老院机构覆盖率在 90% 以上，梁平、垫江、武隆、丰都、彭水、沙坪坝等地敬老院机构覆盖率在 80—90%。为补齐农村养老服务短板，26 个区县的 183 所乡镇敬老院为 1399 名农村社会老年人提供托养服务。①

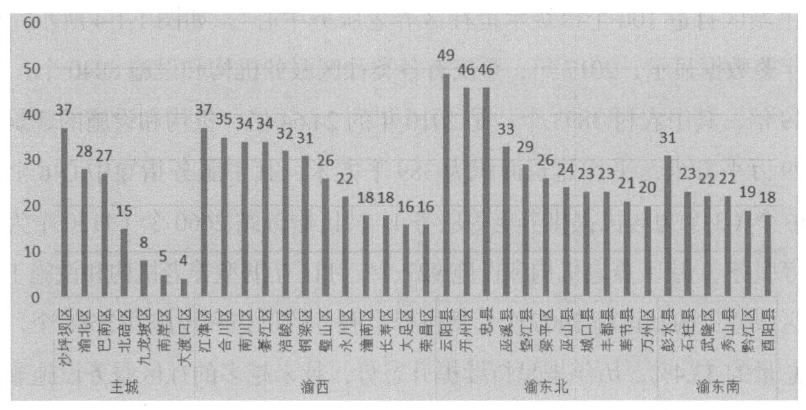

图 1-1-2　农村养老机构区域分布

数据来源：根据“机构管理系统”数据整理

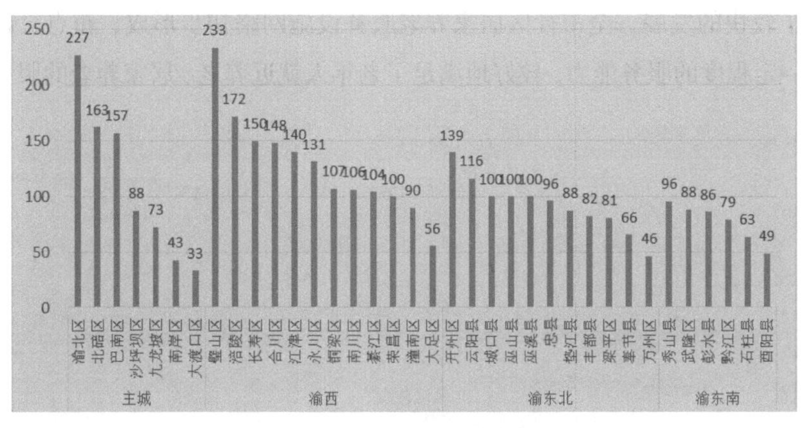

图 1-1-3　乡镇敬老院覆盖率

数据来源：根据“机构管理系统”数据整理

① 重庆市人民政府关于《市人大常委会对〈重庆市国民经济和社会发展第十三个五年规划纲要中期实施情况评估报告〉的审议意见》办理情况的报告 . http://www.ccpc.cq.cn/home/index/more/id/215983.html.

4. 社区居家养老服务网络日渐合理

历年来，重庆高度重视社区养老服务发展。2006 年，重庆开始实施 5000 个五保家园建设计划（渝府发〔2006〕37 号），2013 年，重庆开始实施“新增城镇社区养老服务中心（站）1000 个”计划（渝府办发〔2013〕217 号），2018 年，开始实施“千百工程”（渝府办发〔2018〕9 号），“新增 1000 个社区养老服务站，重点在主城区打造 100 个市级示范社区养老服务中心”。如图 1-1-4 所示，中国民政统计年鉴数据显示，2017 年，重庆有各类社区服务机构和设施 8040 个，是 2010 年的 4.19 倍，其中农村 3893 个，是 2010 年的 24.64 倍；机构和设施的建筑总面积为 312.79 万平方米，平均建筑面积为 389 平方米，其中服务指导中心 6 个，服务中心 446 个（3 个为居民提供养老等服务），社区服务站 2660 个（1130 个为居民提供养老等服务），社区养老机构和设施 927 个，社区互助型养老机构和设施 1594 个，其他社区服务机构和设施 2407 个。提供养老服务的机构和设施共 2688 个，占机构和设施总量的 33.4%，历年来呈持续提升态势，越来越多的社区服务设施兼有养老功能。社区养老机构和设施 51.6% 在城市、48.4% 在农村。以在农村地区建设的包括老年日间照料中心、托老所等为主体的社区互助型养老设施由 2014 年的 511 个增加到 2017 年的 1594 个，上升幅度明显，表明重庆农村地区的社区养老设施近三年得到了较快的发展。全市社区居家养老服务设施网络初步形成、布点日趋合理，具备了一定程度的服务能力，较好地满足了老年人就近养老、居家养老的服务需求。

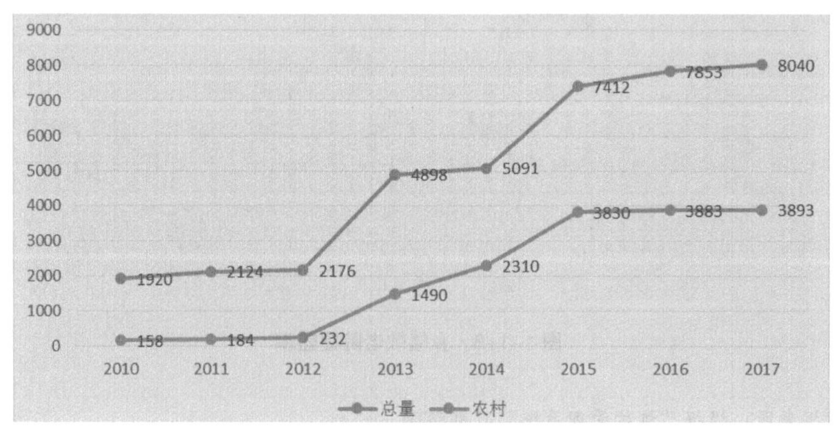

图 1-1-4 历年社区养老机构和设施数

数据来源：根据历年《中国民政统计年鉴》整理

如图 1-1-5 所示，2010 年，全市社区养老床位有 1345 张，从 2013 年开始激增，连续三年保持高速增长态势：2013 年是 2012 年的 3.36 倍，2014 年是 2013 年的 3.33 倍，2015 年是 2014 年的 1.69 倍。2016 年后全市开始逐步对五保家园等类社区养老床位进行规范，社区养老床位进入平稳发展期。

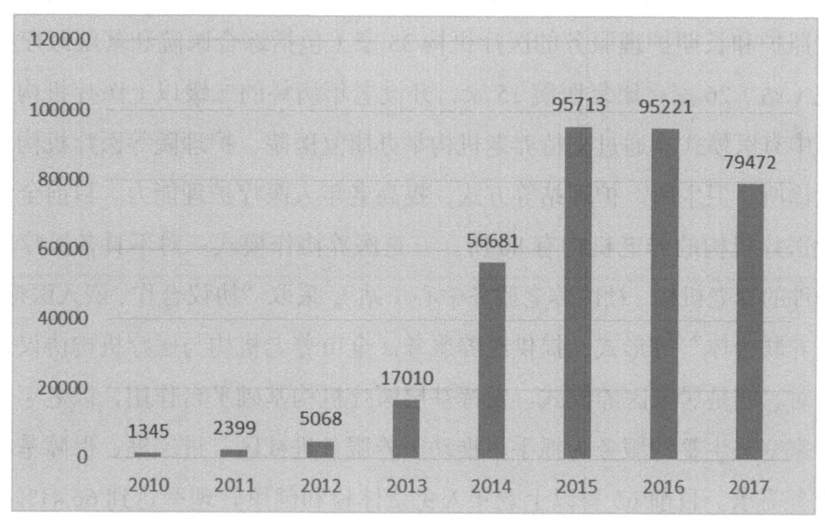

图 1–1–5　历年社区养老床位数

数据来源：根据历年《中国民政统计年鉴》整理

5. 医养结合的养老服务模式初现端倪

近年来，重庆大力推进医养结合养老服务发展。2018 年，全市护理型床位占比达 22%，养老机构医疗卫生服务能力达 72%。[①]2016—2018 年三年累计安排资金约 5 亿元用于支持市中西医结合康复医院、市第十一人民医院、市总工会南温泉疗养院、市第一社会福利院、市第二社会福利院老年残疾人收养康复中心、市革命伤残军人康复医院老年介护楼等一批医养结合型养老机构的建设，目前该批项目已陆续建成并投入使用，为养老群体就医、康复等提供更多选择。经过三年

① 重庆市人民政府关于《市人大常委会对〈重庆市国民经济和社会发展第十三个五年规划纲要中期实施情况评估报告〉的审议意见》办理情况的报告。http://www.ccpc.cq.cn/home/index/more/id/215983.html.

的试点探索与大力推广，全市基本形成了四种医养结合模式。一是医中有养模式。医疗机构利用医疗资源优势，采取建立老年病科、护理院、养护中心，或成立养老机构等形式，提供托老养老及医养结合服务。如：重医附一院成立青杠老年护养中心，并与丹麦合作设立“中国—丹麦养老示范基地”；市十三院整体转型为市老年病医院；大足区人民医院等区县级医院增设老年护养中心。目前，全市提供养老照护和长期护理服务的医疗机构33家（包括综合医院和基层医疗机构），护理院（站）26家，康复医院15家，开设老年病科的二级以上医疗机构86个。二是养中有医模式。通过支持养老机构举办康复医院、护理院等医疗机构，或内部设置诊所、卫生所、护理站等方式，提高老年人医疗护理能力。目前全市设立或内设医疗机构的养老机构有80所。三是医养协作模式。对不具备医疗服务资质和条件的养老机构、社区养老服务中心（站），采取“协议合作、嵌入医疗服务、共建医养联合体”等形式，提供医养服务。全市养老机构与医疗机构协议合作签约744对。四是居家医养模式。发挥基层医疗机构基础平台作用，以老年人健康管理、家庭医生签约服务为抓手，推动医养服务进社区、进家庭，保障基本健康养老服务需求。目前65岁以上老年人免费体检和健康管理率达到66.41%，居家老年人家庭医生签约服务覆盖率达到64.68%。[①]

6. 多元化养老格局基本形成

为顺应养老服务社会化趋势，重庆大力推动公办养老机构改革，多举措鼓励社会力量参与养老服务发展，全市多元化养老格局基本形成。2018年，政府运营的养老床位占比降低到52.3%。[②]公办养老机构方面，近年来，全市持续加大财政投入，陆续新建、改建、扩建了一批公办养老机构，并积极引入社会力量参与运营。在民办养老机构方面，不同层次、不同类型的养老机构各显身手、百花齐放。“机构管理系统”数据显示，目前全市城市养老机构中，公办（建）公营115家，

① 重庆市卫生健康委员会:《关于市五届人大二次会议第0836号建议办理情况的答复函》。http://wsjkw.cq.gov.cn/rdjyzxtardjy/ 20190830/247429.html.

② 重庆市人民政府关于《市人大常委会对〈重庆市国民经济和社会发展第十三个五年规划纲要中期实施情况评估报告〉的审议意见》办理情况的报告。http://www.ccpc.cq.cn/home/index/more/id/215983.html.

公办（建）民营 33 家，民办养老机构 336 家，民办养老机构占比近七成；农村养老机构中，公办（建）公营 768 家，公办（建）民营 39 家，民办养老机构 112 家，民办也占了一成多。问卷调查数据显示，机构运营主体中民营企业占了 36.9%，事业单位占 41.4%，其他类型的运营主体占 18.6%。在社区养老服务设施运营上，问卷调查数据显示，“公办公营”占比近六成，社会力量以“公办民营”“公建民营”“民办公助”等方式积极参与社区养老服务发展。“千百工程”以机构带中心（站）的模式运营良好，形成积极的社会示范。

7. 社会力量参与养老服务发展初具规模

注重发挥市场机制作用，扶持社会力量参与养老服务，推动养老服务产业化发展，促进养老服务产业提质增效。重庆自 2005 年以来连续十三年举办中国（重庆）老年产业博览会，繁荣老年服务和老年用品市场，促进老年康复辅助器具产业发展，开展康养小镇试点工作，鼓励养老机构产业化、连锁化发展。

截至 2019 年 3 月，全市共有 1185 家社会机构参与养老服务发展，包括工商企业法人 900 家（占总量的 75.95%）、民办非企业 164 家（占 13.84%）、社会团体 120 家（占 10.13%）、基金会 1 家（占 0.08%）。从注册资本代表的设计规模看，有 960 个机构公示有注册资本信息，注册资本总额 115.84 亿元，其中 684 家工商企业法人 115.28 亿元（占 99.52%），机构平均规模 1685.39 万元；156 家民办非企业 4785 万元（占 0.41%），机构平均规模 30.67 万元；119 家社会团体 380 万元（占 0.03%），机构平均规模 3.19 万元；基金会 1 家 400 万元（占 0.03%）。无论从机构数量规模占比，还是从注册资本规模占比，社会力量以工商企业法人身份参与养老服务发展已经成为绝对主流。

全市 38 个区县都有社会力量参与养老服务发展，排在前 5 的区县占了总量的 27.93%，排在前 10 的区县占了总量的 48.44%。如图 1-1-6 所示，分区域看，37.78% 的社会力量分布在主城片区，其次是渝东北片区，占 28.86%；渝西片区占 27.34%，余下的 6.41% 分布在渝东南片区。

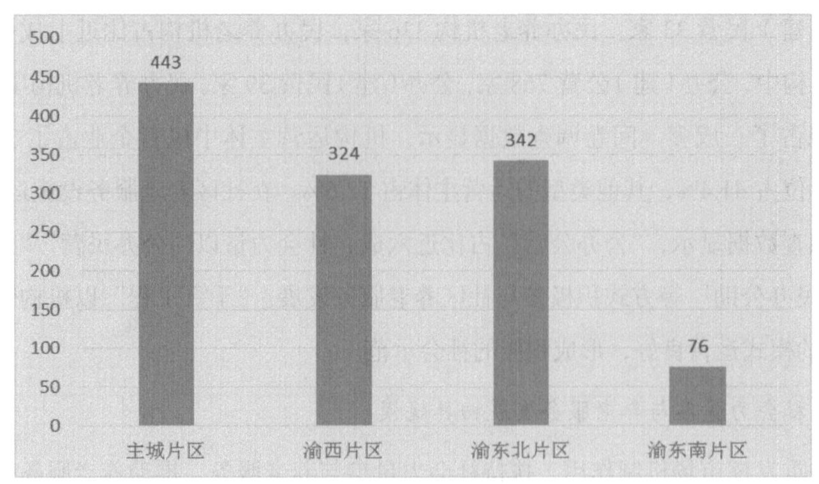

图 1–1–6　分片区社会力量机构数

数据来源：根据“中国企业信用信息公示系统（重庆）”和“重庆市社会组织信用体系查询系统”整理

调查数据显示，社会养老机构提供的服务，主要以洗涤、清洁卫生、膳食、文化娱乐、护理等常规业务为主，有 56.4% 的社会养老机构表示提供了康复服务，不到 3 成提供了心理 / 精神支持服务，15.8% 提供居家上门服务，11.6% 提供社会参与服务。社会力量提供的社区养老服务，除日间照料、现场就餐等传统项目外，文体娱乐（81.7%）、心理慰藉（67.1%）、陪伴聊天（62.2%）等服务供给也比较丰富。有超过三成的机构提供陪伴就医、呼叫服务等居家服务项目，但上门送餐、上门助浴等老年人需求量大的居家服务项目供给较少。

8. 特殊群体经济支持体系逐步健全

老年福利不断提升。如图 1-1-7 所示，中国民政统计年鉴数据显示，重庆市 2017 年享受高龄补贴的老年人为 47.48 万人，是 2011 年的 3.12 倍，是 2016 年的 1.43 倍（增加了 14.44 万人），历年来持续增加。享受养老服务补贴的经济困难的高龄失能老人 2.04 万人，是 2013 年的 36.68 倍，是 2016 年的 2.85 倍，历年来持续增加。享受护理补贴的特困人员 4.84 万人，是 2013 年的 3.17 倍，是 2016 年的 1.74 倍，历年来持续增加。2017 年重庆三项补贴人群覆盖率大幅提升。

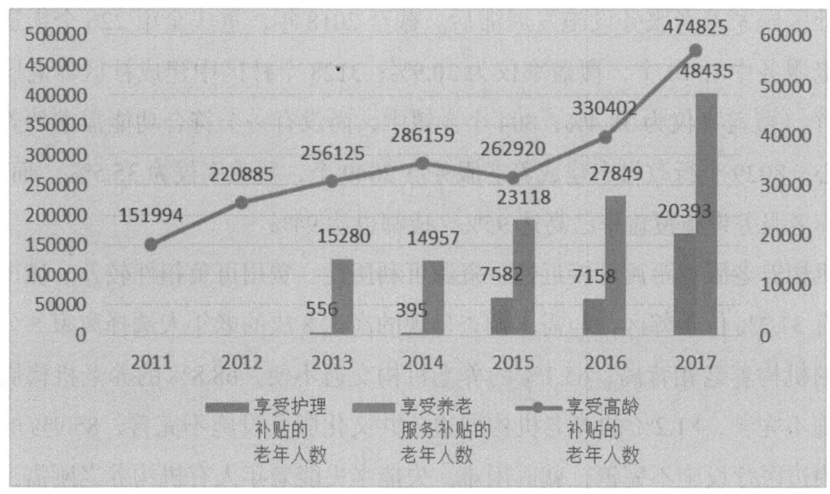

图 1-1-7　老年福利发展情况

数据来源：根据历年《中国民政统计年鉴》数据整理

兜底保障不断完善。重庆市开展"孝老安康"工程，为全市 34.5 万名老年人提供意外风险保障金 119.17 亿元，累计赔付 1265.81 万元，有效降低了老年人群体"意外返贫""意外致贫"风险；开展"民政惠民济困保"工作，覆盖 123 万名最低生活保障对象、特困人员在内的对象，累计赔付 1.02 亿元。设立失独父母住院护理保险项目，为 5.5 万名失独家庭父母提供保障金 60 亿余元，累计赔付 1508 万元，帮助解决失独家庭父母住院无子女照料的后顾之忧。

（二）存在的主要问题

重庆养老服务业在发展中取得了一定的成效，但与老年人对美好生活的向往和全方位、多样化、高效率的服务需求相比，养老服务有效供给差距还很大，管理服务水平低、市场培育不足、政策法规滞后等问题也比较突出。

1. 结构性矛盾突出

供需不匹配。主城区外的养老服务发展明显落后于主城区，居家和社区养老服务的有效性明显滞后于机构，养老机构设施适老化率不高，农村养老服务设施建设明显落后于城镇，机构中面向失能、失智老人的医护康复服务功能较弱，政府和社会逐年增大投入的举措并没有完全解决失能、失智老人及其家庭的养老服务保障问题。

社区居家养老服务设施发展滞后。截至2018年，重庆全市226个街道中建成养老服务中心70个，覆盖率仅为30.9%；3128个社区中建成社区养老服务站1201个，覆盖率仅为38.4%；804个乡镇中，尚没有一个符合功能需求的养老服务中心；8029个行政村中建成养老服务点2849个，覆盖率仅为35.5%。而上海、北京养老服务设施覆盖率已高达95%，成都也达94%。

机构养老服务距离可接近性、资源可利用性、费用可负担性较差。城市养老机构有37.2%位于郊区，与需求调查呈现的高达8成的老年人选择离家5公里范围内的机构养老相背离；65.1%的养老机构交通不便，68.8%的养老机构周边基础设施不完善，81.2%的养老机构周边公共文化服务设施不完善，85.9%的养老机构周边医疗设施不完善，就医困难。失能半失能老年人有机构养老刚需，但群众看得上又用得起、质优价廉又方便可及的有效供给还不充分。社区居家养老服务内容单一。大部分社区养老服务设施只能满足于日常活动，能提供居家上门服务的较少，要求较高的紧急救援、日间照料、精神慰藉以及医疗、康复、护理还很缺乏。医养结合服务发展缓慢。中国老年人带病生存期长，医疗护理是老年人的刚性需求，需要专业的技术支持，重庆专业的老年医疗护理机构发展缓慢，民政统计年鉴数据显示，2017年全市有老年医院13家、老年临终关怀医院2家，二者从2015年以来都没有变化，与全市快速增长的老年人需求差距较大。

2. 制度体系建设滞后

制度建设滞后。总体上，重庆养老服务领域的政策法规，基本是在国家相关政策法规的指引下制订的，以贯彻落实为主，创新不足，时间滞后。政策体系层次低。重庆市养老相关的规范性文件，除《重庆市老年人权益保障条例》外，其余都是以“意见”“办法”“实施方案”等形式存在，而北京市、天津市、浙江省、成都市等省市早在2015年就开始陆续颁布了养老服务相关条例。对国家重要政策响应慢。2018年，市医保局出台了《重庆市长期护理保险实施细则（试行）》等系列试点配套文件，12月才在大渡口区、巴南区、垫江县、石柱县4个区县启动试点工作。从国家印发指导意见，到重庆开始实施，历时两年之久。

地方标准体系缺乏。养老服务标准体系为参与主体提供基本规范，是养老服务质量的重要保证。目前，重庆已出台《重庆市养老机构服务管理标准》《重庆市社区养老服务规范》和《重庆市社区养老服务设施建设规范》等行业标准。但

化率高速增长期，养老服务刚性需求将急剧增加，全市养老服务发展面临重大机遇与挑战。

（二）居家、社区、机构融合模式成发展主流

养老模式的选择是中国传统文化、家庭支持和照顾、身体健康状况交织在一起的综合性选择。社区与居家养老服务符合我国的传统文化，使得老年人养老不与原有的生活环境脱离，符合大部分老年人养老需求，是我国未来长期养老服务的发展方向。未来，在养老方式的选择上，除了不能自理的老人，社区与居家融合的养老模式是城市老年人养老模式的优化选择。社区与居家养老融合的养老模式无论在经济角度，还是观念角度，都能更好地满足健康老年人实际养老需求。调查表明，老年人在养老方式的选择上，大多数的老年居民更为倾向居家养老，61.4% 的居民选择居家养老，而 14.4% 的居民选择居家养老为主、社区养老机构提供部分上门服务；有近 10% 的老年人有入住养老机构的意愿，其中有 80% 的老年人倾向于在离家 5 公里内选养老机构。调查数据显示，重庆有 1.04% 的老人存在重度失能问题，0.76% 完全失能，对于需要护理服务的老人，入住养老机构无疑是得到护理的最方便的形式，也是有护理需求的老年人最好的选择，而 2018 年全市需要介助和介护的老人分别只有 17.0% 和 21.3% 入住养老机构，有近八成的潜在需求需要进一步开发。全国各地推行的社区"嵌入式"养老，是养老服务机构把床位建在社区，为老人提供短期或长期住养服务、日间照料服务及为居家老人提供上门服务。这种以养老机构为龙头，将养老服务延伸辐射到社区、家庭，打造养老服务联合体，形成集团化、区域化、品牌化的运营模式在未来将成为养老服务的重要模式，"千百工程"中大量采用机构带中心（站）运营模式的有效运行，表明这一模式在重庆也行之有效，未来将得到大规模推广。

（三）"医养结合"养老服务实现社区全覆盖

我国老年人患病比例高，进入老年后患病时间早，带病时间长。① 我国近 1.8 亿老年人患有慢性病，患有一种及一种以上慢性病的比例高达 75%，失能、部分

① 健康中国行动推进委员会办公室。http://www.nhc.gov.cn/xcs/s7847/201907/520f21e5ac234785bcc363a286866fb0.shtml.

失能老年人约4000万，[①] 老年健康问题突出。调查数据显示，在重庆市，认为自己不太健康和不健康的老人占比超过30%，该项评价与年龄相关，年龄越大的老年人，健康问题更为突出，老年慢性病患病比率更高，自评健康比率越低。未来随着预期寿命的进一步提高，老年人群高龄化比例不断提高，老年人患病和失能的比例将不断提高，除了高质量的医疗服务需求外，还需要规模庞大的专业养护机构提供康复护理服务。鉴于此，早在2015年国家就对此作出了专项部署包括《关于推进医疗卫生与养老服务相结合指导意见的通知》(国办发〔2015〕84号)、《关于推进医疗卫生与养老服务相结合实施意见的通知》(渝府办发〔2016〕153号)，2016年10月印发的《"健康中国2030"规划纲要》提出"推动医养结合，为老年人提供治疗期住院、康复期护理、稳定期生活照料、安宁疗护一体化的健康和养老服务"，[②] 再次对医养结合发展进行全面部署，2019年7月又印发《健康中国行动（2019—2030年）》，其中专设"老年健康促进行动"，提出"养老机构以不同形式为入住老年人提供医疗卫生服务比例达到100%；加强社区日间照料中心等社区养老机构建设，为居家养老提供依托"等具体目标，"健康中国行动"是今后十几年推进健康中国建设的具体安排，随着社区养老服务设施全覆盖计划的实施，医养结合养老服务也将实现社区全覆盖。

（四）大数据、智能化促进养老服务向精细化、个性化方向发展

随着社会经济水平的不断提高，老年人追求高品质的老年生活愿望越来越强烈，越来越多的人将追求个性化、多元化的服务。养老服务也将从提供"一张床，一碗饭"的简单粗糙服务向专业化、精准化服务升级，实现功能再造，物质保障与精神保障并重。大数据、智能化与养老服务的融合，养老智能系统、设备的研发和推广将改变养老的服务模式，更能满足老人一站式服务、个性化服务的需求。养老企业和相关研究机构可以通过大数据技术了解市场基础、区域老龄人口需求，在此基础上研发、生产、提供针对性强的为老、适老智能化产品和服务。利用互联网、大数据、智能化技术可以及时、灵活地将老年人的需求反馈给社区养老机构，消除老年人和社区之间信息不对称的障碍，养老服务中心和养老服务站能根据社区老年人需求信息准确配置老年护理服务资源，社区老年人也可以快捷地了

① 健康中国行动推进委员会:《健康中国行动（2019—2030年）》，2019年7月9日。

② 潘毅慧，黄军斌. 新时代老年健康服务与管理 [M]. 上海：上海科学技术出版社，2022.

解社区居家的膳食服务、生活照料、家政服务、文化娱乐等养老服务供给与各方信息。重庆市大力实施的以大数据智能化为引领的创新驱动发展战略行动计划，为重庆经济社会发展带来的动力、效率和效益日趋明显，也必将为重庆的养老服务发展插上腾飞的翅膀。

三、加快重庆市养老服务发展的对策建议

加快发展养老服务是应对人口老龄化问题的重要举措，也是经济社会发展的必然要求。党的十九大报告中明确提出："积极应对人口老龄化，构建养老、孝老、敬老政策体系和社会环境，推进医养结合，加快老龄事业和产业发展"[①]，要求"必须多谋民生之利、多解民生之忧，在发展中补齐民生短板、促进社会公平正义"[②]，为新时代中国特色养老服务发展指明了方向。重庆市养老服务的发展要打通"堵点"，消除"痛点"，破除发展障碍，努力在社会关注的重点和难点问题上实现新突破、体现新作为、取得新进展。

（一）总体要求

以习近平新时代中国特色社会主义思想为指导，全面贯彻落实党的二十大精神，深入学习贯彻习近平总书记对重庆提出的"两点"定位、"两地""两高"目标、发挥"三个作用"的重要指示要求，积极应对重庆市人口老龄化的发展趋势，以高度的政治责任感做好新时代养老服务工作，坚决落实党中央、国务院关于养老服务发展的决策部署。深刻认识养老服务属于基本社会服务性质，坚持以人为本，坚持人人尽责、人人享有，坚持尽力而为、量力而行，坚持坚守底线、突出重点、完善制度、引导预期的基本原则，正确处理基本与非基本、政府与市场、供给与需求的关系，着力补齐基本公共养老服务短板、增强非基本公共养老服务弱项、提升公共养老服务质量水平，切实维护好、发展好老年人的根本利益。以建立基本公共养老服务为核心，以推动养老服务供给侧结构性改革为主线，充分发挥政府在政策指导、规划制订、托底保障、资金支持、市场培育和监督管理等方面的主导作用，发挥社会力量在养老服务中的主体作用，市场在资源配置中的决定性

---

① 曹荠．老龄化治理对策问题 [M]. 沈阳：辽宁大学出版社，2019.

② 潘毅慧，黄军斌．新时代老年健康服务与管理 [M]. 上海：上海科学技术出版社，2022.

作用，家庭和个人在养老中的基础作用。坚持问题导向，聚焦民生福祉，着力破解养老服务工作中的难点、痛点、堵点问题，确保在保障人人享有基本养老服务的基础上，有效满足老年人多样化、多层次养老服务需求，使老年人及其子女获得感、幸福感、安全感显著提高。

（二）基本思路

进一步完善政策、突出重点、聚焦难点、补齐短板，以构建与社会经济发展水平相适应、与社会需求相统一、与环境条件相协调的养老服务体系为目标，以努力实现基本养老公共服务标准化均等化、以积极培育养老产业成为新的经济增长点为抓手，不断优化养老服务供给结构，积极扩大社会有效投资，持续改善养老服务质量，充分释放养老服务消费潜力，不断壮大养老服务队伍，让老年人享受到便捷、优质、高效的养老服务，显著提高群众满意度。找准着力点，推进以制度、标准、设施、人才队伍建设等为重点的养老服务体系建设，完善养老产业发展要素支持体系，建立健全高龄、失能老年人长期照护服务体系，强化以信用为核心、质量为保障、放权与监管并重的服务管理体系，优化精神生活更加丰富、生活环境明显改善、尊老敬老爱老助老风尚浓厚的社会文化体系，构建与小康社会和“两地”“两高”目标相协调、与重庆人口老龄化相适应的“大养老”格局。实现由侧重机构养老向居家、社区和机构养老融合发展转变，由侧重发展养老事业向养老事业、养老产业共同发展转变，由侧重政府直管包办向政府购买服务、市场引导服务、激活社会服务转变，由侧重传统化粗放型服务向智能化精准化服务转变。全面建成以居家为基础、社区为依托、机构为补充、医养相结合，功能完善、规模适度、覆盖城乡的养老服务体系，服务供给能力大幅提升，养老产业全面发展、市场全面繁荣，“大养老”格局基本形成，养老服务发展整体水平达到高质量发展、高水平生活新要求，力争走在西部前列。

（三）主要举措

1. 完善养老服务体系

（1）提升居家养老能力

引导老年人树立正确的生活理念，选择科学、文明、健康的生活方式，实现健康老龄化。增强自身购买服务的能力，减少对他人的依赖；学习自我照料服务的基本技能和知识，为自身提供力所能及的服务。强化家庭成员对老年人在经济供养、生活照料、精神慰藉等方面的责任；逐步建立支持家庭养老的政策体系，支持成年子女与老年父母共同生活，履行赡养义务和承担照料责任，为家庭提供喘息服务；鼓励相关职业院校和培训机构每年面向老年人及其亲属开设一定学时的老年人护理、保健课程或开展专项技能培训。

（2）弥补社区服务设施短板

按照“一街道（乡镇）一中心，一社区（村）一站点”的思路，科学布局，加快推进社区养老服务设施建设。在布局中，以人均养老用地不低于0.2 ㎡进行规划，尽量将城市街道养老服务中心与社区卫生服务中心、乡镇养老服务中心与乡镇卫生院一体或邻近规划设置。在建设中，要符合老年人建筑设计规范和标准，满足养老服务基本功能，统一标识标牌、外观形象、功能风格、文化氛围，建设单位移交的养老服务设施必须达到交通便利、采光充足、整体移交要求。在改造中，要加快升级农村敬老院等特困供养服务设施，充分整合闲置资源，将企业废弃厂房、闲置学校、商业闲置用房等改造为养老服务设施，实现“变废为宝”。

（3）优化机构养老结构

使机构养老结构的发展满足基本养老服务需求，服务失能失智老年人，有方便可及的养老机构可供老年人选择，引导社会力量适度建设面向中高收入家庭的养老机构，满足多层次、个性化服务需求。

一是引导养老机构分型发展。依照其功能和医疗介入程度，进行科学合理的功能分类，发展自理型、介助型、介护型、临终关怀型专业化养老机构，分别收养不同身体条件和服务需要的老年人入住。探索建立老年人入住养老机构的准入制度，对准备入住的老年人进行养老需求评估。对评估符合条件的，要尽可能让其入住；不符合条件的，要劝其居家养老或由社区提供照料服务。

二是优化区域布局。适应老年人口区域分布、发展趋势和机构养老意愿，调整养老机构城乡结构布局，增加城区养老机构密度，减少郊区机构数量，统筹建设农村养老机构。

（4）加快医养结合发展

一是提升医养融合发展水平。落实家庭病床和家庭签约医生制度，依托基层卫生和养老服务机构，提供居家上门医疗卫生和养老服务，不断满足老年人的医疗和养老需求。探索医养结合运营新模式，构建医养联合体，支持养老服务机构与各类医疗卫生机构开展合作，促进医疗资源和养老资源互联互通；支持养老机构建立老年护理院、康复医院等医疗机构，对内设诊所、医务室、护理站实行备案登记；放开公办医疗机构事业法人登记限制，鼓励二级以下医院转型发展康复护理等养老服务。力争养老机构以不同形式为入住老年人提供医疗卫生服务比例、医疗机构为老年人提供挂号就医等便利服务绿色通道比例分别达到100%；护理型床位占比不低于35%，其中公办养老机构达到50%以上；二级以上综合性医院设老年病科比例不低于50%，三级中医医院设置康复科比例达到75%；每个区县至少应建设5个社区医养结合型机构，全面提升社区居家医养服务水平。

二是制订配套支持制度。制订医养结合机构规范导则，规范医养结合机构服务管理。针对养老机构老年人病种多、病员流动性小、就医频次高等特点，建立养老机构内设医疗机构医保专项支持制度。建立以老年人能力评估标准为重点的评估转接机制，根据老年人能力评估标准，鉴定老年人享受护理的等级，从而在不同类型的医养结合机构中实现转接分流，为有需要的老人提供精准服务。制订长期照护机构的建设标准，重点建设老龄型医疗机构、带有医疗功能的护理型养老机构以及社区护理站等类型的长期照护机构。

（5）推动居家、社区和机构养老融合联动

支持养老机构规模化、连锁化发展，参与社区居家养老服务设施全覆盖建设，形成机构带中心辐射站的建设运营模式，城市、农村养老服务设施社会化运营率分别达到90%和60%以上。探索“物业服务+养老服务”模式，支持物业服务企业开展老年供餐、定期巡访等形式多样的养老服务。将失能老年人家庭成员照护培训纳入政府购买养老服务目录，组织养老机构、社会组织、社工机构、红十字会等开展养老照护、应急救护知识和技能培训。开展“三社联动”，积极探索互助养老服务。大力培养养老志愿者队伍。

2. 增加养老服务供给

（1）建立健全基本养老公共服务

营造孝亲敬老社会氛围，加强无障碍环境建设。健全特困人员救助供养制度，根据全市经济社会发展水平逐步提高供养标准。完善老年人福利制度，全面落实高龄津贴、经济困难老年人养老服务补贴、经济困难的失能半失能老年人护理补贴三项制度，并根据全市经济社会发展水平，逐步提高津补贴标准；适时提高重度残疾老年人护理费用补贴标准，增强老年人的养老服务支付能力。将符合最低生活保障条件的贫困家庭中的老年人全部纳入最低生活保障范围，实现应保尽保；对符合条件的低收入家庭老年人参加城乡居民基本医疗保险所需个人缴费部分给予适当补贴。积极开展长期护理保险试点，探索建立长期护理保险制度，为年老、疾病、伤残等长期失能且达到重度失能标准人员提供基本生活照料护理服务保障。开展老年人健康管理和慢性病管理服务。进一步加强和改进老年人优待工作，与老年人日常生活密切相关的服务行业应当为老年人提供优先、优惠服务。大力发展老年教育，扩大老年教育资源供给，拓展老年教育发展路径，优化老年教育支持服务，创新老年教育发展机制，加强老年教育人才队伍建设，形成城乡统筹、覆盖广泛、形式多样、特色鲜明的老年教育格局。加强老年公共文化服务体系建设，推动公共文化服务场所优先向老年人免费或优惠开放，为老年人开展文化活动提供便利；增加老年公共文化产品供给，鼓励创作发行老年人喜闻乐见的图书、报刊以及影视剧、戏剧、广播剧等文艺作品和适合微博、微信、手机客户端等新媒体传播的优秀老年文化作品。加强老年人法律援助，建立健全市、区县、乡镇（街道）、村（社区）四级老年人法律援助体系，按照有关规定为符合条件的老年人提供法律援助；不断扩展法律援助范围，拓展老年人申请法律援助的渠道，科学设置基层法律援助站点，简化程序和手续，为老年人就近申请和获得法律援助提供便利条件；调解组织或者仲裁机构应当优先受理老年人的调解或者仲裁申请，对经济困难的老年人，减半收取仲裁费用；实施老年人养老和人身权利相关诉讼司法救助。

（2）推进普惠型养老服务发展

开展城企联动普惠养老专项行动试点，系统规划养老服务体系建设，研究制订包括土地、规划、融资、财税、医养结合、人才等一揽子专项政策支持包，设计完善包括服务对象、服务内容、服务质量规范等养老服务包，与社区养老服务设施全覆盖相结合，鼓励品牌养老机构提供连锁化经营，有效扩大普惠养老服务供给。

（3）丰富养老服务供给内容

提升社区养老服务能力，推动养老服务由生活照料向居家帮助、日间托养、医疗保健、情感慰藉、法律咨询、信息咨询、文化娱乐、社会参与等多元化服务延伸，为老年人走出家门、融入社区、参与社会提供支持，充分发挥社区养老的依托作用。支持建立以养老服务企业和社会组织为主体、社区为纽带的居家养老服务网络，大力发展以生活照料、家务料理、康复护理、精神慰藉等上门服务为主要内容的居家养老服务，提升居家养老质量。

推进老年人精神关爱服务，开展多种形式的老年心理关爱活动，督促家庭成员履行心理关爱义务。实施老年人心理健康预防和干预计划，为贫困、空巢、失能、失智、计划生育特殊家庭和高龄独居老年人提供日常关怀和心理支持服务。加强对老年严重精神障碍患者的社区管理和康复治疗，鼓励老年人积极参与社会活动，促进老年人心理健康。

完善心理健康服务体系，提高基层工作人员心理健康服务的技能水平，增强常见心理行为问题和精神障碍的早期识别能力；增强老年人的心理健康意识，改善老年人心理健康状况。鼓励老年大学、老年活动中心、基层老年协会、有资质的社会组织等宣传心理健康知识，组织开展有益老年人身心的活动。引入社会力量，为有需要的老年人提供心理辅导、情绪疏解、悲伤抚慰等心理健康服务。支持社会组织为居家、社区、机构的失能、部分失能老人提供照护和精神慰藉服务。鼓励健康服务相关企业结合老年人身心特点，大力开展健康养生、健康体检、咨询管理、体质测定、体育健身、运动康复、健康旅游等多样化服务。

（4）提升农村养老服务水平

加大农村养老服务设施建设力度，利用集体土地、流转租赁等方式，整合改造乡镇敬老院，建设区域性特困供养服务机构、社区养老服务中心等农村养老服务设施，补齐农村养老服务设施短板。鼓励社会力量将农村闲置学校、村“两委”用房、医院用房、民房等资源改造成村级养老服务站，为农村特困供养老人和经济困难的高龄、独居、空巢、失能、失智老人提供“离家不离村”的短期托养、照护等服务，增强农村老人集中照护服务能力。完善特困供养、养老服务补贴、结对关爱服务、政府购买服务等制度，建立农村留守老人关爱服务体系，切实满足农村养老服务需求。发展农村居家养老自助互助服务，建立定期探视走访制度，组织农村留守妇女、低龄健康老人、老党员、老干部、志愿者等建立互助养老队伍，对农村高龄、空巢、留守等老年人定期探视走访。

3. 提升养老服务质量

（1）完善养老服务发展规范

加强顶层设计。制订出台《重庆养老服务条例》，从立法层面规范养老服务内容、扶持政策、质量监管等。编制养老服务设施专项规划，合理布局养老服务设施。全面推行长期护理保险制度，健全长期照护项目内涵、等级评定、服务标准、质量评价等行业规范，保障老年人长期护理服务需求。

完善地方标准体系。成立重庆市养老服务标准化技术委员会，统一负责养老标准规划编制、标准起草、标准执行、标准评估等工作。参考国外先进标准、国内发达地区标准，结合重庆实际，建立完善与法律法规政策相衔接、与国家和行业标准相协调，覆盖居家、社区、机构，包含设施建设、服务提供、服务保障、监督管理等内容的重庆养老服务标准体系。优先制订老年人护理等级评估、服务质量管理、养老机构星级评定等基础性标准。积极开展养老机构标准化建设示范创建工作，支持鼓励各类养老服务机构参与国家、行业标准的起草，积极培育具备条件的机构制订具有国际先进水平的企业标准或团体标准。建立标准强制执行和监督制度，加强标准执行情况的监督检查，将检查评估结果作为养老机构星级评定、诚信体系建设和财政资金奖补的重要依据，使标准真正成为设施建设和服务管理的硬约束，全面提升养老服务整体水平。

（2）加强安全风险防控

围绕老年人安全问题，建立养老机构综合责任保险和老年人意外伤害保险制度，健全消防、安全值守、设施设备、食品药品等安全责任和管理制度，增强养老机构安全风险防控能力。加快推进空巢、留守老年人定期巡访工作，及时防范和处理老年人人身安全危险问题。推广物联网和远程智能安防监控技术，实现24小时安全自动值守，降低老年人意外风险的发生。

（3）提高设施建设质量

推进无障碍建设。重点做好养老机构、居住区、城市道路、商业网点、文化体育场馆、旅游景点、公共厕所等场所的无障碍设施建设，优先推进坡道、电梯等与老年人日常生活密切相关的公共设施改造，适当配备老年人出行辅助器具。

实施消防达标、适老化改造工程。制订并启动实施民办养老机构消防安全达标工程方案，完善人防技防措施，推动解决养老机构重大安全隐患与消防审验问题。采取政府补贴等方式，对所有纳入特困供养、建档立卡范围的高龄、失能、残疾老年人家庭，在征得房屋产权人及相邻权人同意后，按照《无障碍设计规范》实施适老化改造。

（4）推进智慧养老建设

依托全市智慧城市建设，开发全市统一的养老服务大数据平台，收集形成全面准确的老年人、养老机构、养老资源等养老相关信息数据；强化大数据研究和应用开发能力，为政府制订实施政策、优化资源配置、开展在线监管等工作提供有力支撑；借鉴公安部门管理酒店经验，完善养老服务机构管理信息系统，实时掌握老年人入住数据，为相关政策制订与实施提供科学依据；整合卫生健康部门老年人电子健康档案等资料，实现养老和医疗信息资源共享，提高医养结合服务的针对性和有效性；研究制订数据开放利用办法，向社会开放数据；鼓励市场主体开发养老相关应用，提高养老服务机构信息化水平和工作效率，为居家社区老人提供方便快捷安全的个性化、定制化养老服务。

（5）加强养老服务质量监管

建立养老服务综合监管制度。建立养老服务备案管理、年度报告、随机抽查、执法检查等制度；出台加强养老服务综合监管的意见，明确公安、民政、卫生健康、应急管理、消防救援、市场监管等部门的职能职责及综合监管的重点任务。扎实开展养老服务“双随机、一公开”工作。按照国家统一部署，建立养老机构动态黑名单，并向社会公布，对存在严重失信行为的养老服务机构及人员实施联合惩戒。加强公共信用信息互联共享，市场监管部门要将企业登记基本信息共享至共享平台，民政部门要及时更新养老机构业务管理信息系统数据。建立养老服务行业信用承诺制度，发挥养老行业协会作用，监测行业发展动态，发布行业统计数据和行业社会责任报告，形成行业自律机制。建立养老服务投诉举报制度，鼓励新闻媒体、社会公众、第三方监督机构对养老服务进行监督，形成社会监督机制。

加强老年人权益保护。加大联合执法力度，组织开展对老年人产品和服务消费领域侵权行为的专项整治行动。鼓励群众提供养老服务消费领域、非法集资线索，严厉打击养老机构向老年人推销“保健”产品或为其他经营主体推销活动提供支持以及向入住老年人非法集资行为，维护入住老年人合法权益。

4. 营造良好市场环境

（1）完善配套政策

金融支持方面，出台《关于金融支持养老服务业加快发展的指导意见》配套实施意见，提高金融支持养老服务业发展的可操作性。拓宽养老服务信贷融资渠道，鼓励银行开发适合养老服务机构的信贷，建立养老机构贷款贴息制度，制订金融支持养老服务发展的奖补实施细则。加强与国家开发银行等政策性银行的合作，鼓励开发性金融机构发挥中长期贷款优势，积极开展债券品种创新，支持企业申请发行养老产业专项债券。在现有产业引导基金内设立养老服务发展专项子基金，引导社会资金进入养老服务领域。改革考核方式，大力推动国有资本进入养老产业领域，推进养老项目建设。进一步降低投资准入门槛，扩大社会资本投资范围，鼓励社会资本通过 BT、BOT、PPP 等模式投资养老项目建设。培育一批养老服务龙头企业，支持符合条件的企业通过资本市场上市融资。促进金融服务创新，提高养老服务机构金融服务可获得性。

用地支持方面，制订养老服务设施基准地价，每年拿出一定比例的土地指标用于养老服务设施建设。科学规划布局各类养老服务设施，将养老服务设施建设纳入社区配套用房建设范围，推进社区养老服务设施配置标准化。在新建小区同步建设养老服务设施，并经规划和自然资源、住房和城乡建设、民政等部门同步验收后，整体移交街镇或民政部门；在老旧住宅小区，通过置换、租赁、购买等方式配建养老服务设施。养老服务设施整体移交后，鼓励实施公办民营，降低社会力量进入养老市场的门槛和成本。

财政支持方面，各级政府应将养老服务资金和工作经费纳入财政预算，加大对养老服务重点领域和重点项目的扶持；持续实施养老机构和社区养老服务中心（站）建设奖补措施，降低社会办养老机构投资成本；按照养老服务设施等级，分类分层对养老机构和社区养老服务中心（站）给予运营奖励补贴，提升服务运营能力；建立全市相对统一的高龄津贴和经济困难家庭高龄失能老年人护理补贴政策，提升受助群体护理服务费用的支付能力；加强政企联动，建设普惠型机构，对符合条件的民营机构和设施，进行民办公助、公办民建等，增加建设补贴、租金补贴等扶持政策。建立护理人员岗位补贴制度。

社会保险方面，尽快全面建立长期护理保险制度，健全长期照护项目内涵、等级评估、服务标准、质量评价等行业规范和体制机制，保障老年人长期护理服务需求。完善养老机构综合责任保险和老年人意外伤害保险制度，降低养老服务运营风险，出台备案制条件下财政资助政策。

医养结合方面，卫生健康部门应当牵头制订统一的筹建指导书，为医养结合机构申办人提供咨询和指导，方便申办人到相关部门办理行政许可或登记备案手续。支持基层医疗卫生机构开发利用闲置资源，以 PPP 等模式与社会力量合作开展医养结合服务。针对养老机构内设医疗机构特点，合理确定其医保限额，参照单病种结算方式按床日付费，推进医疗保障基金支付方式改革。

（2）创新养老服务运营机制

充分发挥政府主导作用，积极推动社会力量成为养老服务的主体，形成“政府主导、市场运作、社会参与”的运营模式。

首先，政府主要承担“兜底线、保基本”责任。对符合城乡特困供养条件的老年人要做到应养尽养，有集中供养意愿的，公办养老机构和农村敬老院要优先安排和保障；分散供养的，要抓好政策落实，加强关爱服务。有条件的区县，可以探索将建档立卡贫困户、低保家庭等经济困难老年人纳入政府保障范围，强化特困供养服务在养老服务中的兜底作用，确保实现人人老有所养。

其次，坚定不移全面放开养老服务市场，不断完善统一开放、竞争有序的养老服务市场体系。一是深化“放管服”改革。全面落实养老机构取消许可要求，强化服务监管，加快调整与养老机构许可相关的优化政策，确保取消养老机构设立许可后，养老机构现有优惠扶持政策不减少、不降低，各项政策平稳过渡。二是探索运营新模式。积极通过政府购买、委托经营、PPP 等方式，引入市场机制、扩大和优化社会力量养老服务供给，培育一批竞争力强、服务效果好、示范作用明显的本土品牌企业。三是积极推进公办养老机构“公建民营”。逐步让企业、社会组织承接特困人员供养、基本养老服务等原来由政府提供的服务和工作，四是促进聚力发展。加强养老服务领域社区、社会组织、社会工作“三社联动”，鼓励慈善机构和志愿力量参与养老服务，进一步形成敬老爱老养老的社会环境。

（3）加强产业发展引导

制订养老产业发展规划。整合高校及科研机构、市场主体、政府相关部门力量，深入开展养老服务发展市场调研，制订养老产业发展规划，为社会资本参与养老服务发展提供指引。结合重庆实际，综合考虑养老市场需求、产业效率、老年人收入和消费等因素，优先发展老年服务业、老年用品业、老年地产业、老年金融业和老年康养业。

以“老博会”为载体，搭建养老服务发展国际交流平台。聚焦“一带一路”倡议和内陆开放高地建设，加强中新、中丹、中日等国际养老服务交流，推动项目合作，引进国外大型养老集团，借鉴学习国际先进管理理念、发展模式、服务经验、技术标准，培育本地养老服务国际化品牌，建设养老服务国际化集聚区。

做好养老服务政策指引。全面梳理现行由财政支出安排的各类养老服务项目，公布重庆市现行养老服务扶持政策措施清单、养老服务供需信息。将养老服务纳入政府购买服务指导性目录，建立基本养老公共服务清单，制订政府购买养老服务标准。集中清理废除妨碍统一市场和公平竞争的各种规定和做法。

5. 加强养老服务人才培养

（1）完善人才培养体系

将养老服务人才纳入全市人才发展和人才培训奖补体系。整合民政、人力社保、卫生健康、教育等资源，培育一批养老服务专业人才培训基地，开展岗前培训、技能培训、家庭照护培训，提升服务技能水平。鼓励高校设置养老护理相关专业，建立养老护理专业奖学金、学费减免等制度，吸引青年人才就读养老护理相关专业。制订《重庆市关于加强养老护理员教育培训实施意见》，完善养老护理员终身职业技能培训制度。

（2）建立护理人才激励制度

凡进入养老机构或社区养老服务中心（站）从事养老护理工作的高校毕业生，给予入职补贴并分年发放；对长期从事一线养老护理工作的人员，根据工作年限给予补贴优待。根据经济社会发展状况，稳步提高养老服务从业人员薪酬水平，推动养老服务行业平均薪酬待遇原则上不低于上年度全市服务行业的平均工资水平。按照《养老护理员国家职业技能标准》要求，统一开展养老护理员职业技能等级认定工作，完善职业技能等级与养老服务人员薪酬待遇挂钩机制。对在养老机构就业的专业技术人员，执行与医疗机构、福利机构人员相同的职业评定和晋升政策。举办养老护理员职业技能大赛，开展“最美护理员”“十佳养老机构”评选和“敬老月”活动，让养老护理员的劳动创造和社会价值在全社会得到尊重。

推行养老服务时间银行，对志愿者提供服务情况予以登记存储，年老后享受同等服务待遇，增强养老服务力量。

6. 健全养老服务保障机制

（1）构建层级管理服务机制

构建市和区县统筹指导、镇街和社区覆盖实体平台的四级管理服务机制。在市级层面，强化市老龄委指导协调作用，实行市委联系领导和市政府分管领导双主任制；整合市民政局相关处室、直属单位工作力量，承担养老服务发展规划、政策制订、行业监管、统筹推进等工作；调整成立全市养老服务指导中心，承担养老服务项目执行、信息平台管理、行业指导服务等职能。在区县层面，成立区县养老服务指导中心，负责辖区内政策落实、质量监管、服务企业（社会组织）培育、信息资源整合等职能。在街镇层面，成立街镇养老服务中心，负责老年人需求评估、涉老政务咨询和业务办理、养老服务资源整合与链接等职能。在社区层面，建设社区养老服务站，作为镇街社区养老服务中心的延伸服务站点，统筹提供助餐助浴、健康指导、文化娱乐、心理慰藉等服务。

（2）健全监督考核机制

建立养老服务综合监管制度。建立养老服务备案管理、年度报告、随机抽查、执法检查等制度，加大对养老服务饮食卫生、消防安全、服务质量、医疗康复等的监管力度，形成行政综合监管机制；出台加强养老服务综合监管的意见，明确公安、民政、卫生健康、应急管理、消防救援、市场监管等部门的职能职责及综合监管的重点任务。按照国家统一部署，建立养老机构动态黑名单，并向社会公布，对存在严重失信行为的养老服务机构及人员实施联合惩戒。加强公共信用信息互联共享，市场监管部门要将企业登记基本信息共享至共享平台，民政部门要及时更新养老机构业务管理信息系统数据。建立养老服务行业信用承诺制度，发挥养老行业协会作用，监测行业发展动态，发布行业统计数据和行业社会责任报告，形成行业自律机制。建立养老服务投诉举报制度，鼓励新闻媒体、社会公众、第三方监督机构对养老服务进行监督，形成社会监督机制。

加大养老服务工作考核力度。把养老服务工作纳入市里对区县党委政府和相关部门的经济社会发展实绩考核中，加大考核权重。强化责任追究，严肃追究落实养老服务政策不力的单位和个人的责任。

（3）健全多渠道投入机制

市、区县财政部门应足额保障兜底基本养老公共服务资金，建立多渠道、多形式筹措资金机制，支持养老产业发展。各级政府应将养老服务资金和工作经费纳入财政预算，加大对养老服务重点领域和重点项目的扶持，市、区县预留福彩公益金和部级福彩公益金用于养老服务的比例达到70%以上。创新财政投入机制，借鉴财政投入股权化改革成功经验，建设补贴由财政直接资金支持转变为权益投资，制订完善退出机制；服务补贴对象由补机构改为补人头，并逐步由财政直接补贴转为财政支持的长期照护保险等形式支付。加大金融支持力度，引导建立养老产业发展基金，放宽养老服务企业融资条件，给予贷款融资财政补贴，重点支持符合产业发展方向的养老产品、服务和项目。鼓励引导重点国企、民营企业进入养老服务领域，支持有条件的企业进入资本市场，通过股票上市、项目融资、产权置换等方式筹措资金。

（4）健全资源整合机制

针对养老服务中政策碎片化、组织条块化、生产要素投入分散化、闲置资源利用不充分等问题，健全资源整合机制。一是整合行政资源。由市级民政部门牵头，利用市老龄委的平台，整合各级政府和各个部门的资源，使分散化、条块化的养老服务政策和资金集约化，发挥政策集合效益、资金集中使用效益。二是整合市场资源，充分发挥市场在资源配置中的决定性作用，优化养老服务要素配置，合理布局养老服务设施，促进城乡养老服务要素有序流通。三是整合闲置资源，结合去库存行动，将企业废弃厂房、单位改制后腾出的办公用房、商业闲置用房、社会单位转型的培训中心、疗养院等改造为养老服务设施；制订全市相对统一的国有资源使用价格，避免国有资产流失。四是整合专家资源，组建养老专家库，吸纳全国养老服务各个领域专家人才，发挥智库作用，为研究制订养老政策提供智力支撑。

第二篇　专题研究

本篇内容为专题研究，分别对重庆市机构养老服务发展报告、重庆市社区居家养老服务发展报告、社会力量参与重庆市养老服务发展报告、脱贫地区农村养老服务发展报告、重庆市养老服务需求调研报告进行了阐述。

重庆市机构养老服务发展报告

世界卫生组织规定，“在一个国家或地区内，60 岁及以上的老年人口达到或超过总人口的 10%，或者 65 岁及以上的老年人口达到或超过总人口的 7% 时，该国或地区就进入了老龄化社会”[①]。重庆是全国人口老龄化比较严重的地区，2018 年 60 岁以上老年人口 718.94 万人，占户籍人口比例为 21.12%，老龄化率位列全国第六、西部第一。[②] 伴随重庆人口老龄化程度的日益加深，空巢化、高龄化的日益加剧，在“4—2—1”的家庭结构模式日益显现的背景下，传统的家庭养老功能逐步弱化，发展机构养老来解决老龄化问题正变得越来越紧迫。养老机构对缓解日益增长的社会养老压力、减轻政府负担、解决人口老龄化难题、促进社会和谐稳定具有重要的意义。

一、养老机构发展历程与现状

为准确掌握重庆市机构养老服务的现实情况，课题组通过现场踏勘、问卷调查、收集整理历年统计数据、挖掘市民政局“养老服务机构管理信息系统”（以

① 联合国国际人口学会 . 人口学词典 [M]. 北京：商务印书馆，1992.

② 潘毅琴:《以社区居家养老服务全覆盖为突破着力推进我市养老服务全面发展——在全市社区居家养老服务全覆盖示范培训班上的讲话》，2019 年 6 月 21 日。

下简称“机构管理系统”）数据，全面考察重庆市机构养老服务的发展历程、设施建设、服务开展和运营状态等，同时通过问卷调查和实地踏勘分析老年人群对重庆市社区居家养老服务的需求，通过比较分析揭示重庆市机构养老服务的实施情况与效果，对重庆市机构养老现状的基本情况做一个评价。本次调研以典型抽样方式，实地踏勘了5个区县，全面覆盖了主城、渝西、渝东北、渝东南四大片区，问卷调查在全市所有养老机构中开展。本次问卷调查共发放问卷1403份，回收845份，回收率为60.22%，其中有效问卷803份。

（一）养老机构发展历程

“十二五”“十三五”期间，重庆养老机构在不断规范中发展，这既是政府引导的结果，也是整个社会需求增加的结果。

1. 重庆养老机构发展状况

《中国民政统计年鉴》自2014年起，调整社会服务机构的统计口径为在工商、编办和民政部门办理了注册登记手续的社会服务单位，原统计口径中未办理注册登记手续的社会服务单位，均调整到社会服务设施中。为更客观地反映养老机构的发展历程，本报告将研究时段分为2013年及以前、2014年及以后两个阶段进行考察。

2013年及以前，重庆的养老机构一直在规范中不断发展，机构数量基本平稳，机构规模不断扩大。2013年年末有养老机构1573家，比2010年下降了27.64%。机构数下降发生在2013年，主要是农村养老机构统计口径发生变化，指标由2012年的“农村五保供养服务机构”变更为“农村养老服务机构”，部分农村五保家园的数据被剔除。不过从2010—2012年看，农村养老机构还是呈现出平稳上升的态势，但较城市养老机构发展速度慢。2017年末职工人数9233人，比2010年增长63.59%，历年来持续增长；年末床位数124.27万张，比2010年增长43.49%，历年来持续增长；年末在院人数8.79万人，比2010年增长42.97%，历年来持续增长；年末机构建筑面积311.77万平方米，比2010年增长40.30%，历年来持续增长；年末机构床位使用率70.70%，历年来都保持在七成以上。

2014年及以后，重庆市养老机构进入理性发展期，发展速度较为平稳。2017年年末有养老机构688家，比2014年下降了23.56%；年末职工人数7716人，比

2014 年下降了 7.39%；年末床位数 8.2 万张，比 2014 年下降了 18.06%；年末在院人数 4.45 万人，比 2014 年下降了 36.51%；机构建筑面积 201.30 万平方米，比 2014 年下降了 6.08%；年末床位使用率 54.20%，比 2014 年下降了 15.76 个百分点。由于口径变化，在统计养老机构的时候将没有事业单位编制、没有在工商和民政部门登记、不具备法人资格的几百家农村敬老院划入社区养老类，2014 年养老机构数量大幅下降。2015 年，国家对养老机构进行了清理整顿，养老机构数量进一步下降。此后三年重庆养老机构发展进入理性发展期，发展速度较为平稳。2015、2016 年床位使用率 62.7%，2017 年床位使用率下滑到 54.2%。相关数据显示，大部分养老机构运营情况不乐观，投资回收期长且利润不高。

如表 2-1-1 所示，机构数下降，其他指标持续上升，其主要原因是国务院在 2011 年 12 月出台了《社会养老服务体系建设规划（2011—2015 年）》，规划中规定“每千名老年人拥有养老床位数达 30 张”“‘十二五’期间实现养老床位数翻一番”，在床位数指标的要求下，市级、区县级政府成为养老机构建设发展的推动者。伴随养老机构数量迅速发展，床位空置率逐年升高，一方面显示出老年人购买养老服务的意愿不高，另一方面也反映出在政策的鼓励下市场投资热情高涨，而投资理性相对不足，造成养老服务行业整体上盈利仍比较困难。

表 2-1-1　2010—2017 年养老机构状况

时间	机构数（家）	年末职工人数（人）	年末床位数（张）	年末在院人数（人）	机构建筑面积（平方米）
2010	2174	5644	86604	61450	2222108
2011	2217	6822	101465	75307	2363530
2012	2260	8317	114503	85056	3071949
2013	1573	9233	124270	87856	3117726
2014	900	8232	100082	70013	2143379
2015	615	6791	83473	52397	1659996
2016	632	7238	85511	53634	1708932
2017	688	7716	82005	44448	2012964

数据来源：根据历年《中国民政统计年鉴》整理

2. 养老政策对重庆养老机构发展的影响

（1）对机构设立的影响

为规范养老机构设立许可，促进养老机构健康发展，2013 年 6 月，国家民政部通过《养老机构设立许可办法》（中华人民共和国民政部令第 48 号），对设立养老机构的条件和程序、许可管理、监督检查和法律责任等进行了规定。重庆自 2015 年开始正式执行养老机构设立许可，要求 2015 年 7 月 1 日前完成整改。2018 年 7 月 18 日，国务院常务会议决定取消养老机构设立许可等 17 项行政许可事项，对重庆社会力量进一步参与兴办养老机构，激发养老服务业创新活力起到了一定的激励作用。

（2）对机构管理的影响

2013 年 6 月，国家民政部通过《养老机构管理办法》（中华人民共和国民政部令第 49 号），规范对养老机构的管理。各地政府结合本地实际，制订完善和贯彻落实有关养老机构管理的文件，督促和指导养老机构规范服务内容、强化内部管理、接受监督检查，形成对养老机构的全过程监督管理，促进行业管理水平不断提高。为全面贯彻实施该办法，重庆开展了养老机构服务质量建设专项行动，从安全管理角度对养老机构进行了一次全面整顿，使机构管理水平有了一定的提升。

（3）对机构运营的影响

2015 年，国家发展改革委、民政部联合下发《关于规范养老机构服务收费管理促进养老服务业健康发展的指导意见》（发改价格〔2015〕129 号），提出建立市场形成价格为主的养老机构服务收费管理机制，民办养老机构服务收费标准由市场形成，政府投资兴办养老机构区分服务对象实行不同收费政策，“三无”老年人入住政府投资兴办的养老机构，根据规定实行免费政策。重庆市深入贯彻中央文件精神，收费标准完全按照国家标准执行。受此政策影响，公办养老机构因收费低廉成为家庭首选，公办养老机构的床位使用率大幅上升，部分养老院甚至出现“一床难求”的情况。资金补贴方面，以取消床位上限、降低床位下限的办法对社会办养老机构按一定标准发放床位建设补贴，让更多民办养老机构能够享受到政策福利。但在调研中发现，“利用 5 年以上租期的房屋改建的养老机构新增床位 20 张以上的，每张新增床位给予 1000 元财政补贴（后提升到 5000 元）”的规定，相比于民办养老机构创业的高投资、回报期长的特征，扶持力度远远不够。由于民办养老机构运营成本高，收费高于公办养老机构，有限的床位补贴虽然对民办养老机构有一定的扶持作用，但民办养老机构在市场竞争中仍处于下风，床位空置率居高不下。

（4）对社会力量参与养老服务业的影响

重庆全面贯彻落实国家现行关于养老服务机构的优惠政策，并出台一系列文件扶持社会力量兴办养老机构。2012 年出台的《重庆市人民政府办公厅关于扶持发展社会办养老机构的意见》（渝办发〔2012〕252 号）从用地保障、税费减免、建设与运营补贴、人才培训、用工支持、综合责任保险及机构管理等方面制订了相应的优惠政策措施。对养老院类的养老服务机构提供的养老服务免征营业税，对各类非营利性养老服务机构免征自用房产、土地的房产税、城镇土地使用税等。2014 年 4 月，根据《国务院关于加快发展养老服务业的若干意见》（国发〔2013〕35 号）精神，重庆出台了《重庆市人民政府关于加快推进养老服务业发展的意见》（渝府发〔2014〕16 号），在以往相关文件的基础上，进一步完善了对社会力量兴办养老机构的扶持政策，加大了扶持力度，如在供地政策上规定"将各类养老服务建设用地纳入城乡建设总体规划和土地利用总体规划""民间资本投资兴建的非营利性养老机构享有同政府办养老机构相同的土地供应政策"等。但是调研中大部分民办养老机构表示土地等优惠政策的执行落实仍有差距，对刺激鼓励社会力量参与兴办养老机构能起到的作用有限。

总体来看，一方面在政策的引导和激励下，重庆养老机构在"十二五""十三五"期间，质和量都有了大幅提升，民办养老机构的创业环境得到一定改善。另一方面机构运营者普遍反映现行政策一是优惠力度不够，对养老机构特别是民办养老机构扶持力度较小，二是政策落实不到位，政策满意度还有待提升。

（二）养老机构发展现状

1. 重庆养老机构基本情况

（1）总体情况

市民政局"养老服务机构管理信息系统"（以下简称"机构管理系统"）数据显示，全市养老服务机构共 1403 家[①]，床位 118534 张，入住老年人总数为 67118，

① 1403 家中包括未注册的农村敬老院，《中国民政统计年鉴》中的养老机构数不包含未注册的农村敬老院。

床位使用率为 56.6%，其中全市城市养老服务机构 484 家，床位 60224 张，入住老年人总数为 36075。床位使用率 59.9%。全市农村养老服务机构 919 家，床位 58310 张，入住老年人总数为 31043，床位使用率为 53.2%。

（2）机构分布状况

如图 2-1-1 所示，“机构管理系统”数据显示，重庆各区县中，城市养老服务机构最多的是万州区，总量为 44 家，其余区县均不同程度地低于这个水平。总体来看，全市城市养老服务机构呈现出“主城丰渝东南瘠”的地域分布特征。如图 2-1-1 所示，全市城市养老服务机构的数量依照地理位置自主城向渝西片区、渝东北片区和渝东南片区逐渐减少，也就是说，从分布角度看，经济相对发达的主城片区机构数量普遍多于其他几个片区。

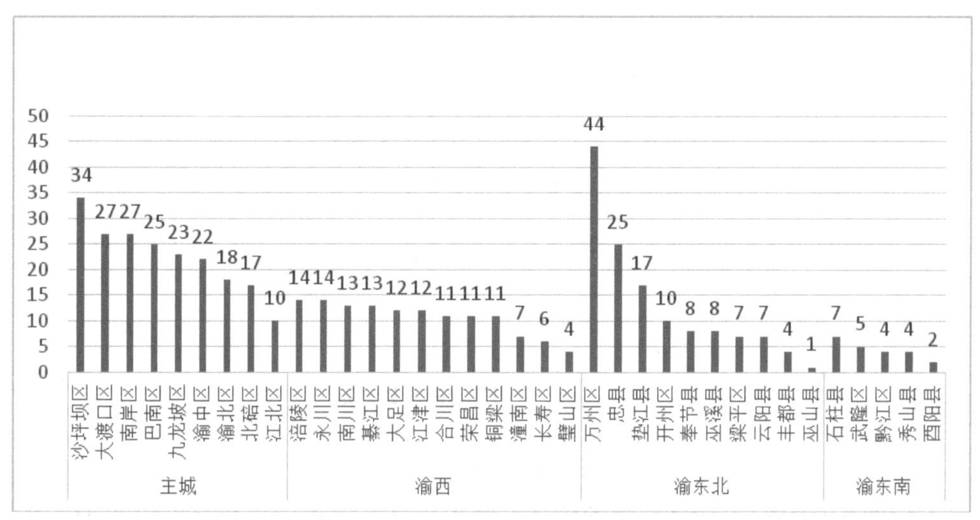

图 2-1-1　城市养老机构区域分布

数据来源：根据“机构管理系统”数据整理

城市养老机构按照地理位置分布又可分为城区和郊区，如图 2-1-2 所示，“机构管理系统”数据显示，从城区和郊区分布看，重庆城市 62.8% 的养老服务机构位于城区，37.2% 的养老服务机构位于郊区，位于城区中的机构比重高于位于郊区约 25.6 个百分点。

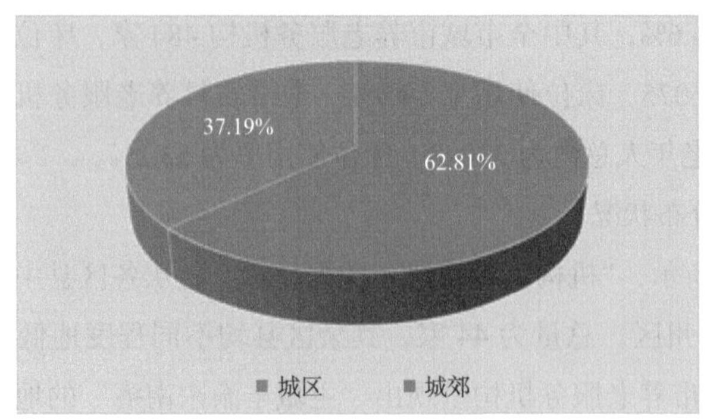

图 2-1-2　城市养老机构地理位置分布

数据来源：根据“机构管理系统”数据整理

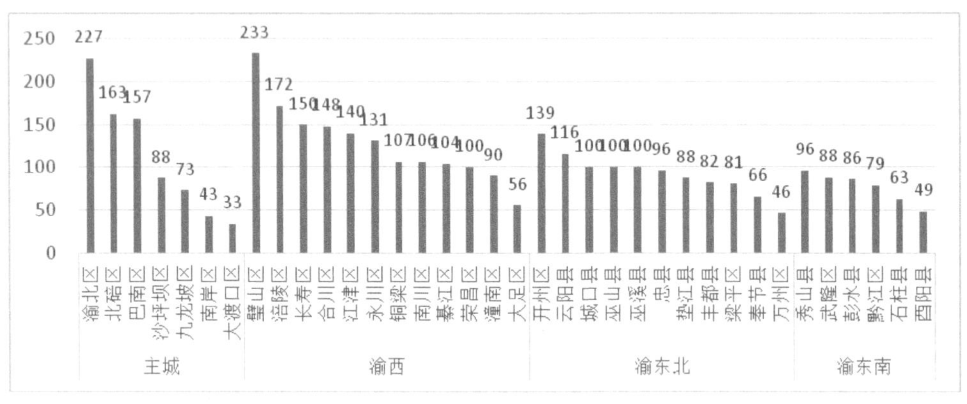

图 2-1-3　农村敬老院区县分布

数据来源：根据“机构管理系统”数据整理

如图 2-1-3 所示，“机构管理系统”数据显示，全市农村养老机构共 919 家，其中 805 家为敬老院，另有 59 家是福利院，服务对象基本面向农村特困老人，与敬老院性质相同。由于主城各区基本实现全域城市化，农村养老机构基本分布在主城以外的各区县。如图 2-1-4 所示，38 个区县（渝中区没有农村）中 18 个区县的农村敬老院实现全覆盖，秀山、潼南、忠县敬老院机构覆盖率在 90% 以上，梁平、垫江、武隆、丰都、彭水、沙坪坝等地敬老院机构覆盖率在 80%—90%。大渡口区、南岸区、万州区、酉阳县、大足区、石柱县、奉节县、九龙坡区、黔江区、江北区的敬老院覆盖率均在 80% 以下。沙坪坝区、忠县因地理位置、自然环境、政策等优势，农村养老机构社会化程度较高。

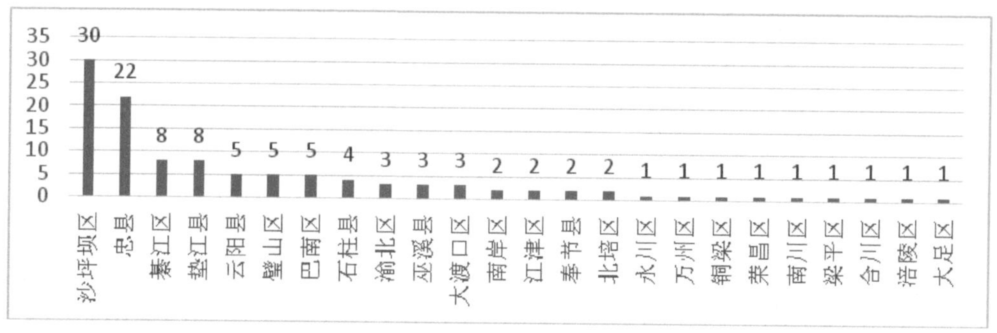

图 2-1-4　农村地区社会养老机构分布

数据来源：根据“机构管理系统”数据整理

调查问卷数据显示，65.1% 的养老机构交通不便，68.8% 的养老机构周边基础设施不完善，81.2% 的养老机构周边公共文化服务设施不完善，85.9% 的养老机构周边医疗设施不完善，就医困难。与养老机构区域分布数据比对分析，表明地理位置不够优越，周边配套设施不够完善成为制约机构发展的重要因素。

（3）机构规模状况

一般说来，衡量养老服务机构的规模大小通常使用该机构所拥有的床位数量作为标准。本报告从全市各区县养老服务机构床位总量和养老服务机构拥有床位数量的均值两个维度来考察。床位总量可以反映养老机构的整体水平和能力，而均值则反映各区县之间养老服务机构规模发展水平的差别。

受各区县城市养老机构数量差异的影响，各区县养老机构的整体规模差别也比较大。如图 2-1-5 所示，万州、巴南、开州、合川、南岸、沙坪坝、渝中、涪陵、忠县等区县，床位均值都在 120—200 左右，其机构多是拥有百张床位以上的中型养老服务机构，具有一定的规模效应。巫溪、酉阳、长寿、南川、綦江等区县的大多数机构属于床位数量在 50 张左右的小型养老服务机构，规模优势并不十分突出。而巫山、秀山、丰都、梁平等区县，虽然机构平均拥有床位数量在 200 张以上，但是其机构数量较少，所以不具备规模效益。

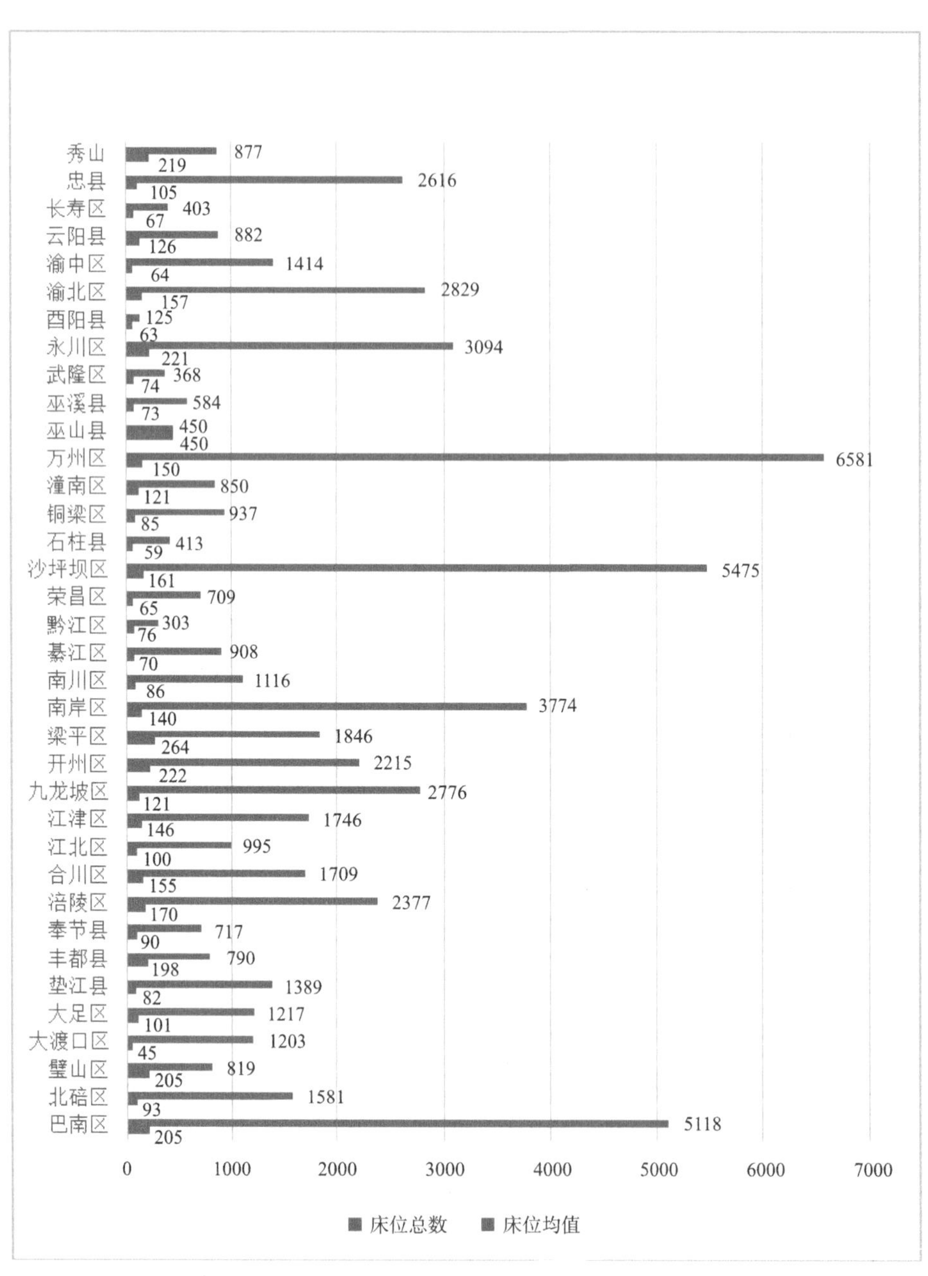

图 2-1-5 城市养老机构床位均值、床位总数对比

数据来源：根据“机构管理系统”数据整理

如图 2-1-6 所示，“机构管理系统”数据显示，农村养老机构除了江津的平均床位数量超过 100 张，其他所有区县均在 100 张以下，三分之一的养老机构床位在 50 张以下。农村养老机构多数是政府主办的敬老院，其主要职责是承担五保老人集中供养任务，受到编制、运营经费等限制，规模一般都不大。

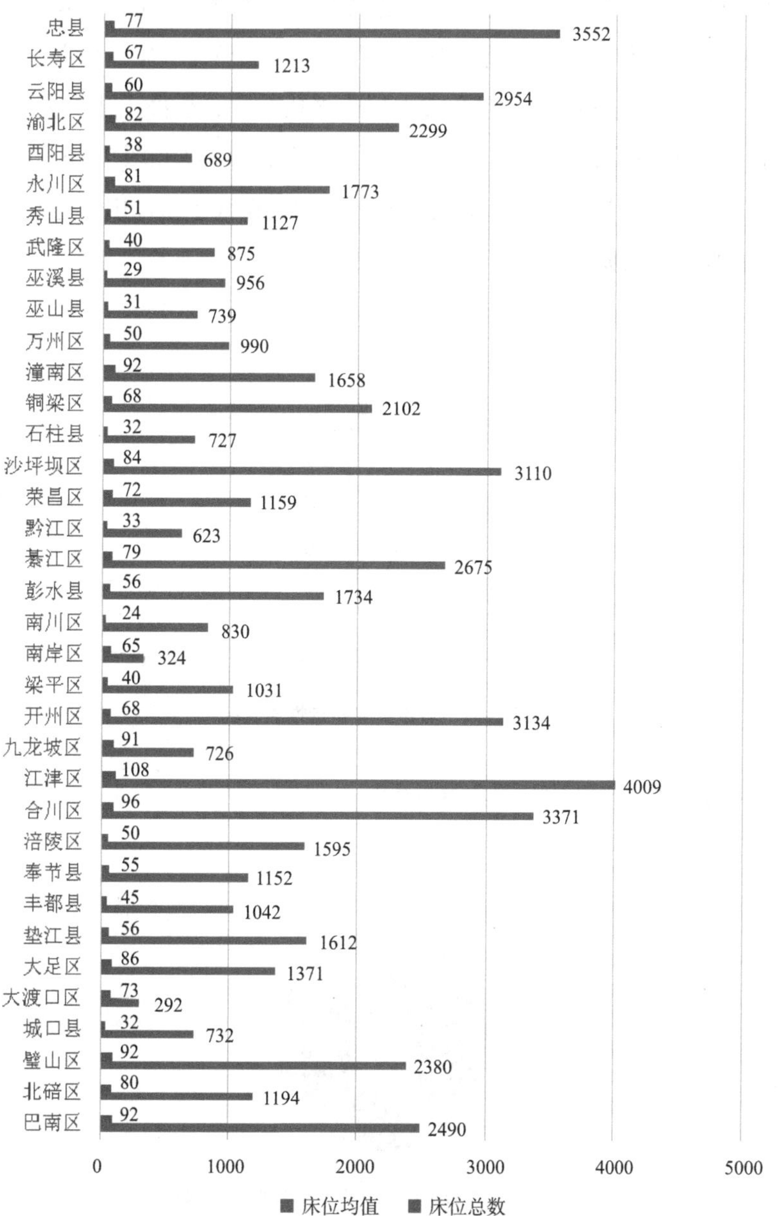

图 2-1-6　农村养老机构床位均值、床位总数对比

数据来源：根据“机构管理系统”数据整理

（4）机构性质状况

“机构管理系统”数据显示，全市养老服务机构主要有三种性质，有完全依靠政府出资的公办养老福利机构，有公建民营型养老服务机构，以及民办养老服务机构。目前在全市城市养老机构中，公办（建）公营 115 家，公办（建）民营 33 家，民办养老机构 336 家。在全市农村养老机构中，公办（建）公营 768 家，公办（建）民营 39 家，民办养老机构 112 家。从图 2-1-7 和图 2-1-8 可以看到城市和农村的情况正好相反，城市的民办养老机构占据大半壁江山，这和城市的经济社会发展水平以及城市养老需求密切相关。

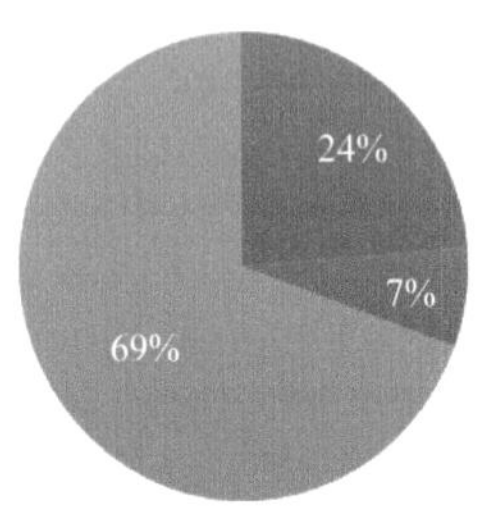

图 2-1-7　城市养老机构性质状况

数据来源：根据“机构管理系统”数据整理

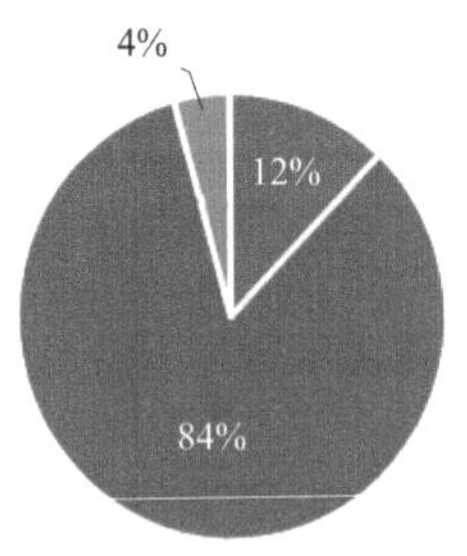

图 2-1-8　农村养老机构性质状况

数据来源：根据“机构管理系统”数据整理

据问卷调查数据显示，养老机构运营主体 0.9% 为央企，1% 为市属国企，36.9% 为民营企业，1.2% 为合资企业，41.4% 为事业单位，18.6% 为其他。可以看出政府主办的公办养老机构的市场份额仍然很高，占了四成。

（5）机构服务状况

如图 2-1-9 所示，“机构管理系统”数据显示，全市养老服务机构的主要服务类型包括护理型养老机构、自理型养老机构和综合型养老机构三种类型。目前全市护理型养老机构共 51 家，自理型养老机构 244 家，综合型养老机构 1108 家。从图 2-1-9 可以看出，全市养老服务机构有 79% 为入住老年人提供综合型养老服务，除了提供日常生活照料，还为有需求的老年人提供护理康复服务；有 17% 左右的机构以接收自理老人为主，为老人提供食、住、浴、乐等日常生活照料服务项目；仅有 4% 左右的机构以接收介护老人为主，具有医护功能，为老人提供长期照护。

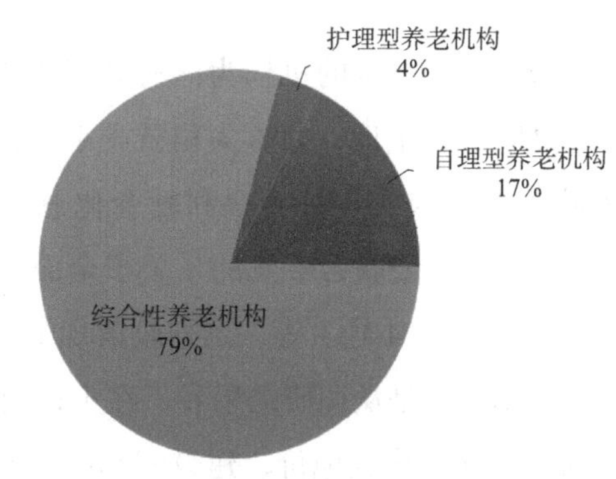

图 2–1–9　养老机构类型

数据来源：根据“机构管理系统”数据整理

在服务提供上，如图 2-1-10 所示，95.9% 的养老机构以提供日常生活照料服务为主，3.2% 以提供护理康复服务为主，还有 0.9% 以提供临终照护为主。在具体业务提供上，多以传统常规服务为主。问卷调查数据显示，养老机构基本都能提供清洁卫生、洗涤、膳食、生活照料、通讯等服务，普遍有简单的护理服务，也有简单的棋牌、电视、书报等文化娱乐活动，提供社会参与、居家上门、心理/精神支持、法律援助、教育等服务的机构较少。

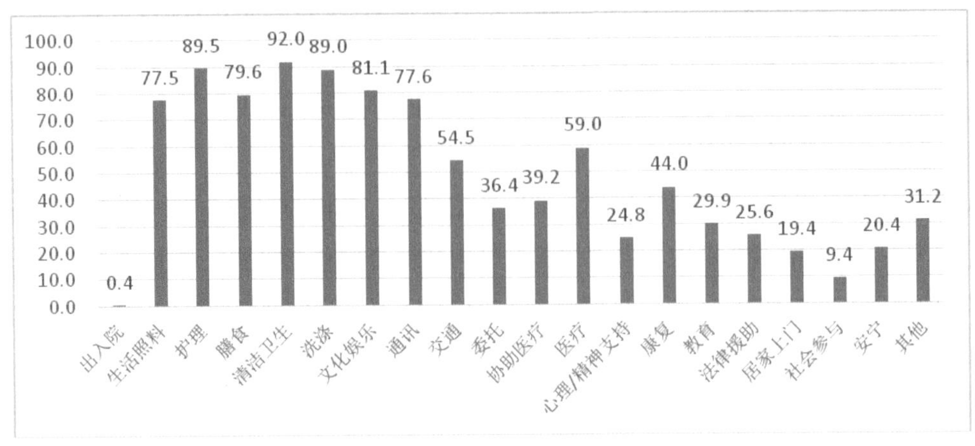

图 2-1-10　养老机构提供服务情况

数据来源：问卷调查

（6）土地、房屋使用状况

调查问卷数据显示，21.3% 的机构为国有划拨土地，10.8% 的机构为国有出让土地，17.4% 为集体建设土地，14% 为租赁土地，21.5% 为其他（包括未获得使用证）。《国务院关于加快实现社会福利社会化意见的通知》（国办发〔2000〕19 号）、全国老龄办等九部委联合下发的《关于全面推进居家养老服务工作的意见》（全国老龄办发〔2008〕4 号）等一系列政策规定养老服务机构在土地使用方面应该享受一定的优惠，但是从调研结果看，在土地使用方面，仅有不到 30% 的机构表示享受了划拨土地、优惠地价、建设配套相关费用减免等优惠政策，七成机构（其中大量为民办养老服务机构）未能真正享受到这些政策优惠。

"机构管理系统"数据显示，全市养老服务机构所用的房屋有 59.7% 属于自有房屋，20% 属于租赁房屋，6% 为合作使用，19.7% 为其他。由于服务对象的特殊性，养老服务机构的房屋外部建造和内部设计必须满足老年人生活和医疗方面的特殊护理和服务需求。我国近些年才对该类建筑的设计和建设有较成型的规范，目前重庆养老机构所使用的自有房屋多为公办（建）公营或者公办（建）民营，建设年代较早，与相关规范要求有差距，租用和改建房屋存在的安全隐患就更大。调研中发现一些乡镇的敬老院建筑设施陈旧，无室内活动场所和室外活动场地，多数没有进行适老化改造。许多小型的民办养老服务机构改造、租用已经废弃的民房或厂房作为老年人房间，其安全性都不能保证，更谈不上实现安度晚年、欢度晚年的目标。

（7）生活设施状况

“机构管理系统”数据显示，全市49%的机构每个房间都配置了独立卫生间，70.5%的机构房间配置了电视、41.9%的机构房间配置了空调或者电扇，34.8%的机构房间配置了紧急呼叫器，23.5%的机构配置了网络。92%的机构有户外活动场地。从总体上看，全市养老机构的生活设施状况平均水平不高，还不能满足老年人的基本生活需求。

（8）医疗设施及医疗辅助状况

对于医疗设施的考察主要集中在内设机构和与医疗机构合作情况两方面，主要考察当老年人遇到紧急情况或特殊情况时，养老服务机构自身能在多大程度上提供支持；当老年人出现机构不能处理的健康危害时，当地医疗机构是否能在救护或出诊方面予以优先支持。如图2-1-11所示，13%的养老机构有自己的医务室，2%的养老机构配置了护理站，4%的养老机构设有医院，八成的机构没有内设医疗机构。与医疗合作的情况，如图2-1-12所示，23%的养老机构与医院有合作关系，50%的机构与乡镇卫生院有合作关系，14%的养老机构和村（社区）卫生服务站（中心）有合作关系，13%的机构未开展这项业务。全市九成养老机构开展了医疗服务，仅一成机构未开展任何医疗服务方式。

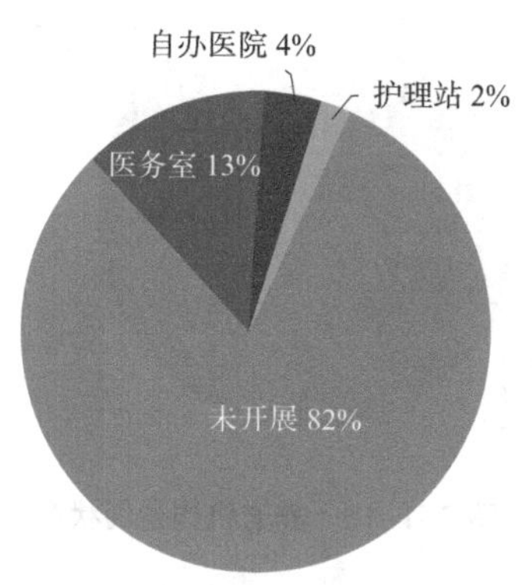

图2-1-11　养老机构内设医疗机构状况

数据来源：根据“机构管理系统”数据整理

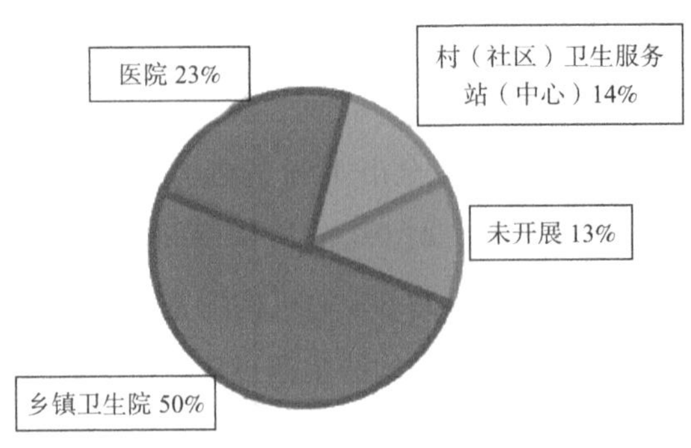

图 2-1-12　养老机构与医疗机构合作情况

数据来源：根据“机构管理系统”数据整理

（9）运营状况

盈利水平是反映组织经营状况最具说服力的指标。如图 2-1-13 所示，全市 1403 家机构中，有 118 家机构未填报盈利状况，这 118 家均为敬老院、福利院。1285 家机构中，71% 的机构收支平衡，22% 的机构处于亏损状态，盈利的机构仅占 7%。调查问卷反馈的情况基本一致，自诉盈利的机构为 8.3%。从全市养老机构的运营状况看，养老服务行业盈利困难的现象普遍存在。

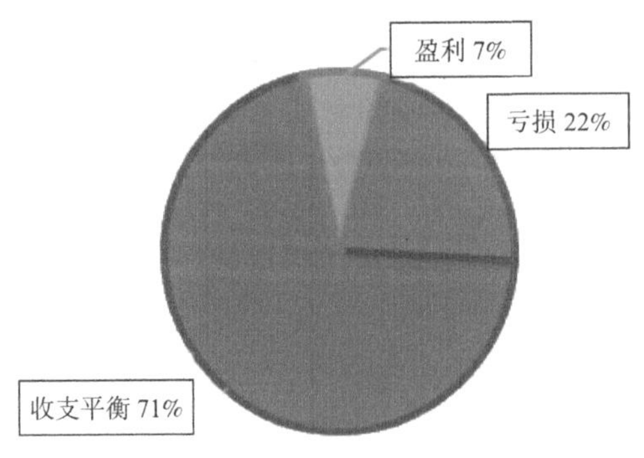

图 2-1-13　养老机构盈利状况

数据来源：根据“机构管理系统”数据整理

（10）收费标准状况

在调查中发现，机构入住费用的收取依据有所差异。最常见的是按照入住老年人自理程度来收取，也有按照入住老年人不同居住条件来收取的，也有根据老年人享受不同项目来收取的。

如表 2-1-2 所示，总体上，全市养老机构三项费用最低收费均值为 1115 元，最高为 2192 元。养老机构中公办机构占比大、收费比较低，平均费用显得比较低，在走访中发现社会老人养老基础收费多在 2000—3000 元，相对于重庆老年人的平均收入，这个数目超出大多数老年人的经济承受能力。公办养老机构因有各项补贴，其收费比同档次的民办养老机构要低，这样一方面造成公办养老服务机构因资源稀缺使老年人进不去，另一方面民办养老服务机构因费用太高又将老年人拦在门外。由此造成公办养老服务机构的床位非常紧张，而民办养老服务机构的床位却大量闲置。

表 2-1-2　收费标准状况一览表　　单位：元

最高护理费均值	最低护理费均值	最高膳食费均值	最低膳食费均值	最高床位费均值	最低床位费均值	三项费用最高收费均值	三项费用最低收费均值	费用价差
1127	311	450	393	605	405	2192	1115	1077

数据来源：根据“机构管理系统”数据整理

（11）养老机构人员配置状况

《中国民政统计年鉴》数据显示，2017 年全市养老机构入住老年人总人数为 67118，从业人员总数为 13694，护理人员总数为 7066，老年人与护理人员平均配比为 9.49:1。职业结构：如图 2-1-14 所示，护理人员、专技人员、工勤人员配置结构为 5.1：1.9：3。具体来说，护理人员占到全部人员的一半以上，专技人员（医生、护士、心理咨询师、康复师、财务人员、社会工作者、其他人员）占 19%，工勤人员占 30% 左右。专业技术人员中，如图 2-1-15 所示，心理咨询师比例最低，护士和财务人员比例最高。全市养老服务机构平均只拥有 0.25 名医生。问卷调查数据显示，很多养老机构老年人与护理人员配比高达 20:1；有的养老服务机构根本就没有配备任何医护人员，在发生紧急情况时，只能依靠打紧急电话求助。调查还发现，机构医生往往身兼多职，同时担任医生、营养师、康复师、保健师、心理治疗师等等。职称结构：护理人员中，51% 的从业人员没有获得资格证书，技师仅占 2%，高级护理员比例为 3%，中初级护理员占 44%。职称水平偏低是重庆养老服务机构护理队伍的一个特点。学历结构：全市养老机构从业人员的整体素质较低，大专以上学历占比为15%。待遇低、无编制、无职称、劳动强度大是高学历专业技术人员不愿意就职于养老服务机构的主要原因。年龄结构：35岁及以下人数比例为17%，36—45岁人数比例为29%，46—55岁人数比例为39%，56岁以上人数比例为15%。46岁以上人数占整个从业人员人数一半以上，中老年护工比重高。待遇低、劳动强度大、社会地位不高等因素制约了年轻人从事护理工作，这不利于提高服务照料质量，甚至会加重机构的照料负担。

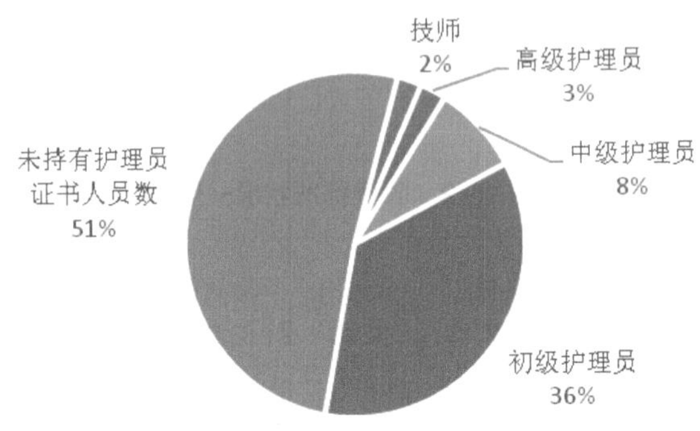

图 2-1-14　养老机构护理人员结构

数据来源：根据“机构管理系统”数据整理

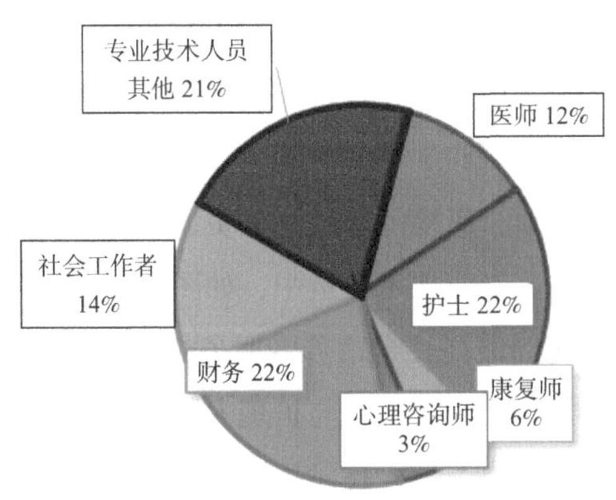

图 2-1-15　养老机构专技人员结构

数据来源：根据“机构管理系统”数据整理

2. 养老机构现状总结

（1）城市基本公共养老服务设施逐步完善

“市、区、街道、社区”四级城市养老服务设施体系逐步完善，主城区基本实现了养老服务设施社区全覆盖，在渝中区等养老服务业发展较为良好的城区，10—15 分钟养老服务圈正在逐步形成。

（2）城市养老机构市场化趋势明显

近年重庆城市养老机构无论是普惠型还是中高端型都处于快速增长时期，城市养老机构市场化趋势明显。全市城市公办机构养老机构 21.2% 实现了“公办（建）民营”，改变了过去的单一模式。“机构管理系统”数据显示，养老机构中有 69.4% 为民营，提供的床位数占全市机构养老设施总床位数的 65.1%。问卷调查结果表明 7.4% 的养老机构拥有下属或者连锁机构，社会化程度逐步提高。

（3）老年人的分布与养老机构空间分布基本匹配

《重庆统计年鉴》数据显示，2017 年主城片区 60 岁以上户籍老年人占全市比例的 22.28%，渝西片区为 38.88%，渝东北片区为 29.78%，渝东南片区为 9.07%，主城、渝西两个片区的合计为 61.16%。全市大部分养老机构聚集在主城片区和渝西片区，占养老机构数量的 69.8%，其中主城片区有养老机构 203 家、渝西片区 12 个区县拥有城市养老机构 128 家，经济相对滞后，老年人占比相对较低的渝东南片区和渝东北片区拥有城市养老机构 143 家。老年人分布与养老机构的空间分布基本匹配。

（4）养老机构与周边医疗机构融合起步晚，发展快

全市养老机构与医疗机构协议合作签约 744 对。城市养老机构与医疗机构开展合作起步较晚，但近两年发展较快，主要合作对象为医院、街道卫生服务中心及社区卫生服务中心，其中 26.5% 的机构合作对象为医院，57.5% 的机构合作对象为街道卫生中心，16% 的机构合作对象为社区卫生服务中心。农村养老机构受客观条件限制，医养融合的步伐较城市迟缓。

（5）养老资源短缺与闲置并存

总体上，2013 年以来，在市级和各区县政府的推动和引导下，养老机构服务设施建设取得了快速发展。但由于一些养老机构的布局远离城区、交通不便，背离了绝大多数老年人的消费偏好，导致 43.9% 的床位长期处于空置状态。养老机

构居高不下的床位空置率意味着养老服务投资失误，不仅造成土地与财政资源的浪费，也阻碍了养老服务业的正常发展。分性质看，渝中、渝北、江北等区设施完好、服务规范、收费低廉的公办养老机构入住率达 90% 以上，部分公办养老机构甚至出现“一床难求”现象，民办养老机构床位空置率普遍较高，“一床难求”的公办养老机构与民办养老机构床位大量闲置现象并存。

二、养老机构发展存在的问题及原因分析

（一）存在的问题

1. 养老机构设施适老化率不高

大部分养老机构在建设之初，没有在细节设计上考虑功能适应问题。多数的养老机构都存在地面防滑设计考虑不足、无障碍设计安装不到位、紧急呼叫设备的安装缺乏合理性、监控装置缺失、洗浴设施的配备不足等问题，难以满足老年群体的需求，同时存在不容忽视的安全隐患。一部分养老机构建筑是利用其他空闲设施改造而成的，在房型结构、消防安全、照明、无障碍设计、活动空间、卫生洗浴等服务设施方面多有不符合老年人群体需求的地方。很多养老设施因为空间限制，不仅影响了老年群体的交流和隐私，而且降低了护理人员在日常生活照料中的工作效率。

2. 养老机构服务供给能力低下

服务供给能力低下与老年人多元化需求之间的矛盾突出。目前全市近八成的养老机构提供的养老服务主要为单一的日常生活照料等基础服务，大部分养老机构不具备开展医疗、康复和心理 / 精神支持服务的能力。一些养老机构只接受低龄、健康、能自理或半自理的老年人，不愿意接受高龄、卧床和完全不能自理的老年人，适用于这部分老年人的服务设施和服务项目也极少。调查发现仅有少数公办养老机构和一些高端民办养老机构能满足老年人的医疗健康、心理慰藉、休闲养生、文化娱乐、法律援助、社会参与等较高层次的需求。

3. 民办养老机构普遍经营困难

养老服务行业具有高投入、低效益、慢回报的特点。全市城区养老机构空置率为 37.9%，郊区养老机构空置率为 43.9%。在全市 1285 家养老机构中，亏损的

有 281 家，收支平衡的有 910 家，盈利的仅有 94 家，其中 37.5% 的民营机构亏损，一半以上的民办养老机构收支只能持平，盈利的民营机构仅占 12%。民办养老机构盈利能力差、经营困难是比较普遍的现象。

4. 护理人员专业性不足、流动性大

养老机构的护理人员普遍年龄偏高，学历偏低，素质较差。全市 51% 的从业人员没有获得护理人员的资格证书，在养老护理知识和技能上都缺乏专业的学习，大部分机构护理人员的专业水平、业务能力、服务质量无法满足老年人的护理需求。养老护理工作流程需要 24 小时护理，劳动强度大，主城区平均工资水平一般在 3000—4500 元左右，区县一般在 2500—4000 元左右，护理人员的收入水平与高强度的劳动不能匹配，导致他们缺乏工作价值认同感。长期面对失能半失能老年人，在高劳动强度的压力之下还容易导致护理人员罹患心理疾病的风险，养老机构医护人员在职称评定等方面无法享受与医疗机构执业人员同等待遇，导致从事养老护理行业的人员流动性大。

5. 标准化和行业规范建设滞后

调查发现，重庆养老机构在标准化和行业规范方面还存在不足。以老年人能力评估为例，老年人入住养老机构，需要对其生活能力和健康状态进行评估，以便确定所需的护理等级并据此确定收费标准。这种评估本应由入住者和养老机构之外的第三方评估机构根据 2013 年国家出台的行业标准《老年人能力评估》（MZ/T039-2013）对老年人能力等级进行评估，但是全市 90% 以上的机构由于缺少专业人员或者受资金等方面的限制，基本都是自行对入住老人的健康和生活自理情况进行观察和评估。由于标准不统一、操作不规范，多数机构甚至自己制订标准进行评估，常常导致机构与入住老人家庭之间对评估结果难以达成共识，甚至产生矛盾，给收费和看护方面带来不良影响。

（二）原因分析

1. 老年居民消费能力弱、消费观念保守导致入住机构积极性不高

《重庆统计年鉴》数据显示，2017 年重庆城镇居民人均可支配收入为 2683 元 / 月，重庆企业退休人员基础养老金为人均 2072 元 / 月，较低的收入水平抑制了老年人的健康养老服务需求，也在一定程度上影响了整个重庆养老产业的

发展。调查发现，根据收入水平可以把有意愿入住养老机构的老年人分为三类：第一类是收入较高老人；第二类是财政兜底的困难老人，由政府提供一定的财政补贴；第三类是有入住机构养老意愿，但其收入不足以支付机构养老费用的“夹心层”老年人。重庆是老工业基地，企业退休职工、下岗职工的比例较大，导致“夹心层”的老年人数量不小。这部分“夹心层”老年人一般只能选择公办养老机构，民营机构的收费标准超出了他们的经济承受能力，而公办养老机构主要面向特困老人，因此城市企业退休和下岗职工无法被机构养老服务有效覆盖的问题在重庆尤为突出。

没有意愿购买机构养老服务的老年人，一是因为我国传统的“养儿防老”观念根深蒂固，不少老年人觉得在养老机构生活“丢面子”，子女也担心将父母送到养老机构会招来不孝之名；二是一部分老年人重积蓄轻消费，购买服务意识不强。

2. 社会福利用地预留不足导致养老机构选址困难

“十三五”期间民政部门加快了社会福利机构的建设进程，用地需求相当强烈。从规划部门的用地编制来看，不仅大量的设施没有落实到福利空间上，而且在 2020 年的规划用地中社会福利用地总量和占比均在下降[①]，不符合民政部门社会事业发展的要求。由于民政和规划两部门之间缺乏规划衔接机制，造成规划对社会福利用地预留不足，社会福利机构建设选址难问题突出。一些区县虽然新建了多所养老设施，但从其区县控规整合来看，这些设施所在地块都没有标明社会福利用地或者有相应的控规编制符号。由于选址困难，一些新建的公办和民营养老设施都远离市区，交通不便，不利于老年群体的出行、就医及子女探望等。

3. 养老机构双轨制运行与管理，严重影响了公平的养老服务市场的形成

公办养老机构由政府投资兴建，资金保障充分，其福利性事业单位性质对专业技术人员和养老护理员有吸引力。相较于公办养老机构，民办养老机构投资大、政府补贴有限，经营风险高，难以吸纳专业技术人员和专业的养老护理员。民办机构由于建设前期投入资金较多，很难在价格上有竞争优势。提高收费标准，老年人没有能力入住，容易出现空置；降低收费标准，难以保证正常的运营，影响

① 曹力维等 . 重庆养老设施存在的问题及规划建议 [C] 第二届山地城镇可持续发展专家论坛论文集 2013，445 页。

养老服务质量。迫于投资回收压力，民办养老机构高服务价格、低服务质量等情况导致低入住率现象普遍存在。靠政府资源支持的公办养老机构与民办养老机构无法在同一起跑线上公平竞争，民办养老机构的生存空间被挤压，不利于社会力量的介入，也不利于民办养老机构的发展壮大。双轨制运行管理机制制约了民办养老机构的快速发展。

4. 民办养老机构融资困难导致民办养老机构自我发展能力弱

目前全市的民办养老机构经营资金来源相对单一，缺少政府的拨款和补贴，大都是靠自身的资金积累和少量借贷，自我发展能力弱。民办养老机构融资困难有三大原因：一是大部分民办养老机构都是小规模企业，养老机构又属于微利行业，通过护理服务收回土地和设施投入的成本是一个漫长的周期，银行不愿意为其提供贷款服务。二是部分养老机构的信用度低，而银行对申请授信的养老机构既没有充分的时间也没有合适的渠道进行了解，造成这些养老机构与银行信息不对称，从而使银行难以对养老机构授信。三是民办养老机构经营模式缺乏信用贷款的担保机制，全市多数民办养老机构是靠租赁房屋来进行经营的，不能使用房产进行抵押。

5. 部分财力薄弱区县政策落实困难，导致配套政策“口惠而实不至”

近年国家和市级政府及其相关部门制订了许多鼓励老龄事业与老龄产业发展的优惠政策，其中不乏支持力度很大的政策，但是在执行过程中常常出现偏差，或者是因为没有配套的落地政策难以实施，一些政策如土地划拨、民办公助、水电优惠等未得到严格执行，存在不落实、不兑现的现象。特别是在渝东南、渝东北片区一些社会经济发展水平较低的区县，这种现象更为严重。

三、养老机构发展趋势研判

“十四五”期间，重庆市人口老龄化仍将处于快速上升阶段，高龄老人、失能老人、独居和空巢老人等养老服务重点对象将明显增加，他们对养老机构的需求将更加旺盛、更加迫切、更加多样。

（一）高龄人口持续增长，机构养老意愿日渐强烈

重庆老龄化率位列全国第六、西部第一，总体呈现老龄人口基数大、乡村地

区老年人口增长快的态势。全市人口和家庭结构呈现高龄化趋势明显、家庭小型化和老龄空巢化伴生等显著特征。养老需求调查问卷数据显示，60—64 岁年龄段的老年人表示无论如何都不去养老机构的占比下降到了 33.9%，说明低龄老人对养老机构的接受度不断增加，入住养老机构的意愿日渐强烈。随着城市居民和农村居民收入水平的不断提高，养老服务需求与服务层次也将不断提升，迫切需要建立与之相适应的养老服务体系。

（二）“互联网 +”成为促进养老产业发展的强大助力

随着社会经济水平的不断提高，越来越多的人追求个性化、多元化的服务。养老服务也从提供“一张床、一碗饭”的简单粗糙的服务向物质保障与精神保障并重的专业化方向升级，老年人追求高品质生活的愿望越来越强烈、越来越普遍。随着技术的不断进步，互联网、移动通信、大数据、智能化等技术和手段成为养老服务的重要助力。养老智能系统、设备的研发和推广将改变机构养老的服务模式，更能满足老人一站式服务、个性化服务的需求，科技将成为促进养老产业发展的强大助力。

（三）小型化、专业化、社区化、连锁化将成为养老机构发展的主要模式

国际经验表明，无论是从经营管理、专业化角度，还是从老年人宜居舒适度角度看，养老机构规模不是越大越好，床位不是越多越好，养老机构最佳规模应在 300 张床位左右。① 因消费能力的限制，国内养老机构的盈利空间并不大，只有通过品牌化、规模化的连锁经营才能有更大的盈利空间。连锁化经营不仅可以降低采购成本，提高机构人员的运营效率，还可以带动和提高养老机构的规范化水平。未来的养老机构将更加社区化，依托社区发展养老机构，通过小型化、连锁化经营来获取市场份额，提高市场竞争力。

（四）养老设施供给主体多元化、市场化趋势明显

在养老服务社会化的背景下，政府不再是垄断的养老服务供给者。养老设施供给主体呈现多元化、市场化趋势，越来越多的企业、非营利组织和个人均可成为养老服务设施的供给方。政府发挥组织设计的主导作用，充当宏观规划者的角

① 吴玉韶等．中国养老机构发展研究 [J] 老龄科学研究，2018（8）：15.

色，而非直接服务的提供者，逐渐由“划浆人”转变为“掌舵人”。企业和非营利组织在未来老年服务供给中发挥其灵活、创新、竞争的优势，扮演好在养老服务供给中发挥作用的关键角色，为老年人提供形式多样、内容丰富的养老服务，满足不断多元化和多层次化的养老服务需求。

（五）“嵌入式”养老作为新兴的养老模式，将成为未来养老服务供给的重要载体

养老机构作为养老服务体系的重要组成部分，一直处于独立发展的状态。从我国老年人养老服务需求和国际养老机构发展趋势看，“就地养老”是大势所趋。从老年人的需求来看，随着年龄的不断增长与身体健康状态的不断下降，他们更希望在熟悉的社区获得连续性、综合性服务。近年来，由于土地、建造成本等原因导致养老机构郊区化趋势不断加剧，入住机构的老年人不仅要远离家庭和社区，脱离原有生活圈，而且与子女、邻里亲朋的交往也越来越少，孤独寂寞成为困扰机构老人的最大因素，这也是造成机构空床率居高不下的重要原因之一。社区“嵌入式”养老服务是在居家养老、社区养老和机构养老服务模式基础上，以社区内闲置房屋和土地为载体，通过把机构嵌入社区，实现养老资源整合，为居家老人提供专业化入户照护服务，为高龄自理、半自理及病后出院还需护养等老人提供短期住养服务，为自理老人提供开放活动区域，由政府支持市场化运作的养老服务模式①。“嵌入式”养老作为社区养老服务的新模式，将在居家和社区之间形成有效的服务传送和服务闭环，是重庆市未来养老服务发展的趋势。

（六）医养融合度越来越高，专业化护理人员需求巨大

随着老龄化形势的加重，失能半失能人口数量逐渐增多，老年人对医疗护理呈现高依赖和高需求的趋势，医疗护理与养老相融合的程度会越来越高。医养结合的养老机构必然要构建以老年医学为中枢，整合急症转诊、长期护理、预防保健及康复治疗的医养康护体系，通过急救保障、老年慢病管理、老年康复等三重保障，尽可能地延缓人体功能的衰老，维持老年人的生活状态，提高老年人的生活质量。同时对一般养老机构的护理人员提出了更高的技能要求，需要专业医务

---

① 赵小兰，孟艳春．社区“嵌入式”养老服务模式：优势、困境与出路[J].河北大学学报：哲学社会科学版，2019（4）：90.

工作者等专业社会服务人员，帮助养老机构的护理员更好地进行针对性学习，掌握服务老人的专业技能。

四、对策建议

（一）制订机构养老设施发展中长期规划，科学合理规划布局养老机构

结合重庆老年人结构和社会实际需求，科学评估重庆机构养老形势。根据不同区县老年人口对机构养老设施的需求，在空间上进行合理配置。将机构养老设施的建设纳入城市规划体系，与新区开发和旧城改造相结合，制订重庆机构养老设施发展中长期规划。新建养老机构要从人口数量、规模性质、地理位置和周边环境等方面分析，着眼长远、科学选址、布局。在城市整体规划方案中，应保证为养老服务设施预留一定比例的用地，为社会力量在城区兴建养老机构留出必要的建设空间。在投资者申请新建养老机构时，政府根据当地规划目标及老年人口的需求情况引导投资者在养老床位缺口大的区域建设养老机构，以平衡机构养老设施的空间布局。

在空间上，针对各区县的经济社会发展水平以及老年人的需求进行差异化布局。对于城区的街道，以优化提升现有服务功能为主，不断提升现有机构养老设施的建设标准与服务质量。土地资源紧缺的老城区，可考虑与文化旅游、卫生健康等部门共建集社区服务、卫生服务、文旅服务、养老服务等功能为一体的公共服务中心。鼓励社区联合养老机构，整合社区闲置商业、国有资产和废弃厂房等社会资源，实施建设补贴、运营补助和税费减免等扶持政策，建立嵌入式养老机构。对于新城区，近期优化功能配置，满足居民基本养老需求；远期引进中高端品牌机构提供品质化的设施和服务，承接外来人口聚集带来的养老需求，通过高水平设施建设提升养老服务能力和水平。

（二）推进改革，构建公共服务差异供给机制

以平衡剩余型福利的广度与普惠型福利的深度为目的推进改革。一是严格设置剩余型福利的“准入门槛”，建立健全公开、公平、公正的收住制度，严格限定养老服务事业的服务人群。公办养老机构按照“权责清晰”“保障适度”的原则和“保基本”“兜底线”的定位，继续做好困难群众的集中供养服务，优先保

障经济困难的孤寡、失能（失智）、高龄、失独等老年人的养老服务需求。在满足上述群体的养老需求前提下，空置床位允许向社会开放，收费不得低于本地区同等级民办养老机构平均收费水平，其收益用于补充公办养老机构的运行经费缺口。具备条件的公办养老机构可改制为国有养老服务企业。

二是完善“城企联动”政府支持体系，扩大养老服务有效供给。政府通过提供土地、规划、融资、财税、医养结合、人才等一揽子的政策支持包，企业按约定承担公益责任，提供普惠型养老服务包，向社会公开，接受监督。市、区（县）政府和企业双方签订合作协议，约定普惠型服务内容、与各区县居民收入和退休金水平挂钩的价格等，扩大养老服务有效供给。

三是不断提升普惠型福利水平，重点解决机构和老人最迫切需要解决的问题。推进养老机构综合责任险机构全覆盖。目前全市养老机构综合险的财政补贴范围为城镇公办福利机构〔含民政直属的福利院、福利中心、儿童院（儿童收养部）、优抚医院、荣军院（光荣院）、康复医院、精神病院等〕和已取得设立许可的社会单位办养老机构。应尽快将农村敬老院纳入养老机构综合责任险补贴范围，降低农村敬老院的运营风险，维护老年人合法权益。激活失能老人照护服务业的发展，在全市推广长期护理保险制度。长期护理保险制度既可以节约医疗财政支出，又有助于减轻老年人及所在家庭因支付长期护理费用而背负的沉重经济负担。总结巴南等试点区县的经验，在适当的时候将保障对象扩大到全市所有参加基本医疗保险的职工和城乡居民，逐步扩大长期护理保险制度的推行范围和受惠群体，争取尽快实现全市覆盖。针对公办机构和民办机构的属性特征，采取不同内容的“惠补”措施，对非公办机构的补贴采取“补床头”与“补人口”相结合，促进机构发展、缩小公平差距。

（三）提档升级，实现公办养老设施全覆盖

公办养老设施要强化政府保基本职责，确保基本养老服务应保尽保。加大新建养老机构投入力度。落实规划、用地、建设等政策，加快南川、梁平、彭水、黔江、石柱等区县的公办养老机构设施规划建设。进一步优化床位结构，提高主城九区养老床位占比、保基本养老床位占比、养老机构内设护理床位占比。同时各区县要合理控制新增床位，在养老床位保障目标与养老床位使用效率之间取得平衡。

推进城市公办养老机构设施提档升级。按照养老机构的建筑标准、设施设备、人员配置、造价标准、运营成本等软硬件标准对全市公办养老机构设施进行适老化改造。逐步将特困人员供养服务设施（敬老院）转型为区域性养老服务中心，开展失能特困人员集中照护工程，逐步实现失能特困人员集中照护全覆盖，确保有意愿入住的特困人员全部实现集中供养。加快推进农村区域性养老服务中心建设。改善农村养老服务设施，对全市 300 家农村敬老院进行升级改造。

各区县探索利用集体建设用地发展养老服务设施。存量商业服务用地等其他用地用于养老服务设施建设的，在满足国家相关规范和标准的前提下，允许按照适老化设计要求调整户均面积、租赁期限、车位配比及消防审验等土地和规划要求。

（四）鼓励连锁经营，培育知名品牌养老机构

品牌作为企业、行业、地区乃至国家竞争力的综合体现和战略性资源，已成为深化供给侧结构性改革和增加有效供给的重要战略手段。社会发展带来了人们消费观的巨大变化，养老服务也进入品牌消费时代。

对重庆养老市场上有一定知名度的品牌企业如合展、凯尔、宏善等，鼓励其采取开发直营连锁、特许加盟连锁、合作经营连锁、托管经营连锁、指导运营连锁等多种形式拓展市场。通过优化资源配置，实施统一标准，提高行业服务质量，从而带动其他中小养老机构发展，提升中小民办养老机构生存能力和服务水平。

调动社会力量参与养老服务业发展的积极性。鼓励国有企业、民营企业、混合型企业、外资企业等各种类型的企业、社会组织参与建立养老服务机构。支持在养老服务领域着力打造一批具有影响力和竞争力的养老服务商标品牌，对养老服务商标品牌依法加强保护。鼓励市外知名品牌养老机构进入重庆市场，跨区联合、资源共享，发展异地互动养老，推动形成一批具有较强竞争力的养老机构。

（五）推进标准化建设，构建服务质量标准和评价体系

养老机构中老年人口密集、安全风险高、服务需求复杂，因此加快推进养老机构服务标准化工作，提高其标准化建设水平。标准化工作是推进养老服务业供给侧结构性改革、扩大有效供给、加强监督评估和行业自律的重要手段，更是养老机构提高服务质量、提升服务水平的重要抓手。在 2016 年 12 月召开的中央财

经领导小组第十四次会议上，习近平总书记强调：尽快在养老院服务质量上有明显改善，加快建立全国统一的服务质量标准和评价体系。①

结合重庆实际，在国家出台的《养老机构基本规范》的基础上，以针对性、可操作性为原则，尽快开展配套标准的制订工作，构建重庆养老机构服务质量标准和评价体系。出台《安全生产技术规范》《养老机构等级评定与划分》等地方标准，开展养老机构星级、金叶评定。充分发挥医养结合专家委员会的研究、咨询、参谋作用，尽快组织研究制订重庆失能老年人等级评估和医疗照护服务标准，出台失能老人等级评估和服务标准。不断完善健康养老服务体系，加快推进养老机构服务流程、规范、技术、设备设施和质量监控等标准建设，建立养老机构质量评价体系。

（六）革新管理制度，重构养老机构监管体系

取消养老机构许可制度后民政部门仍然要承担行业主管部门责任，包括维护入住养老机构老年人的基本权益，维护养老机构的基本权益，因此必须加快重构养老监管体系。

强化事前咨询和标准宣传服务工作，相关部门向社会公开养老机构建设和管理服务的相关标准，民政部门加强对计划新建养老机构的社会主体的事前咨询服务工作。加快建设市级智慧养老服务云平台，对事业登记、民非登记以及由工商部门登记的营利性养老机构，卫健部门登记管理的护理院，以及由退役军人事务部门管理的光荣院等进行统计，实时传通报不同行业养老机构信息，民政局、市场监管局、卫健委等部门在平台上实现数据共享。加快推进智慧养老监管平台建设，加强养老服务质量监测，建立政府监管与市场运作、社会服务相结合、横向联通的养老服务智能化监管体系。做好“双随机，一公开”工作，随时对养老机构进行动态管理。为维护老年人和养老机构双方的合法权益，除健全完善常规年报制度和等级评定之外，还要建立随机抽取检查对象、随机选派执法检查人员的“双随机”抽查机制，对养老机构进行“事中事后”的严格监管，建立养老机构动态黑名单，并向社会公布，对存在严重失信行为的养老服务机构及人员实施联合惩戒。采取聘请社会监督员、线上线下接受群众举报等举措把养老机构的监督做细做实。

---

① 新华网.提高养老院服务质量创造老年人晚年幸福 [EB/OL]. http://news.xinhuanet.com/mrdx/2016-12/28/c_135937508.htm.

（七）整合多方资源，共同推进医养融合型机构养老服务的发展

医养融合的养老模式可以打破医疗与养老之间的分割，统筹解决养老机构医疗服务能力不足的问题，是促进“健康老龄化”、提高养老服务总体水平的重要途径。[①]通过宏观调控、整合全市养老服务资源，在土地、税收、融资、补贴、医保报销等配套措施上落实到位。放宽医养融合养老机构纳入基本医疗保障定点的审批条件，完善医养融合的支付保障制度，将医养融合中的医疗、康复、护理费用纳入城乡基本医疗保险范围。鼓励引导民间资本进入医养融合领域，鼓励非营利组织参与医养融合养老服务。非营利组织可通过承包政府的医养融合养老项目为老人提供直接服务，也可通过向政府提供建议和意见的方式间接参与。大力推动在社区开设医养融合型养老机构，提高社区卫生资源的使用效率。

（八）创新路径，加强养老服务人才队伍建设

加强养老人才队伍建设，满足人民日趋增加的养老需求，对推动养老机构的可持续发展意义重大。

政府主导构建养老人才体系。加大养老服务人才的资金投入，提供相应的养老服务人才聘用财政补贴等措施。成立专项基金支持养老服务人才资源建设，按规定落实养老服务从业人员培训费补贴、职业技能鉴定补贴等政策。加强对养老服务机构负责人、管理人员的岗前培训及定期培训，使其掌握养老服务法律法规、政策和标准。协调开发公益性服务岗位，有效解决城镇就业困难人群的就业问题，鼓励农村转移劳动力从事养老服务工作。出台养老服务从业人员待遇保障实施意见，提高养老服务人员待遇。

实施“十百千万”工程，三年内遴选10所市内高校培养养老服务专业人才，培养引进100名医养结合、科技助老管理运营人才，培训1千名中级管理人员、护理师资质人员和中级社工师，1万名养老护理员、居家养老从业人员、初级社工师和照护老年人的家庭成员。

开展校企合作。在重庆护理职业学院开设老年保健与健康管理专业，在高职、中职院校护理人员培养中增加养老护理培训课程。推进职业院校（含技工学校）养老服务实训基地建设，打造校企双主体深度合作培养培训技术技能人才双基地。

① 王素英，张作森，孙文灿．医养结合的模式与路径[J]．社会福利，2014.

制订实施养老护理员职业技能标准，建立养老护理员职业技能等级认定制度。按照《养老护理员国家职业技能标准》要求，统一开展养老护理员职业技能等级认定工作。

完善养老服务从业人员褒扬机制。组织养老机构之间开展相互交流和合作，提升人员职业水平。举办养老护理员职业技能大赛，开展“最美护理员”“十佳养老机构”评选和“敬老月”活动，依靠榜样力量带动重庆养老机构服务水平的提升。

营造尊重劳动的社会氛围。大力宣扬劳动光荣的传统美德，对优秀养老护理员进行表扬奖励，在全社会形成尊重劳动、尊重养老护理员的良好氛围，提高养老护理员职业认同感，让养老护理员的劳动创造和社会价值在全社会得到尊重。

重庆市社区居家养老服务发展报告

社区居家养老是一种介于家庭养老和机构养老之间的养老方式，是居家养老和社区服务有机结合。随着重庆老龄化速度加快，老年人的社区居家养老服务需求越来越大。提高社区居家养老的服务质量对于重庆扎实做好保障和改善民生工作、加快发展养老服务业、扩大就业和促进经济增长具有重要意义。

一、重庆市社区居家养老服务发展现状

为准确掌握重庆市社区居家养老服务的现实情况，课题组通过现场踏勘、问卷调查和收集整理历年统计数据，全面考察重庆市社区居家养老服务发展的设施建设、服务开展和运营状况，分析老年人群对重庆市社区居家养老服务的需求，并对重庆市社区居家养老现状的基本情况进行评价。本次调研以典型抽样方式，实地踏勘了 5 个区县，覆盖主城、渝西、渝东北、渝东南四大片区，问卷调查在全市所有城镇社区中开展。本次问卷调查共发放问卷 3128 份，回收 1453 份，回收率为 46.45%，其中有效问卷 1223 份。

（一）社区居家养老服务的基本情况

1. 概况

社区居家养老服务是指以家庭为基础，以政府为主导，以社区为依托，以社会保障制度为支撑，由政府提供基本公共服务，企业、社会组织提供专业化服务，

基层群众性自治组织和志愿者提供公益互助服务，满足居住在家老年人社会化服务需求的养老服务模式。[①] 按照中国民政统计年鉴最新的统计口径，重庆市的社区服务机构和设施主要包括七类：社区服务指导中心、社区服务中心、社区服务站、未登记注册的农村特困供养机构、社区养老照料机构和设施、社区互助型养老设施以及其他社区服务机构和设施。设在区县层面的社区服务指导中心、设在镇街的社区服务中心以及设在社区的社区服务站构成了三级社区居家养老服务网络，为社会提供养老服务。未登记注册的农村特困供养机构、社区养老照料机构和设施、社区互助型养老设施以及其他社区服务机构和设施则是由养老机构、基层群众性自治组织和志愿者等提供服务。截至 2017 年底，重庆市在社区居家养老服务方面，总体上取得了一定成绩，社区养老设施布点日趋完善，社区居家养老相关综合服务具备了一定程度的服务能力。中国民政统计年鉴数据显示，2017 年，全市社区养老服务机构总计 8040 处，其中农村 3893 处。

2. 社区养老机构与设施规模

（1）养老机构与设施数量

从“十二五”到“十三五”期间，我国的养老形式发生了巨大变化。杨成虎认为在这个过程中家庭养老在社会化养老情境下作用减弱，在机构养老发展还很不足的情况下，社区居家养老因其本身特色与优势在养老形式中的重要性不断提高。[②] 重庆社区养老设施建设情况佐证了这一观点。

如图 2-2-1 所示，2010 年重庆的社区养老服务机构为 1920 家，2017 年发展为 8040 家，是 2010 年的 4.19 倍。2010 年农村社区养老服务机构设施总数为 158 处，2017 年为 3893 处，是 2011 年的 24.64 倍。社区养老机构数量的增多，一方面反映出重庆社区居家养老的需求在不断增大，另一方面反映出重庆社区居家养老的发展趋势明显。值得关注的是，虽然社区养老机构和设施数在逐年递增，但是全市能直接提供养老服务的社区服务机构和设施的比重还不高，2011 年仅有 19.40% 的机构和设施可以直接为居民提供养老服务，到 2017 年该比重仍不足 40%，仅为 36.3%。

① 陈莉莉，曾梓杰．多中心治理视角下的舟山市海岛社区居家养老服务研究 [J]. 浙江海洋大学学报（人文科学版），2018，35（6）：22-28.

② 杨成虎．我国社区居家养老政策发展研究——基于 1982-2018 年国家政策文本的分析 [J]. 安徽行政学院学报，2019，(02)：111.

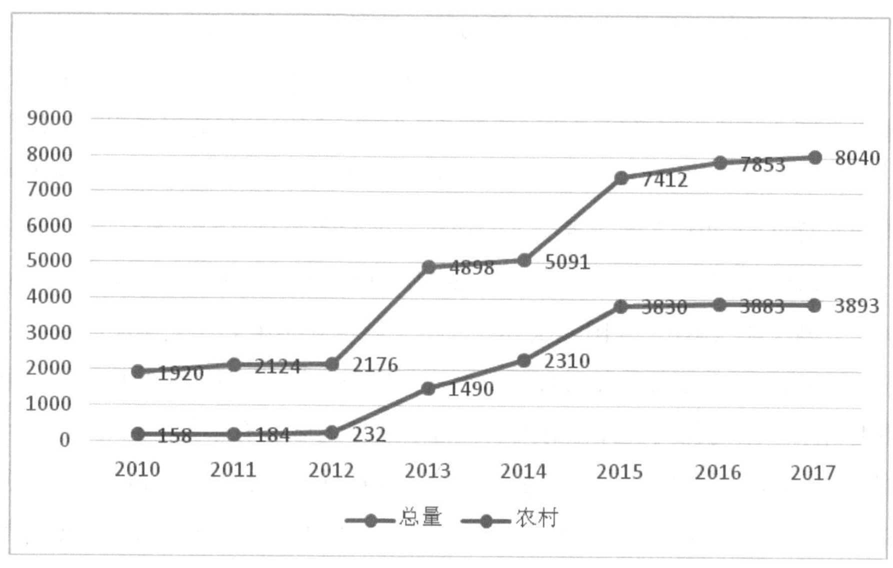

图 2-2-1　社区养老机构和设施数

数据来源：历年《中国民政统计年鉴》

（2）社区养老机构床位数量

如图 2-2-2 所示，2010 年，全市社区养老床位数量为 1345，2013 年开始爆发式增长，连续三年保持高速增长态势，2013 年是 2012 年的 3.36 倍，2014 年是 2013 年的 3.33 倍，2015 年是 2014 年的 1.69 倍。2016 年后全市开始逐步对社区养老床位进行规范，社区养老床位进入平稳发展期。

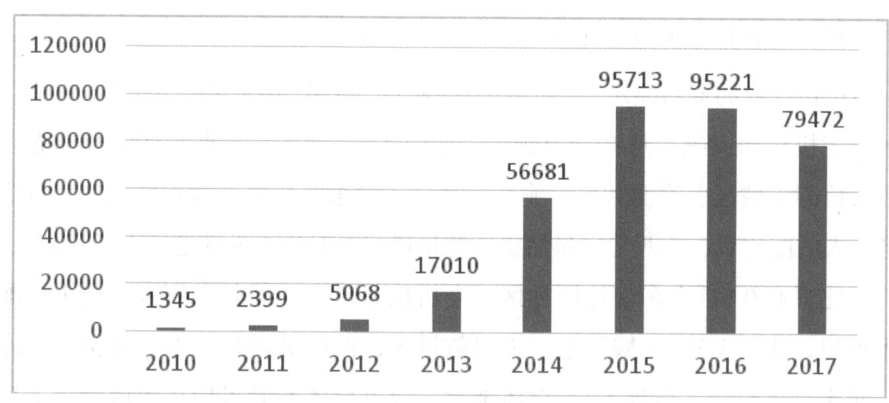

图 2-2-2　历年社区养老床位数

数据来源：历年《中国民政统计年鉴》

社区养老机构和设施的快速增长与这一阶段养老政策的密集出台密切相关。2011年到2017年是我国养老政策体系快速成型期，众多国家和地方政策文件的密集出台推动了社区养老机构和设施的飞速发展。国家发布的养老相关文件主要有:《关于进一步加强老年文化建设的意见》(2012)、《关于进一步加强老年人优待工作的意见》(2013)、《国务院关于加快发展养老服务业的若干意见》(2013)、《中华人民共和国老年人权益保障法》(2015年修订)、《关于推进老年宜居环境建设的指导意见》(2016)、《国务院办公厅关于制定和实施老年人照顾服务项目的意见》(2017)、《关于加快精神障碍社区康复服务发展的意见》(2017)等。重庆市也制订了一系列相关文件，对重庆社区居家养老服务有很好的指导作用。《重庆市人民政府关于加快推进养老服务业发展的意见》(渝府发〔2014〕16号)提出要利用多方资源和力量大力建设社区居家养老服务，为社区老人提供更优质的多样化服务，积极发展社区居家养老;《重庆市人民政府办公厅关于印发22件民生实事工作实施方案的通知》(渝府办发〔2013〕217号)提出2013—2017年，重庆市新增社区养老服务中心(站)的具体分年目标及资金规划，用以满足老年人的各项养老需求;《重庆市人民政府办公厅关于印发重庆市社区养老服务“千百工程”实施方案的通知》(渝府办发〔2018〕99号)、《重庆市人民政府办公厅关于做好制定和实施老年人照顾服务项目工作的通知》(渝府办发〔2018〕122号)等文件开启了新一轮社区养老服务建设。在一系列政策的推动下，重庆社区养老机构和设施的质和量都有了较大的提升。

3. 社区居家养老机构和设施的地域分布

重庆市民政局资料显示①，如图2-2-3所示，截至2018年第三季度，万州区的社区养老机构和设施数量在全市领先，如图2-2-4所示，渝西片区的社区养老机构数量位列主城区、渝西片区、渝东南片区、渝东北片区四大片区之首。从机构与老年人的配比看，渝西片区虽然机构数量最多，但是因为其老年人人口基数大，所以配比只有0.8；渝东南片区社区养老机构总量小，但其老年人口更少，配比较为理想，达到1.3；主城区老年人口数量大，但区域内社区养老机构和设施也多，配比也比较好，达到1.2。总体来看，全市社区养老机构在区域分布上存在一定程度失衡。

① 重庆民政2018年3季度统计分析。http://mzj.cq.gov.cn/cqmz/html/tjxx/20181101/11665.html.

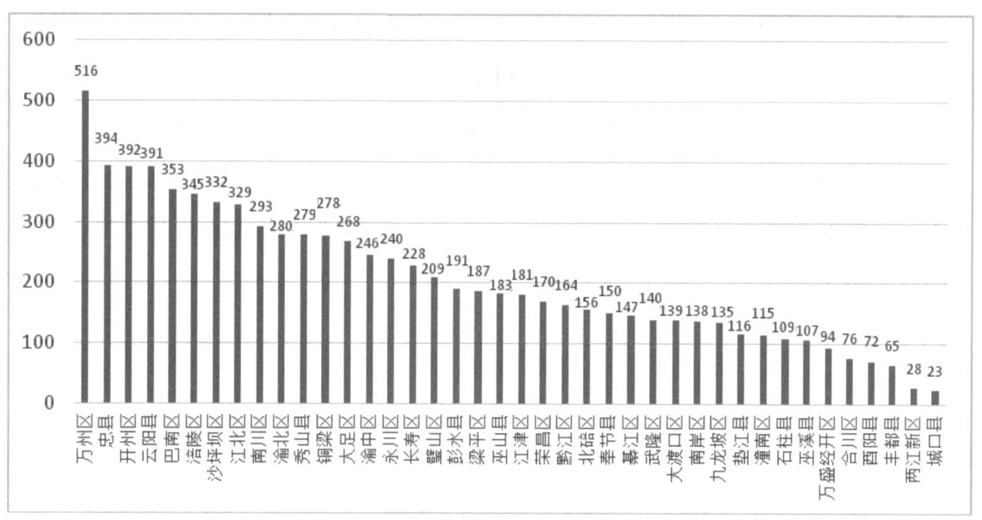

图 2-2-3　分区县社区养老机构和设施

数据来源：重庆民政 2018 年 3 季度统计分析

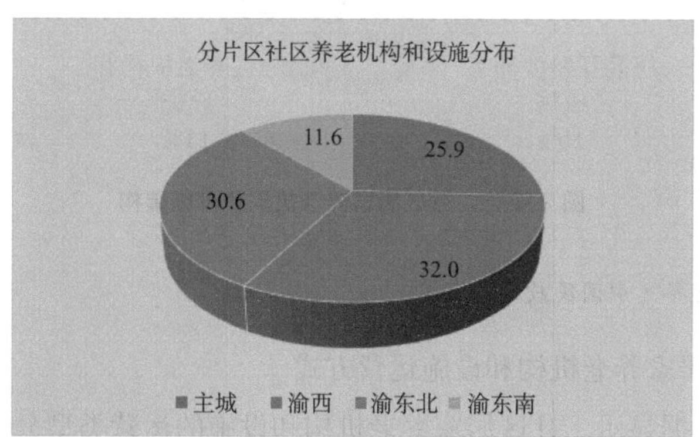

图 2-2-4　分片区社区养老机构和设施分布

数据来源：重庆民政 2018 年 3 季度统计分析

4. 社区居家养老机构和设施类型

（1）社区养老机构和设施类别

《中国民政统计年鉴 2018》数据显示，2017 年重庆全市拥有社区养老机构和设施共 8040 处。如图 2-2-5 所示，其中服务指导中心 6 处，服务中心 446 处（3 个为居民提供养老等服务），社区服务站 2660 处（1130 个为居民提供养老等服务），社区养老机构和设施 927 处，社区互助型养老机构和设施 1594 处，其他社区服务机构和设施2407处。社区养老机构和设施51.6%在城市、48.4%在农村。

社区互助型养老设施主要是在农村地区建设的包括老年日间照料中心、托老所等在内的养老基础设施，可以向农村地区的老年人提供多种养老服务。从统计年鉴三年的数据对比分析可以看到，2014年互助型养老机构和设施为511处，2017年达到1594处，上升幅度明显，说明重庆农村地区的社区养老设施近三年得到了较快发展。

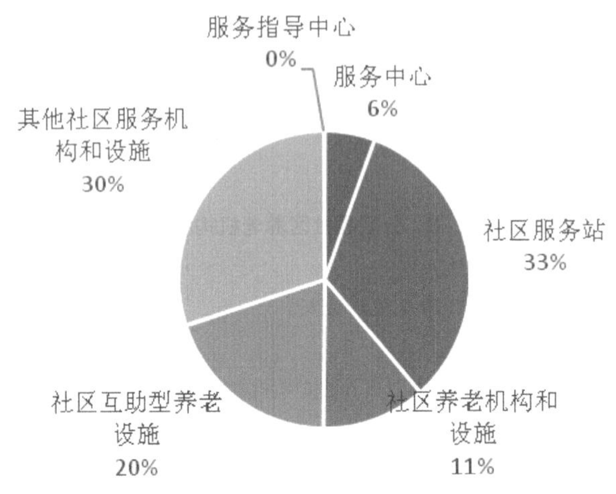

图2-2-5　社区居家养老机构和设施结构

数据来源：历年《中国民政统计年鉴》

（2）社区居家养老机构和设施运营方式

问卷调查数据显示，社区居家养老机构和设施的运营类型分为公办公营、公办民营、民办民营、公建民营和民办公助以及其他共六个类型，其中公办公营占比最大，为59.2%，公办民营占比为9.1%，民办民营占比为6%，公建民营占比为4.9%，民办公助占比为4.2%，其他占比为16.6%。81.7%的社区居家养老机构和设施在建设时获得过政府投资补贴，近六成的社区居家养老机构和设施由政府进行运营，对政府财政拨款的依赖较强。

（3）社区居家养老机构和设施服务类型

重庆社区居家养老机构和设施主要有托老所、社区日间照料中心、居家养老服务站三大服务类型。为社区老年人提供四大类服务：①生活照料服务：主要与老年人日常生活有关，涉及老年人的衣、食、住、行，属于养老服务最低层次的需求。②医疗保健服务：包括康复和护理两方面，主要针对高龄、身体健康状态差的老年人开展护理服务，部分社区开展了康复、辅助救援、护养培训等服务。还包括日常体检、老年人疾病义诊、健康讲座等常规服务。③文化休闲服务：目前提供的文化休闲服务主要包括免费开放公共图书馆、老年活动室以及社区基础设施。④精神慰藉服务：随着年龄的增长，老年人部分社会角色消失，产生了孤独感、寂寞感，社区居家养老机构通过心理疏导给老年人以慰藉，满足老年人高层次的精神需求。

如图 2-2-6 所示，在问卷调查中，课题组设置了 20 个服务项目。数据显示，文体娱乐排在第一，14.5% 的社区养老机构提供该项服务，这与“十二五”“十三五”期间国家对公共文化体系的高投入密切相关；日间照料排在第二，10.4% 的机构提供日间照料；心理慰藉排在第三，10% 的机构开展了此项服务。总体来看，重庆的机构和设施普遍以休闲活动为主，辅助开展生活服务，对康健服务的提供较少。社区养老机构对于老人最迫切需要的服务如康复护理、生活照料（包括家政、日常照料和助餐）等提供不足。

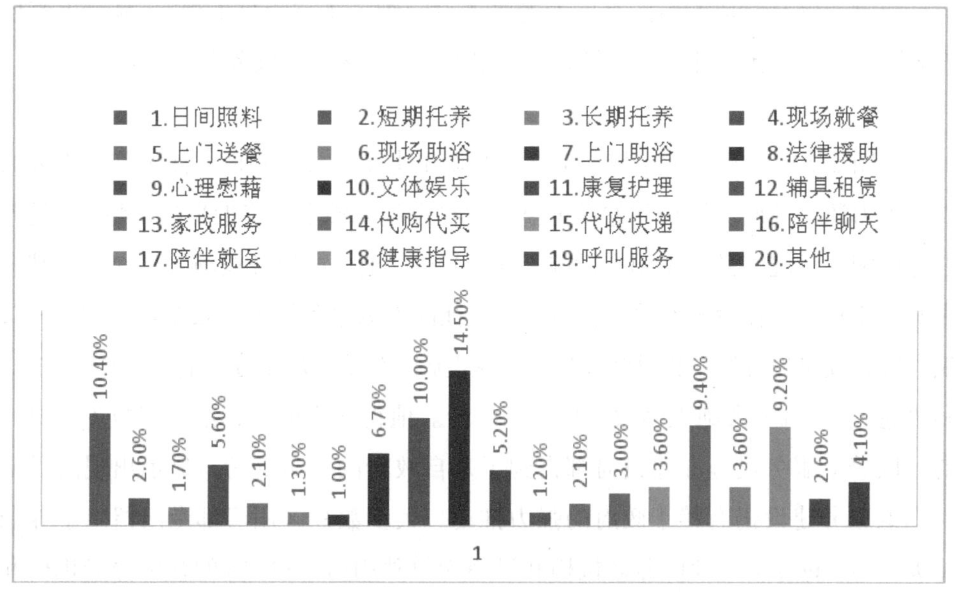

图 2-2-6　社区养老机构和设施服务提供

数据来源：问卷调查

5. 社区养老机构和设施用房与设备

（1）建筑设施基本状况

中国民政统计年鉴数据显示，2010年重庆社区养老服务机构和设施的建筑总面积为613592平方米，机构平均建筑面积为320平方米。2014年总面积为1232197平方米，机构平均建筑面积为300平方米。2017年总面积为3127929平方米，机构平均建筑面积为389平方米。

问卷调查数据显示，机构和设施平均服务面积超过300平方米，主要以两三层的矮建筑为主，绝大部分机构和设施（90.7%）二层以上并未安装电梯，将近七成（68%）的机构和设施没有无障碍设施，这对于老年人是非常不便的。从社区室外活动场地（包括广场、运动场、球类场、健身场、棋牌场和其他场地）情况看，各社区室外活动场地建设水平参差不齐，平均面积（760m^2）处于中位水平，并不能完全满足众多社区户外活动需求，也制约了养老相关服务的开展。

机构和设施的内部构件适老化程度不高，不符合老年群体使用需求。例如，有将近三成的活动空间位于地下，不到三成的设施具有无障碍卫生间，仅有稍多于四成的设施建有坡道等无障碍设施。这对于养老需求而言，差距还是比较明显的。同时，仅有三成左右的社区养老服务设施纳入了“千百工程”，显示出基层养老服务设施更新、升级、换代的需求相当大，社区养老服务发展潜力巨大。

（2）设施来源、性质、建设方式情况

如图2-2-7所示，分析设施性质、来源和建设方式等发现，社区养老服务的投入主力还是政府。调查问卷数据显示，在设施来源上，将近半数（49%）是养老专用配套设施，其次是闲置设施（14%）和其他公共服务设施（10.6%），其余来源均非常少。在设施性质上，绝大多数社区养老服务设施（82.5%）来自公有，仅有极少数非公有的自建设施或公私共建设施。在设施建设方式上，新建（41.3%）和改建（51.3%）占绝大多数，扩建的较少。值得注意的是，绝大多数（81.7%）的社区养老服务设施在建设时都得到了来自政府的资金支持，显示出现阶段基层养老服务建设仍有赖于政府的强力推动。大多数社区用房都专门留出了养老相关用房，66.1%的社区养老机构和设施为单独用房，33.9%的社区养老机构和设施为非独立使用，基本能够保证养老服务的开展，这与社区房产主要是公房有关。

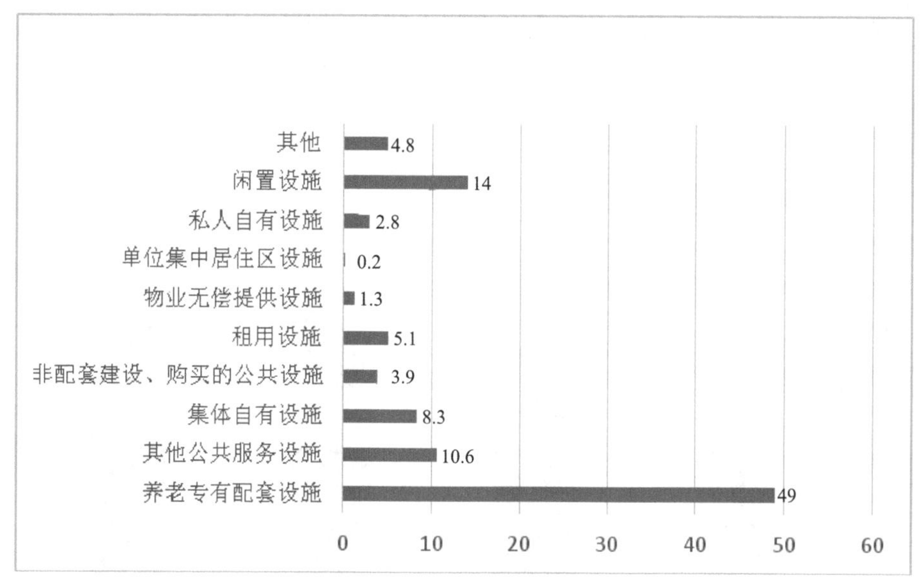

图 2-2-7 社区养老机构和设施用房来源

数据来源：问卷调查

6. 社区养老人才队伍情况

这里的“人才队伍”专指社区居家养老服务的从业人员。由于护理人员数据缺失，本部分主要分析社会工作者和志愿者服务队伍。

（1）社会工作者

社会工作者养老服务提供诸如心理辅导、社区照料等项目，是社区居家养老服务重要的人才保障。根据中国民政统计年鉴数据，以在社区互助型养老设施从事养老工作的人才数据为例，如图 2-2-8 所示，2014 年助理社会工作师占社区养老从业人员比重仅为 0.9%，社会工作师占社区养老从业人员比重仅为 0.7%，2017 年助理社会工作师占社区养老从业人员比重上升为 3.9%，社会工作师占社区养老从业人员比重上升为 1.9%。在社区互助型养老设施服务的助理社会工作师和社会工作师近三年虽然呈增长趋势，但增长速度十分缓慢。2017 年，全市社区居家养老机构和设施职工总人数为 27952，其中助理社会工作师人数为 1077，社会工作师人数为 587，占比分别为 3.8% 和 2.1%。由此可以看到全市的助理社会工作师和社会工作师的人才缺口仍然较大。在香港，平均每 1000 人中就有

1 人是社工，相对于全市如此庞大的老年人群体，社会工作师的供给显然远远不足。

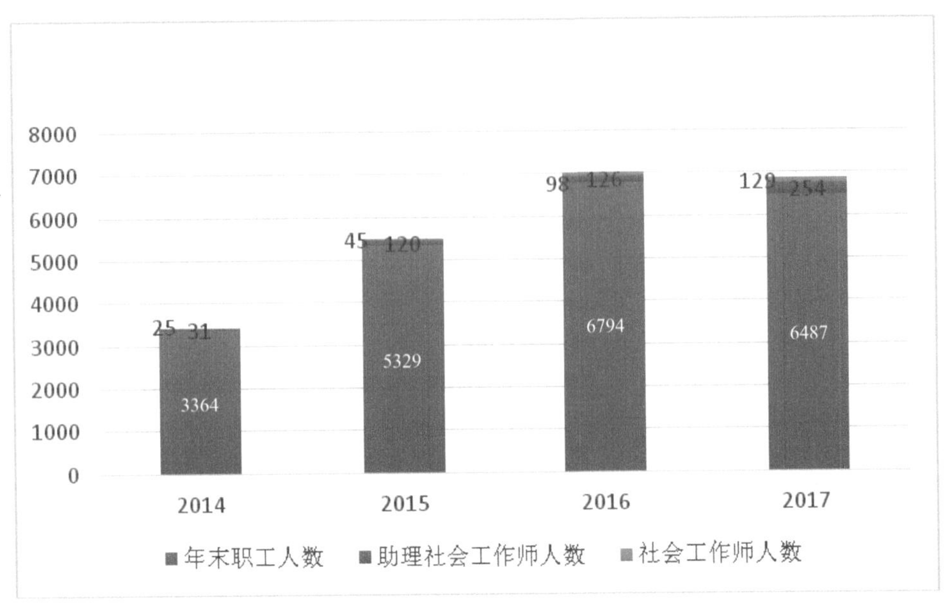

图 2-2-8　2014—2017 互助型养老设施人才结构图

数据来源：历年《中国民政统计年鉴》

（2）志愿者队伍

志愿者服务队伍是社区居家养老服务的重要补充力量。中国民政统计年鉴数据显示，经过“十二五”以来的发展，重庆市社区志愿者组织数和志愿者人数都有了一定的增长。2011 年重庆社区服务志愿者组织数为 4896，2017 年组织数为 7209，注册社区志愿者从 2013 年的 39106 人增长到 2017 年的 292275 人。如图 2-2-9 所示，无论从志愿者服务人次，还是志愿服务时间，从 2013 年开始呈双双下降趋势，2017 年志愿者服务人次较 2013 年几乎减半，2017 年志愿服务时间较 2013 年减少了 114689 小时，与志愿者队伍的快速增长形成强烈反差。究其原因，全市志愿服务资源基本仅与少量养老机构合作，而真正深入社区服务的志愿者较少，在社区居家养老服务上存在志愿参与程度低、服务对象覆盖少、缺乏常态参与、志愿服务内容单一等问题。

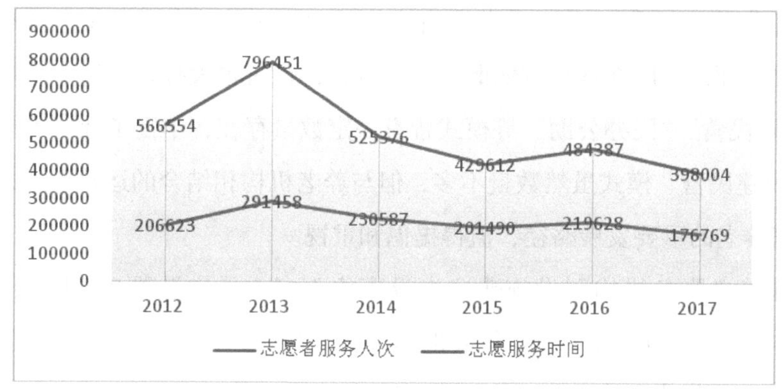

图 2-2-9　2012—2017 年志愿者服务人次及时间

数据来源：历年《中国民政统计年鉴》

7. 社区养老机构和设施运营状况

调查问卷显示，从设施运营年限看，尽管极少数设施自 20 世纪 90 年代就开始使用，但大多数设施的运营都是自 2014 年以后才开始的。如图 2-2-10 所示，现有机构中只有 6.2% 的成立时间在 2010 年之前，16.5% 的机构成立于 2014 年之前。从 2014 年开始，社区养老机构和设施开始快速发展，以每年平均 15 个百分点的速度增长。这说明两个问题：第一，社区养老服务机构在近年不断完善，建设进程加快，反映了社区养老需求的快速增长；第二，说明社区养老服务设施尚不够完善，需要快速发展以补充社会需要。

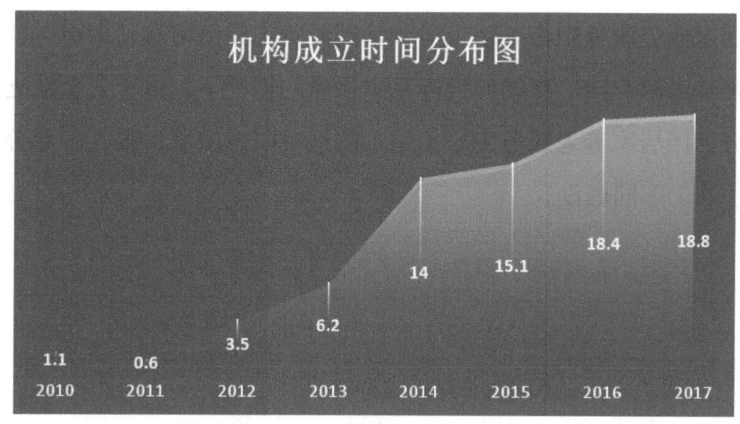

图 2-2-10　机构成立时间分布

数据来源：问卷调查

从运营方式上看，“公办公营”占比将近六成，显示出养老作为基本公共服务的重要一环，政府在这一方面既有较大责任，也有很大投入。近年来“公办民营”“公建民营”“民办公助”等模式皆有一定数量存在，丰富了社区养老服务的供给；“民建民营”模式虽然数量不多，但与养老机构相结合的运营模式，是未来社区居家养老的重要发展路径，值得提倡和重视。

社区养老服务机构和设施普遍内设床位不多（平均设置9.9张床，其中日间照料床位3.5张），入住的老年人也不多（平均6.3左右），反映出当前社区养老服务站主要作为居家养老服务的补充的特点。调查发现，社区养老服务机构普遍存在业务人员较少（平均每个机构仅有不到3名工作人员）和服务对象不多（以午餐为例，平均每个机构只有不到8位老人在机构内就餐）的问题，这既反映了社区养老人员分散、机构力量普遍较弱的特点，也反映出社区养老服务能力尚处于发展初期，还不足以为社区内老龄人口提供较大规模、内容较丰富的服务。

如图2-2-11所示，2017年，重庆有8040处社区居家养老机构和设施，提供养老服务的共2688处，其中农村1898处，城市790处，如果剔除互助型养老设施，全市提供养老服务的社区机构仅1094处，其中农村647处，城市447处。2010年至2017年之间，在社区机构养老服务开展得最好的2015年也只有36.3%的社区机构提供养老服务，最低的是2012年，仅17.6%的机构在提供养老服务。重庆社区居家养老服务中心（站）运营管理经费主要由财政、街道、社会捐资给予补助，资金来源有限。在硬件设施基本保障的情况下，由于资金缺乏、人员缺乏，一部分社区居家养老服务中心（站）的运营陷入困境，很大一部分社区居家养老中心（站）形同虚设。

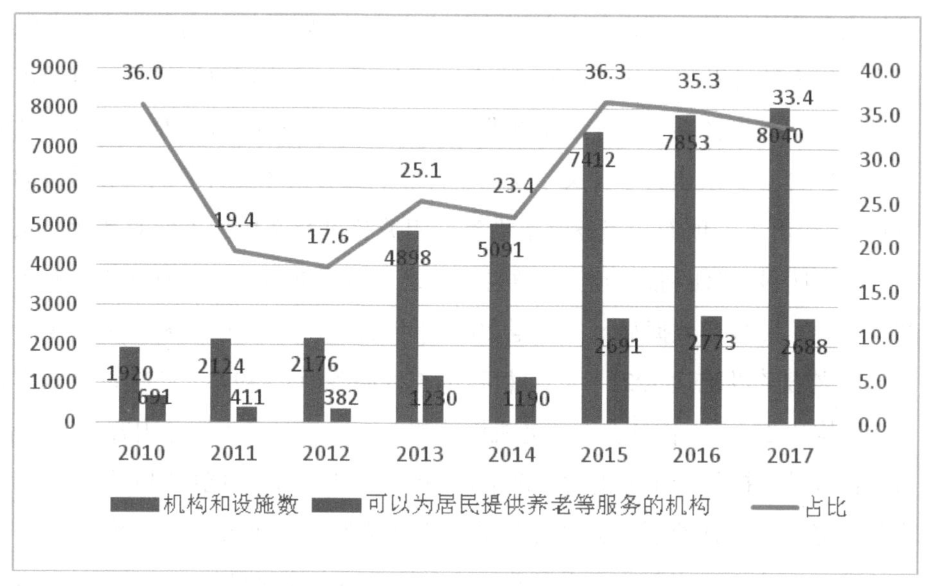

图 2-2-11　提供养老服务的机构和设施

数据来源:《中国民政统计年鉴 2018》

（二）重庆社区居家养老现状小结

现阶段重庆社区居家养老服务主要以政府为主体，社区为依托，养老机构、社会组织等多渠道参与社区养老服务中心（站）运营和独立提供其他养老服务，形式上以社区所在地服务为主，居家上门服务不多，服务内容以日间照料服务、文化娱乐服务、基本体检保健服务为主。

1. 政府主办、三级联动的社区居家养老体系稳步推进

近十年间，伴随着重庆社区服务体系的不断完善，社区养老机构和设施数量增长显著，社区服务机构覆盖率逐年上升。政府是社区居家养老的主要推动力量，市级、区县级和镇街三级政府通过强制力量，在各自政府机构的管辖区内建立了其分属的养老机构和管理组织，服务指导中心—服务中心—社区服务站三级联动的多层级养老机构体系稳步推进，为社区居家养老服务提供了平台。

2. 政策引导效果显著，社区居家养老取得阶段性成果

2014 年，重庆市政府出台了《关于加快推进养老服务业发展的意见》，提出建立养老服务设施，构建养老服务体系。2015 年，市民政局颁布了《重庆市经济

困难的高龄失能老年人养老服务补贴实施办法》，主要是针对高龄、失能、经济特困难老年人的补贴，每人 200 元 / 每月。2016 年，重庆市政府发布《重庆市老龄事业发展和养老体系建设十三五规划》，提出了全面构建居家养老服务体系的目标。2017 年，重庆出台了《关于全面放开养老服务市场提升养老服务质量的实施意见》，提出了 7 项养老服务改革措施。相关政策及文件的出台对社区居家养老引导作用明显，"便利式养老""普惠式养老"效果初现。一是社区养老服务设施初具规模。民政局数据显示，截至 2018 年年底，建成养老服务中心 70 个、城市社区养老服务设施达 1221 个，农村社区养老服务点 2849 个。① 全市社区嵌入式养老机构达 286 家，占社会办养老机构总数 66%。二是基本服务内容更为丰富。在城市社区试点推行老年人助餐、助浴、助医照顾服务，失能特困人员和高龄失能半失能老年人每次享受 3 元助餐补助，符合条件的老年人每次享受 20—50 元助浴补助，65 岁以上老年人享受免费体检和健康档案管理服务。三是因地制宜推进农村养老服务发展，全面启动农村老年人关爱服务项目。

3. 城乡社区居家养老供给差异明显

重庆集大城市、大农村、大山区、大库区于一体，城市农村社区养老需求差异明显，社区居家养老呈现两极分化。一方面，城市社区居家养老快速发展，另一方面，农村的养老服务整体状况却没有显著改善。目前城市社区初步形成了以日常生活照料、医疗保健服务和社会活动与精神慰藉为主要内容的社区居家养老服务。日常生活照料服务的提供者一般是社区服务站、市场和社会组织，医疗保健服务则由社区服务站或者社区医院等专业机构提供，精神慰藉服务则由社区服务站、志愿者组织、老年大学等组织提供。农村社区居家养老的组织者主要是农村的村委会和村干部，服务人员一般是村委会雇佣的临时服务人员，资金的主要来源一般是政府财政支出或者村委会集体筹资。受资金和服务人员素质的限制，服务的内容主要是保洁、洗衣和餐饮等日常生活照料等一些基础服务，只有极少数经济条件比较好的农村社区机构提供一些健康检查、心理调节、法律咨询和读书阅览室等服务内容。

① 重庆市民政局资料：《展望重庆养老共筑美好未来——在渝北区养老产业招商推介暨产业发展研讨会上的讲话》。

二、重庆市社区居家养老服务发展存在的主要问题及原因

（一）存在的问题

重庆市社区养老服务机构有一定的数量，但在服务人员的数量与资质方面，都处于较缺乏的状态。在城区，以社区服务站为代表的社区养老服务设施，在收养照料人数上处于相对低位的水平；在农村，一批社区养老服务机构和设施，特别是互助型养老设施发挥了较大作用，吸引了一定数量老年人入住并享受服务，但与全市适龄老年人总数相比，缺口仍较大。

1. 网络不够健全

从养老网络体系上看，虽然全市已经建立了以福利院、敬老院为主体的社会优抚保障体系，但基层养老服务站的建设却严重滞后，专门的社区养老机构和设施仅有不到 1000 处。民政局的数据显示，截至 2018 年底，全市 226 个街道中建成养老服务中心 70 个，覆盖率仅为 30.9%；3128 个社区中建成养老服务站 1201 个，覆盖率仅为 38.4%；804 个乡镇中，尚没有一个符合功能需求的养老服务中心；8029 个行政村中建成养老服务点 2849 个，覆盖率仅为 35.5%。[①] 目前，只有渝中区等少数区县建立了覆盖所有街道的社区养老服务站，初步解决了基层养老服务机构的“有无”问题；大部分区县尚未完成设施网络的建设，根本不能开展好多层次多种类综合的社区养老服务。

2. 部分区县发展相对滞后

渝东北、渝东南片区欠发达区县，受地形地貌特征、经济发展水平等因素的影响，在社区养老服务方面起步晚、发展程度不高。大量农村社区因为当地政府的财力不足，社区居家养老资源严重短缺。同时，受制于库区、山区人口空心化问题，一些地区（特别是农村地区）的人流、物流难以支撑基层养老服务机构运营，导致“机构不到位—服务人口流失—机构难运营”的恶性循环。因此，未来一段时间，如何在日益空心化的农村地区和边远乡镇，提供更好的社区养老服务，是值得进一步研究和探索的问题。

---

① 重庆市民政局资料:《展望重庆养老共筑美好未来——在渝北区养老产业招商推介暨产业发展研讨会上的讲话》。

3. 供给需求错位

目前，除了依托于大型养老机构建设运营的极少数社区养老服务站外，绝大多数社区养老服务站缺乏开展多层次、多种类综合养老服务的能力，多数服务站仅能根据场地提供部分养老服务，服务内容、服务行为和服务标准还缺乏相应的规范和统一的标准。调查发现，大部分社区养老服务站不具备留宿照料功能，仅限于日间开放。而在日间开放中，超过八成的社区养老服务站仅具备文化娱乐（棋牌活动为主）、日间餐饮、基本健康管理等功能，只能作为一个社区居家老人日常交流、娱乐的载体而存在。康复理疗、心理慰藉等技术要求较高的服务开展较少，老年人需求量大的助餐、助浴、助医、助行等上门服务更是由于服务价格等原因非常稀缺。老年人多元化、精细化、个性化的服务需求得不到满足。社区养老服务供需脱节、结构性矛盾较为突出。

4. 社会力量参与不足

从目前全市社区居家养老服务发展的状况来看，政府是社区居家养老的主要力量，社会组织发展缓慢，很多为老年人服务的社会组织、企业，在发展的规模和品牌塑造上大都处于起步阶段。养老服务社会组织数量偏少，服务内容种类少；志愿者队伍活动的常态机制尚未形成，服务团队成员不够稳定，活动普遍较少；政府购买服务机制处于探索阶段，在吸引社会力量参与居家养老服务、挖掘社会组织潜力上用力不够；养老机构不仅机构本身存在规模有限、硬件较差、服务水平不高、规章制度不健全、缺乏标准化建设等问题，与社区共建和互动较少，甚至有被社区构建的养老体系排斥在外的现象，使得优势资源得不到有效利用。总之社会力量在社区居家养老的参与程度不高、作用发挥不足。

5. 资源闲置与短缺并存

全市社区居家养老服务中存在“资源闲置”与“资源短缺”的双重困境。调查问卷数据显示，重庆社区老年人日间照料中心普遍存在空间使用效率低的情况，84% 以上设施均存在空间闲置状况，其中近一半设施闲置空间超过 23%。而老城区由于之前在住宅建设和城市规划中没有充分考虑到社区养老服务设施的配套问题，加之城区土地供应紧张，许多社区尚未建立起类似于老年人日间照料中心、老年人健身娱乐场所这样的社区养老公共服务设施。

6. 医养结合流于形式

医疗护理方面，社区医院以离家近、看病方便被越来越多的老年人所接受。但是在调查中发现，社区医养结合多数流于形式，90% 的社区都存在医疗设施陈旧、药品数量少、种类缺乏、医护人员短缺、服务态度不好等问题。简单的医疗设备和基础性的药品基本只能应对感冒等日常状况，针对老年人常见的其他疾病则毫无办法。同时社区提供的送医上门、疾病防治和康复护理等服务项目缺乏经常性、长期性的制度安排，无法满足老年人在社区中的养老需求。

（二）问题存在的原因

1. 规划设计不完善，政策执行不力，导致居家社区养老运营困难

目前重庆社区居家养老服务体系建设规划设计不完善，设施规划建设缺乏针对性和预见性，社区养老服务中心的建设标准、运营模式、监管制度等方面还未形成一个健全、科学及操作性强的规范体系。大多数社区养老服务中心（站）的内部管控制度、考核制度等尚不完善，居（村）委会不具备法律主体地位，不能直接与社会组织和企业签订养老服务供给和外包合同，而自身又缺乏力量来提供高效的服务，致使社区养老机构和设施在运营过程中具有一定的局限性，存在着漏洞和缺陷。对于国家和市级政府已出台的与养老服务有关的规划、政策和措施，因基层对养老重要性认识不到位、财政支持不足等原因导致落实落地较差，严重滞后的社区居家养老服务政策环境挫伤了社区和社会力量运营的积极性。

2. 资源统筹不足导致建设合力不够

根据业务分工，养老服务发展若干任务被分别纳入不同的主管单位，使资源统筹困难，没有形成建设合力。在社区养老服务发展中，社区养老服务的核心——建设运营社区养老服务站（中心）由民政部门负责，社区老年人文体活动（公共文化服务）由文旅委负责，社区公共服务基础设施规划建设（如社区养老服务中心布点、社区体育文化公园建设）主要由规划与自然资源局负责，社区医养结合由卫健委负责，发改委、财政局、宣传部、体育局等部门根据各自职责，也参与到社区养老事业的建设中。虽然一定程度上增加了养老事业的投入渠道，丰富了养老事业建设的资金、技术来源，建成了一批社区居家养老服务机构和设施，但不可避免地也造成了一定的重复建设和资源浪费。重庆许多社区受环境条件限制，

安排公共空间颇为捉襟见肘。在各种设施的前期建设中，分属于各部门的资源有的未能很好统筹整合，出现了各自为政的现象（例如公共文化服务体系建设中的社区文体活动空间与规划系统布点的社区公园），各种设施在布局时没有充分考虑功能融合，导致相互挤压空间，使得建设投入事倍功半。

3. 体制机制不尽匹配导致多元主体参与不力

在社区养老服务层面，相当多的供需对接不匹配，造成部分投入主体和相关资源无法得到优化发挥。这很大程度上是由于体制机制的不配套造成的。就政府层面而言，由于养老事业的主管部门多，“政出多门”，难免造成政策相互叠加，特别是在具体措施落地时，在基层单位出现互相抵牾的情况。以“医养结合”为例，当前，国家在大力推广“医养结合”，鼓励有条件的医院设立专门的养老服务机构，要求各地二级以上医院设置一定比例的老年病科、老年病床。社会对“医养结合”的需求也很旺盛，老年人普遍希望能在养老机构或医疗机构接受适当的卫生健康服务。重庆市目前也出现了以重庆医科大学附属第一医院青杠老年养护中心为代表的医养结合成功案例，但是，这一既有需求又有供给的养老服务项目，在全市范围却未得到较好发展。从医院的角度看，许多医疗机构特别是大型的三甲医疗机构往往人满为患，医护工作者分身乏术，没有足够的力量来发展专门的养老机构（尤其是大型公立医院还要考虑编制等问题），加上当前养老服务利润率低，导致很多医院在这方面积极性不高。从养老机构的角度看，很多养老机构都有设置医疗室、护理院的热情，但由于资质、场地、设备、环保等相关标准制约，很少有能在养老机构中成功设置附属医疗设施的案例。由于管理权限的条块分割，从现实情况看，以医院为主的医疗单位更注重“医”，以养老机构为主的民政登记单位更注重“养”，如何实现二者的“结合”，在现行制度下仍需要进一步探索。

就社会层面而言，在各养老机构开展业务时，会直接感受到体制机制不匹配的尴尬和带来的冲突。仍以“医养结合”为例来探讨。目前，一部分基层医院特别是老年人口集中的社区卫生服务中心和民营二级以下医院，在增设了一定数量的养老病床后，往往由于老年病人的特殊情况而受到医保局的问责。这种情况尽管当事各方从相关“规定”出发都能给出符合政策规定的解释，但从实际效果看，无疑对养老服务产生了消极影响，这必然使社会上维系养老价值链的两端——供给侧和消费侧都会受到冲击，最终影响到整个养老服务体系的建设发展。

4. 投入不足导致资源利用率低下

社区养老服务发展资金通常来源于公共财政、市场主体投入、社会慈善支持和社区自收入四个方面。现阶段重庆社区建设方面的资金大部分来源于财政，由于各级政府财政的资金支持能力有限，一些社区连自身工作经费和建设经费都捉襟见肘，更谈不上对社区居家养老的财政扶持。尽管 2013 年以来重庆市加大了对社区居家养老服务方面的经费投入，但因为硬件设施欠账太多，经费主要用于社区居家养老服务中心（站）等基础设施的建设，设施建设完成后，缺乏后续运营资金跟进，缺乏制度化的管理和运营机制，大量社区养老服务中心（站）无法正常运营，造成资源的闲置、浪费和低效率。

5. 专业人员匮乏导致有效服务不足

目前，全市社区养老服务中心（站），普遍仅有 2—3 名工作人员，且大多数不具备社会工作的专业知识，难以有针对性地开展辖区居民养老专门服务，从而造成居民不愿意前往社区养老服务中心（站），社区养老服务机构运营十分困难，只能依赖政府补助。中国民政统计年鉴数据显示，重庆市社区养老机构和设施中，本科以上学历的从业人员只有 10%，从业人员资质和水平不高，制约了社区养老机构和设施提供多元化、高质量的助老服务，不足以更好地支撑相当多居家养老老年人的需求，影响到老龄事业的整体发展。

三、重庆市社区居家养老服务发展的趋势

（一）社区居家养老需求迅猛增长

社区居家养老是一种介于家庭养老和机构养老之间的养老方式，兼具家庭养老在家中养老和利用社区等社会资源辅助养老的特性。二战后西方主要发达国家养老服务业中出现了居家社区养老服务替代机构养老服务的趋势。西方国家提出了“在地老化（Aginginplace）”的理念，通过实践发现老年人更希望在自己熟悉的社区中获得养老服务，社区居家养老服务可以最大程度维系老年人与社会之间的关系，被认为是符合人性化、尊重个体尊严、有利于身心健康以及社会融合的方式。[①] 社区居家养老服务因为其成本由家庭、政府和社会组织三方共同承担，

① 王震 . 居家社区养老服务供给的政策分析及治理模式重构 [J]. 探索，2018（06）：117.

相对于机构养老具有成本优势，因此在国外社区居家养老成为最常见也是最普遍的养老方式，为绝大多数老年人和家庭所接受。《中国社会保障发展报告（2014）》指出，目前我国普遍呈现家庭规模小型化、家庭结构多样化的发展趋势，丁克家庭、单身家庭、单亲家庭、空巢家庭等的数量越来越多。家庭规模和结构的变化直接导致仅依靠家人照顾的传统居家养老方式已不能满足当前需要，有研究表明，对于多数老年人而言，寻求社会养老服务支持是家庭养老条件或资源不足时的一种替代选择。① 因此，依托社区和社会组织的社区居家养老模式已成为我国养老发展的必然趋势。

重庆统计年鉴数据显示，按户籍人口计算，2018 年重庆市 60 岁以上老年人口为 718.94 万，占户籍人口比例的 21.12%，比上一年上升 0.3 个百分点。按常住人口计算，2018 年重庆市 65 岁以上老年人口为 437.35 万，占常住人口比例 14.1%，大幅超过 7% 的标准线，即将进入超老化社会。老年人口比上一年增加 30.81 万人，老龄化比例比上一年上升 0.9 个百分点。重庆市老龄化在加速发展，社会对养老服务的需求将呈现出快速释放的局面。养老将面临重大挑战。

重庆老年人口增长，绝大多数将会集中于城市（城镇），这是重庆城镇化率不断增长的必然结果。未来五至十年，重庆市老龄人口不但会快速增加，更可能倾向于向城市（城镇）集中，这是伴随中国人口流动趋势必然出现的结果，尤以主城区、渝西片区和若干区域中心城市、大型中心城镇更为突出。城区养老服务需求会进一步集中释放，造成特定区域、特定人群在养老服务供需矛盾上进一步凸显，形成一定的社会问题。未来需要政府在政策引导、规划布点、建设标准等方面提前作出预判，更需要全社会共同努力，推动社区养老服务优化，打造具有重庆地方特色的社区与居家协作养老模式。

（二）互联网技术的应用将进一步提高养老供给的精确性，扩大养老服务内容

互联网技术对社区居家养老信息的高度共享和养老需求的挖掘具有独特的优势，互联网智能设备的信息传递和社区居家养老服务结合可以达到资源共享、节约成本、实时交互的目的。运用互联网、物联网、大数据、云计算等技术，整合

① 田北海，王彩云.城乡老年人社会养老服务需求特征及其影响因素 [J]. 中国农村观察，2014（04）：2-17.

社会各方资源进入社区，通过线上服务和线下服务相结合的方式提供社区居家养老服务。利用互联网技术及时、灵活地将老年人的需求反馈给社区养老机构，消除老年人和社区之间信息不对称的问题，养老服务中心和养老服务站能根据社区老年人需求信息准确分配老年护理服务资源，社区老年人也可以快捷地了解社区居家的膳食服务、生活照料、家政服务、文化娱乐等养老服务供给与各方信息。养老企业和相关研究机构可以通过大数据技术了解市场基础、区域老龄人口需求，在此基础上研发和生产有针对性的适老、智能化产品和服务。总之未来互联网技术能为供给侧进行产品和服务的细分，为老年人提供健康管理、紧急救援、精神慰藉、服务预约、物品代购等更加多元的社区居家养老服务。

（三）机构＋社区＋居家一体化融合式将成为养老主流模式

现有的养老服务体系中居家养老、社区养老和机构养老处于割裂状态，[①] 居家养老因家庭结构变化和专业性欠缺，无法保障老人整体需求，以日间照料中心为主体的社区养老多数没有实现原有的功能设计，而机构养老存在公办养老机构需求火爆“一床难求”、民办养老机构入住率低的尴尬境地。日本是世界上最早进入老龄化的国家，目前他们的介护制度实际上就是融合式养老模式。融合式养老模式的最大优势在于将养老的公益属性与养老的产业化有机结合，在社区层面建立起一个支持家庭养老的社会化、专业化服务体系。[②] 现阶段全国各地推行的社区“嵌入式”养老，是基于国外经验以及结合我国国情的基础上催生的一种融合模式，养老服务机构把床位建在社区，为老人提供短期或长期住养服务、日间照料服务及为居家老人提供上门服务。这种以养老机构为龙头，将养老服务延伸辐射到社区、家庭，打造养老服务联合体，形成集团化、区域化、品牌化的运营模式在未来将成为养老服务的重要模式。

（四）多元主体协同参与度逐步提高

无论是美国、英国还是日本，其良好的养老服务都得益于极高的社会参与度。日本参与社区养老服务包括以社区居民经营为主的志愿者组织类型、通过政府的

---

① 任炽越．社区养老服务存在的问题与发展思考 [N]. 中国社会报，2017（0123）：003.

② 王义．机构社区居家养老融合发展的路径选择——以青岛为例 [J]. 中共青岛市委党校青岛行政学院学报，2018（02）：79.

资助或直接出资购买的非营利组织类型、由政府资助的社会福利协会组织等民间组织，以及由政府和民政人员构成服务人员的政府组织。日本这种多样化参与社区养老服务的组织类型，丰富了养老服务的组织形式，也使这些组织之间形成了很好的良性竞争机制，同时又缓解了政府的压力，提高了社区养老的服务质量。美国则是通过政府资助的组织机构和居民自组织机构参与社区养老服务。英国每年有近半成的人参与到社区养老服务的志愿者行列中，政府也鼓励各方力量为社区养老服务提供资金捐赠，缓解政府压力的同时，又能更好地应对老龄化难题。国外实践证明充分调动各方人力资源，由专业人员、社会营利、福利组织、志愿者共同参与社区居家养老是社区居家养老最好的模式。养老责任由政府、社区、社会其他组织以及家庭共同承担，不同的居家养老服务提供者既有分工，更有合作，共同为居家的老年人提供生活照料、医疗护理和精神慰藉等养老服务，这种多元主体协同参与社区居家养老的方式是一种必然趋势。

（五）社区居家养老将成为“医养融合”主战场

随着社会经济的快速发展，老年人对护理服务需求增加，主要表现在患有多种疾病的及失能老年人增多，专业化服务需求增加。孙海燕研究指出高龄老年人对疾病知识缺乏，家属不具备为老年人提供疾病护理的能力，提出护理上门服务、家庭病床、日间照顾等养老家政、医疗护理、心理护理等在新时期居家养老护理中的重要意义。[①]武佳琳等研究认为老年人对社区服务能力存在质疑，宁愿去综合性医院也不接受上门服务，担心上门服务会带来额外的收费，明确提出当前社区卫生服务资源在数量和质量上远不能满足老年人多元化的需求。[②]居家养老医疗护理作为一种有效且易被广大老年人接受的长期照护模式，符合我国传统养老观念及社会发展现状，未来社区居家养老将成为“医养”融合主战场。王依平研究认为目前社区居家养老医疗护理需求包括医疗护理形式多样化、内容更丰富、综合专业技能更全面、服务方式人性化，适当引入精神慰藉、心理指导、健康养

---

① 孙海燕，孙国珍．盐城市不同养老模式高龄老年人的护理需求分析 [J]. 护理学杂志：综合版，2012，27（19）：89-90.

② 武佳琳，王君俏，陆美玲等．居家高龄老年人照护需求及满足情况调查 [J]. 护理学杂志：外科版，2013，28（12）：89-91.

生、日常保健、合理膳食等。① 未来社区居家养老可以依托包括公办和社会力量举办的各类社会医养资源，通过服务机构的多样化结合，为老年人建立医养档案、动态掌握老年人健康状况，针对不同状况和需求提供不同的个性化服务。

四、提升重庆市社区居家养老服务水平的思考与建议

（一）整合资源，全面建成覆盖所有社区的养老服务站网络

一是全面建成社区养老服务网络。将社区养老服务站建设纳入新一轮城市总体规划修编中，推动社区养老服务设施全覆盖。统筹运用各领域各层级公共资源，充分运用规划、国土、建设等政策法规，按照“规模适当、功能完善、覆盖广泛”的原则，整合和利用各种资源，规划建设养老机构和社区养老服务中心（站）等基本公共养老服务设施，推进科学布局、均衡配置和优化整合，促使社区养老服务站点落地。在新建社区，要根据相关标准规划利用社区养老服务配建用房单独设置社区养老服务中心（站），留足养老服务发展的空间，或与社区综合服务设施、卫生服务站点、文化服务设施等综合设置社区服务场所。在老旧社区，要结合小区改造，加装无障碍设施设备，通过产权变更、租赁、国有资产划拨等多种方式，整合社区文化、体育、卫生等服务资源，设置养老服务场所。持续推进社区养老服务“千百工程”建设，制订社区养老服务中心（站）建设规范和标准，增强养老服务功能，提升社区居家养老的辨识度和知晓率。发挥社区嵌入式养老机构的服务优势，培育社区居家养老服务企业和组织，丰富家政服务、护理服务内容，完善社区居家养老服务体系，全面提升社区居家养老服务能力。根据“千百工程”完成情况和反馈评价，适时启动新的社区养老服务机构建设工程。

二是出台养老服务机构评级标准，规范养老服务机构及相关设施设备和服务标准。对于社区养老站，分级评星，建立以场地面积、机构功能、设施设备等硬件条件和服务内容、服务质量、服务反馈等软件水平为主要依据的区县、镇街、社区三级社区养老服务站点评价标准。根据相关标准，在城区实现社区养老服务站点全覆盖，并根据地区经济社会发展情况，逐步提档升级。

① 王依平.城市社区居家养老医疗护理现状及发展趋势——以杭州城市社区为例[J].卫生职业教育，2016,（13）：107.

三是推行“一次建成，分步运营”的模式，在场地建设达标的基础上，近期社区养老服务站主要以社区老人日间照料和社区医养结合为功能定位，着力为社区老年人就近直接提供日托、康复以及上门服务等；随着运营条件的成熟，逐步与社区内其他为老年人服务企业（社会组织）实行资源共享，作为其合作机构，统筹提供全托、助餐助浴、健康指导、康复护理、文化娱乐、心理慰藉、法律服务等服务，成为社区养老的服务平台。

（二）推动社会资本充分、有序进入社区养老服务

一是落实优惠政策，鼓励社会资源进入社区养老服务。要充分利用全面建设养老服务体系的时机，全面建成覆盖所有社区的养老服务中心（站），采取“公建民营”“民办公助”“公开招标”“购买服务”等多种形式，无偿或低偿交由社会力量运营管理。持续实施养老机构和社区养老服务中心（站）建设奖补措施，降低社会办养老机构投资成本；落实税费、水电、国土等优惠政策措施，吸引社会资本投入养老服务行业。

二是发挥中介评价作用，积极推动分类补贴，促使服务机构质量提升。养老服务行业协会积极发挥在标准制订、服务评价、信息交流、行业自律等方面的作用，成为市场监管的重要补充力量和服务平台。依托行业协会，建立养老服务中心（站）的评价机制，按照养老服务设施等级和运营评价反馈，分类分层对养老机构和社区养老服务中心（站）给予运营奖励补贴，提升服务运营能力。

（三）实施智慧养老，促进社区居家养老服务精准化、精细化

一是搭建养老综合服务平台。以大数据、物联网为依托，建立“重庆市智慧养老服务云平台”，打破养老事业、养老产业的界限，将重庆市养老行业的行政审批、政策法规、供需信息、服务项目、设施设备、技术维护等全部纳入云平台中，有效对接养老服务业发展中的服务供给、需求诉求。通过信息平台充分实现养老服务的资源优化整合、服务精准落地，实现“科技养老”“智慧养老”；推动数据共享，鼓励开发养老服务 APP 和适宜老年人使用的移动终端设备，集合医疗、康复、护理、养生、助餐、助浴、文娱、家政、科技等信息，便于老年人准确、高效、快捷享受服务。培育发展专业化的养老服务企业和社会组织等养老服务队伍，全力推进社区居家服务信息化，为居家、社区和机构老年人提供优质便捷的养老服务。

二是以“互联网+”推动医养融合发展。以全民健康保障信息化工程和健康中国云服务计划为基础，在推进居民电子健康档案应用中建立社区老年人电子健康管理系统。积极利用移动互联网提供在线预约诊疗、健康咨询、检查检验报告查询等服务，建立完善居家颐养和社区医养结合信息系统。大力推广应用便携式体检、智能健康监控、移动智慧医疗器具、紧急呼叫监控等设备。

三是推进社区居家智慧养老。实施社区智慧养老示范工程，展示信息化平台和人工智能技术带给养老服务的技术革命，带动社会资本、技术团队、老年群体共同参与社区养老服务机构建设，使社区真正成为居家养老的依托。在中心城区等社区居家养老服务需求集中的地区，支持依托“互联网+”的便捷养老服务企业和单位开展连锁化、综合化、品牌化运营，建立覆盖居民、社区和相关机构（医疗、养老、文旅等）的“虚拟养老院”。

（四）完善养老服务支持体系，推动社区养老服务可持续发展

一是建立基本公共养老服务制度。将社区居家养老服务纳入政府基本公共服务，制订基本公共养老服务清单，促进基本公共养老服务均等化。完善扶持政策，引导企业和社会组织参与社区养老服务站（中心）运营，为居家老人提供多种类、多层次的养老服务产品。培育有资质、有能力、有爱心的专业化养老服务人才队伍。合理统筹配置养老服务资源，缩小城乡基本养老服务差距，打造西部地区养老服务高地。拓展资金筹集渠道，推动市、区县政府把养老服务所需资金和工作经费纳入财政预算，提高福彩公益金用于发展养老服务的比例。完善以权责匹配、任务明确为特点的公共养老服务财政分级保障制度。

二是加快长期照护服务体系建设。完善长期护理保险制度。在长期护理保险试点基础上，按照国家统一部署建立适合重庆市的长期护理保险制度。对“五保”“三无”、低保对象中失能老年人，探索通过政府为其购买长期护理保险，保障其长期护理需求。建立从居家、社区到专业机构等较为健全的专业长期照护服务提供体系，建立健全长期护理服务项目、服务标准以及质量评价等行业规范。推动居家上门服务所提供的医疗保健、康复护理服务同基本医疗保险制度、长期护理保险制度相互衔接。将失能老人临终关怀纳入长期护理保险保障体系，推动专业化的临终关怀服务机构建设，发展形式多样的临终关怀服务。

三是培育多样化的养老服务组织。加大政府购买养老服务项目力度，引导和鼓励非营利组织、社会组织、志愿者等参与到社区养老服务中，这样不仅可以弥补政府对社区养老服务供给不足的情况，也能有效减轻政府的财政压力。积极学习国外、市外志愿者团队建设经验，逐步推广“时间银行”等互助养老帮扶措施，在全社会推动“人人为我，我为人人”的养老支援帮扶体系建设。

重庆市社会力量参与重庆市养老服务发展报告

当前中国正处在快速人口老龄化阶段，不仅老年人口规模不断扩大，而且失能、病残、空巢、高龄等特殊老年人也快速增多。与此同时，随着国民整体生活水平提升，老年人的养老需求也不断拓宽，由基本经济保障升级到包含身心健康、娱乐活动等在内的综合服务。随着家庭养老作用的式微，在养老资源供需矛盾的背景下，整合市场与社会资源、积极探索社会化的养老服务成为社会持续关注的热点与焦点。党的十八大以来，中国养老服务业改革发展提速，系列高“含金量”的法规政策密集出台，公共财政投入持续增加，民营资本踊跃进入。

2018年末，重庆市60周岁及以上户籍老年人口为719.55万人，占全市总人口的21.13%，老龄化率高出全国水平约3.2个百分点，其中65岁及以上老年人516.24万人，占全市老年人口的71.74%；80岁以上高龄老年人100.47万人，占13.9%。重庆已经进入超老龄社会，亟需大规模、多样化、高质量的社会化养老服务供给，以满足快速增长的老龄人口的多样化需求。受基础资料等限制，学界和业界对社会力量参与重庆市养老服务发展的状况还没有进行过全面研究。本研究尝试多方法结合，以期相对完整地呈现全市社会力量参与养老服务发展的状况，并提出相关对策建议。

一、发展历程与现状

对于什么是社会力量，学术界还没有形成比较规范的表述，政府部门在出台相关政策时，根据语境不同，经常使用“社会力量”“社会资本”“民间资本”“市场主体”“民间投资”等术语。2000年多部门联合下发《关于加快实现社会福利社会化的意见》（国办发〔2000〕19号），提出“大力推进社会福利社会化”[①]“探

① 陈元刚，秦雷，漆晓均.重庆市社区养老服务保障系统建构[M].天津：天津科学技术出版社，2012.

索出一条国家倡导资助、社会各方面力量积极兴办社会福利事业的新路子”，社会福利社会化正式成为国家战略，首次以国家文件形式明确以社会福利社会化为指导，在养老服务中大力引入社会资本。在该文件中，以列举的形式界定的社会力量的外延，包括集体、村（居）民自治组织、社会团体、个人和外资及企事业单位。本研究也采用列举的方式界定社会力量的外延：法人性质维度，包括工商企业法人、民办非企业、社会团体、基金会；运营方式维度，包括民办民营、民办公助、公办民营、公建民营；投资主体维度，包括企业、社会组织、个人、村（居）委会等。

对于如何开展研究，养老服务发展相关研究已开展多年，仍是定性研究居多，定量研究较少。少量的定量研究其对象也多集中在主管部门已经建立比较完善管理信息系统的养老机构方面，并且仍是对总体的研究少，小样本的抽样研究多，究其原因是养老服务领域还没有“权威”“规范”的统计数据。相关研究早已提出要建立养老服务发展相关统计指标体系，由统计部门牵头进行规范化的统计，以为理论研究提供基础数据，为科学应对人口老龄化做好顶层设计提供“真实”依据。本研究分析社会力量参与重庆市养老服务发展，也没有成型的统计数据可资利用。研究中将综合采用多种研究方法，力争全面呈现社会力量参与全市养老服务发展的现状、存在的问题、未来发展趋势，并提出相关政策建议。一是从法人性质维度，通过“国家信用信息公示系统（重庆）”“重庆市社会组织信用体系查询系统”，以关键词搜索的方式，挖掘名称中包含“老年”“老龄”“养老”“老人”等关键词的机构，截至 2019 年 3 月，结果共有 1185 家。利用该结果，探寻社会力量参与养老服务的发展历程、区域分布等总体状况。后文中简称“系统数据”。二是分析整理历年《中国民政统计年鉴》数据，从投资、资产、营收等角度分析社会力量的总体规模。后文中简称“年鉴数据”。三是典型调查，通过问卷和访谈形式，就相关问题深入挖掘。后文中简称“调查数据”。

（一）发展历程

1984 年民政部提出社会服务社会化的改革思路，与此高度契合，重庆市社会力量在 1984 年开始了涉足养老服务的探索之旅。在 2003 年及以前，重庆市社会力量参与养老服务都处于试水阶段，多是以公益性社会团体的组织形式来参与。2000 年多部门联合下发《关于加快实现社会福利社会化的意见》（国办发〔2000〕19 号），要求“资金来源社会化、服务对象社会化、职工队伍社会化、管理体制社会化”[①]，并对社会力量投资创办社会福利机构给予政策上的扶持和优惠。“社会福利社会化”由此从政策探索走向制度安排。同年，中共中央、国务院在《关于加强老龄工作的决定》（中发〔2000〕13号）中首次提出“老年服务业的发展要走社会化、产业化的道路”，并提出“培育和发展老龄消费市场”。[②] 由此，以社会福利社会化为指导，开始在养老服务中大力引入社会资本。重庆从2004年开始到2013年，只有少数先行者真正涉足养老服务相关领域。2013年国务院出台的《国务院关于加快发展养老服务业的若干意见》（国发〔2013〕35号），成为国家大力推进养老服务产业的标志。受国家政策影响，2014年开始，重庆的社会养老服务机构呈现爆发式增长，将近8成的现存社会养老服务机构都是在这期间成立的。

1. 萌芽期：1984—2003年

根据系统数据，1984—2003年，20年间，重庆全市成立了49家社会机构，只占现存社会机构的4.14%，其中只有两家为工商企业法人，其余的全为社会团体。两家企业法人中，一家是1992年12月12日成立的重庆亲睦源老年公寓有限公司，这是重庆现存成立最早的涉老工商企业法人，现注册资本4816万，注册地址为沙坪坝区青木关镇，涉老服务主要有老年看护与帮助服务、老年健康护理设备、老年护理材料等销售及相关的技术服务；另一家是1995年成立的重庆夕阳红老年服务中心，现注册资本15万，注册地址为渝中区长江一路，涉老服务主要有婚姻介绍服务、家庭服务、老年人才交流、中老年保健用品销售、心理咨询、法律咨询等。47家社会团体中，主要包括老年人体育协会19家、各类工作者协会8家、书画研究会7家、4家老年人协会等。现存成立最早的是1984年4月1日成立的重庆市铜梁区老年人体育协会，这也是重庆市现存的成立最早的涉老社会机构。以65岁及以上人口占总人口比例7%为标志，中国在1999年正式进入老龄化社会，养老问题也正式进入党和政府的决策视野，全国老龄工作委员会于当年10月成立，主管全国老龄工作。重庆市社会机构在1999年也有一次小爆发，一年就成立了19家社会团体性质的社会机构，其中12家成立于10月份以后。

2. 启动期：2004—2013年

根据系统数据，2004—2013年10年间重庆市成立了209家社会机构，占现

① 董圣足. 民办学校分类管理配套制度及过渡措施研究[M]. 上海：立信会计出版社，2022.

② 朱浩. 中国养老服务市场化改革三十年的回顾与反思[J]. 中州学刊，2017（08）：66-72.

存社会机构的 17.64%，其中工商企业法人 80 家（占 38.28%），民办非企业单位 78 家（占 37.32%），社会团体 35 家（占 16.75%）。在 2004—2008 年期间，工商企业法人、民办非企业单位、社会团体是齐头并进发展，分别发展了 12、15、14 家，发展仍显缓慢；2009—2013 年 4 年间，前两者的增长速度远远高于社会团体。民办非企业单位在这一时期快速发展，有明显的时代烙印。养老服务市场空间巨大，但毕竟是一新兴行业，社会资本出于谨慎，在投入初期，有相当比例采用了有较多优惠政策的非营利性的民办非企业单位形式进行市场探索。

3. 爆发期：2014 年至今

如图 2-3-1 所示，2014 至今，社会机构呈爆发式发展状态，成立了 927 家社会机构，其中工商企业法人 818 家（占 88.24%），民办非企业单位 86 家（占 9.28%），社会团体 23 家（占 2.48%）。由于前期探索已经积累下比较成熟的市场经验，而民办非企业单位利润分配受限制，加上近年来大力度的各类税收优惠、财政支持政策覆盖所有市场主体，基于对未来良好预期，社会资本纷纷以工商企业法人身份进入养老服务业，如图 2-3-2 所示，这段时间成立的工商企业法人占现存工商企业法人的比例超过九成，并仍处于快速发展中。如图 2-3-3 所示，民办非企业单位也保持了较好发展势头，本时段成立的民办非企业单位占了现存量的 52.4%，但近两年发展明显放缓。

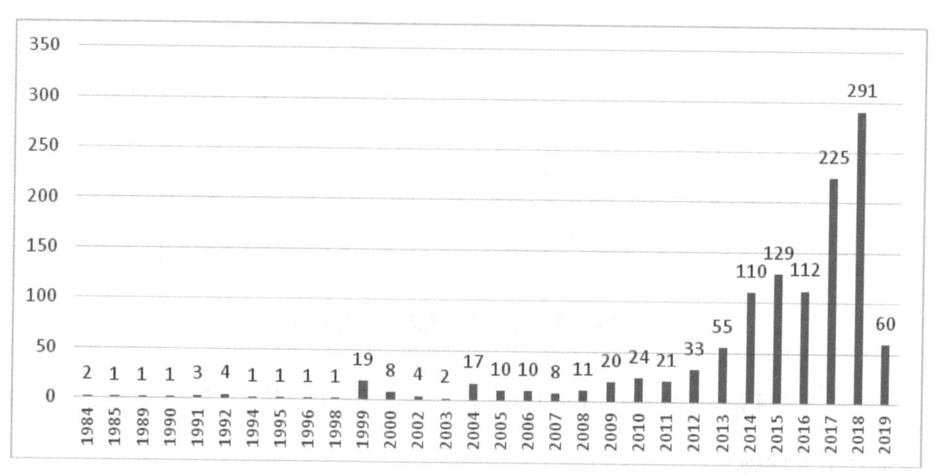

图 2-3-1　按成立时间分的社会力量机构数

数据来源："国家信用信息公示系统（重庆）""重庆市社会组织信用体系查询系统"数据整理

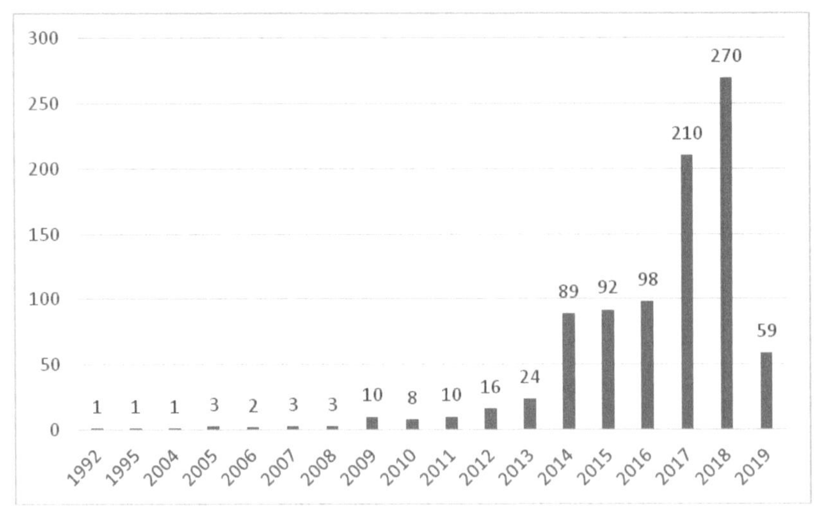

图 2-3-2　工商企业法人成立时间分布

数据来源："国家信用信息公示系统（重庆）""重庆市社会组织信用体系查询系统"数据整理

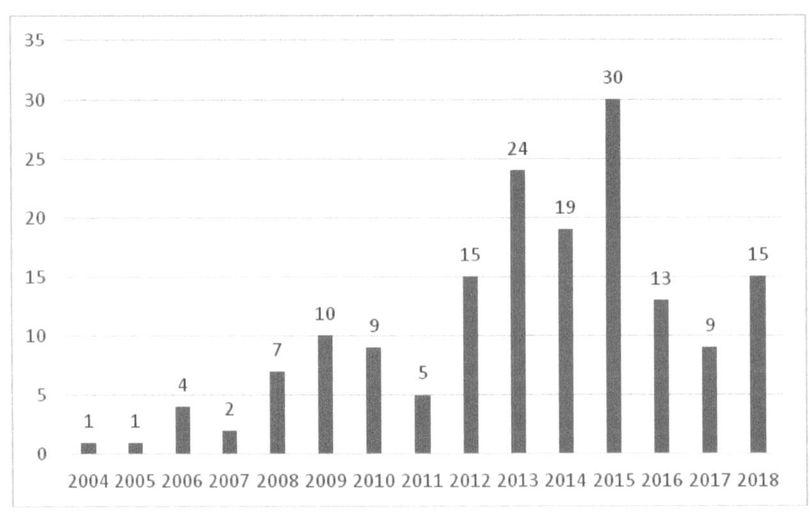

图 2-3-3　民办非企业成立时间分布

数据来源："国家信用信息公示系统（重庆）""重庆市社会组织信用体系查询系统"数据整理

（二）发展现状

1. 总体初具规模，工商企业法人成主流

总体上，重庆市社会力量参与养老服务发展已初具规模。根据系统数据，截

至2019年3月，全市共有1185家社会机构参与养老服务发展，包括工商企业法人900家（占总量的75.95%）、民办非企业164家（占13.84%）、社会团体120家（占10.13%）、基金会1家（占0.08%）。从注册资本代表的设计规模看，有960个机构公示有注册资本信息，注册资本总额115.84亿元，其中684家工商企业法人115.28亿元（占99.52%），机构平均规模1685.39万元；156家民办非企业4785万元（占0.41%），机构平均规模30.67万元；119家社会团体380万元（占0.03%），机构平均规模3.19万元；基金会1家400万元（占0.03%）。无论从机构数量规模占比，还是从注册资本规模占比来看，社会力量以工商企业法人身份参与养老服务发展已经成为绝对主流。

2. 区县均有为，区域发展不均衡

如图2-3-4所示，分区县看，根据系统数据，目前全市38个区县都有社会力量参与养老服务，但各区县的社会机构数量差异较大。排在前5的区县占了总量的27.93%，排在前10的区县占了总量的48.44%，而排在最后的10个区县只占总量的7.93%。机构数最多的是渝中区，共有78个机构，最少的是城口县，只有5个机构。超过70个机构的区县只有渝中区，超过60个机构的有忠县、沙坪坝区、渝北区3个区县，超过50个机构的有巴南区、开州区、九龙坡区3个区县，城口县，潼南区、梁平区、秀山县、巫山县、酉阳县社会机构数均不足10家。

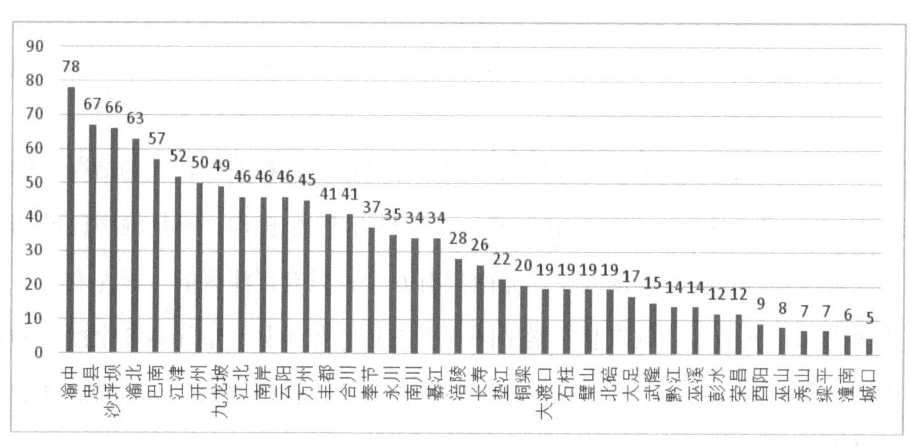

图2-3-4　分区县社会力量机构数

数据来源：根据“中国企业信用信息公示系统（重庆）”“重庆市社会组织信用体系查询系统”数据整理

如图 2-3-5 所示，分区域看，社会力量在市内四大片区的分布也很不均衡。37.78% 的社会力量分布在主城片区，其次是渝东北片区，占 28.86%，渝西片区占 27.34%，余下的 6.41% 分布在渝东南片区。渝东南片区与其他几个片区的社会机构数差异非常大，一方面是由于渝东南片区区县数量少，更主要的原因是渝东南片区各区县的社会机构都比较少，最多的石柱也只有 19 个。

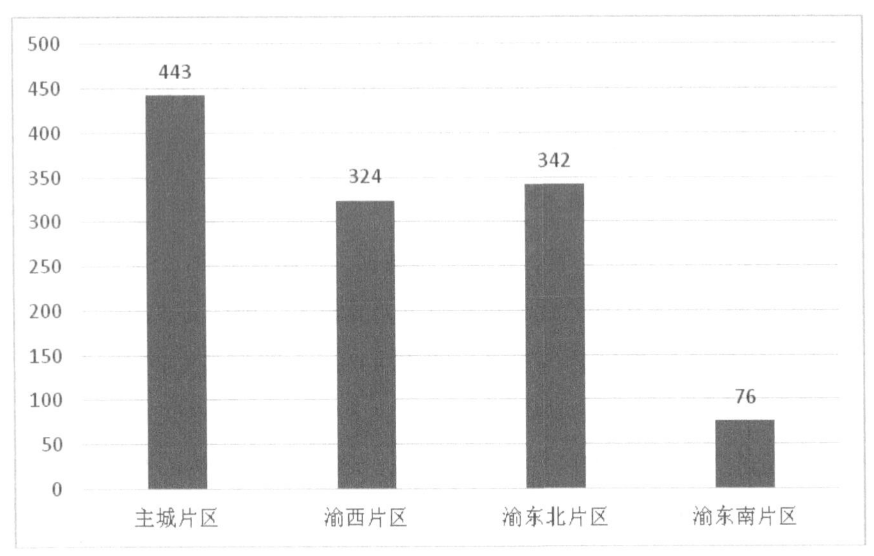

图 2-3-5 分片区社会力量机构数

数据来源：根据“中国企业信用信息公示系统（重庆）”和“重庆市社会组织信用体系查询系统”数据整理

进一步分析，各片区内各区县拥有的社会机构都存在差异较大的情况。如图 2-3-6 所示，主城片区、北碚区和大渡口区都只有 19 个机构，不足渝中区的四分之一；渝西片区，社会机构最少的潼南只有 6 个，只有江津区的一成左右；渝东北片区内部差异最大，城口县、梁平区、巫山县、花溪县、垫江县 5 个区县的社会机构加起来比忠县还少；渝东南片区各区县社会机构都比较少，区县之间的差异也要小一些。

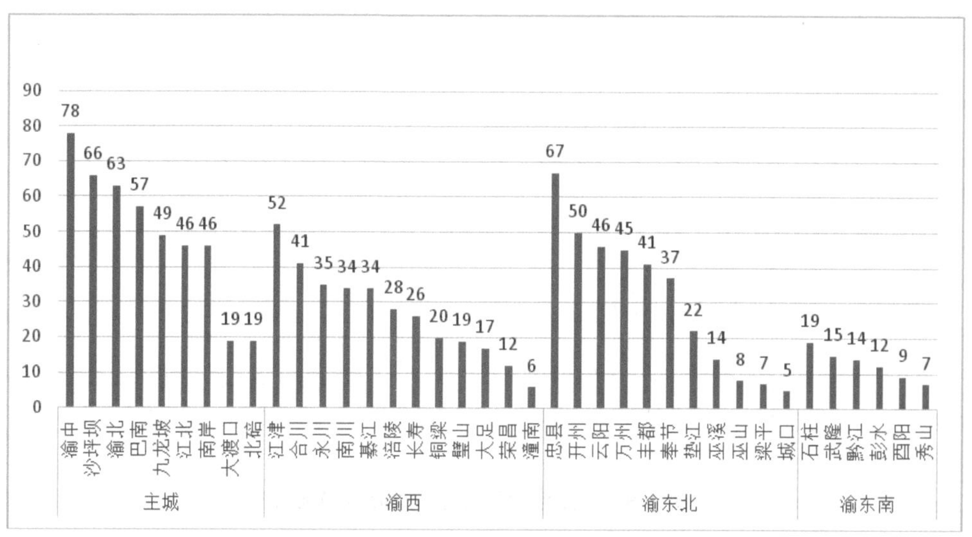

图 2-3-6　分片区分区县社会力量机构数

数据来源：根据“中国企业信用信息公示系统（重庆）”“重庆市社会组织信用体系查询系统”数据整理

在养老服务社会化过程中，区域老年人口数量是影响社会力量参与发展的重要因素。在当前高度重视社区居家养老服务发展背景下，受服务半径影响，社会力量发展结果又显著影响区域老年人获取养老服务种类和服务水平。在本研究中，我们将计算各区县社会机构占比和老年人口占比之比，分析各区县社会力量与服务对象的配比关系。

如图 2-3-7 所示，有 16 个区县的配比在 1 以上，超过平均水平。渝中区社会机构配比独领风骚，达到 2.9，沙坪坝区也比较好，然后依次是忠县、大渡口区、江北区、南岸区和渝北区。最差的是潼南区，配比只有 0.2，其次是梁平区、秀山县、酉阳县、荣昌区和巫山县。

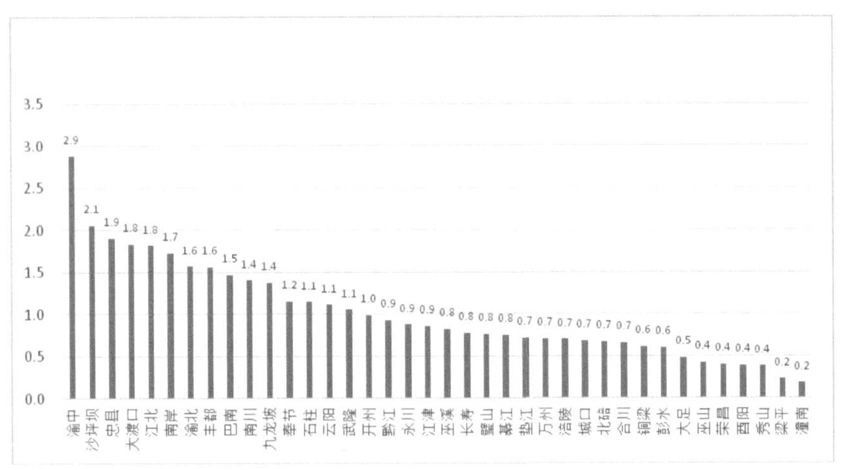

图 2-3-7　分区县社会力量与老龄人口配比

数据来源：根据“中国企业信用信息公示系统（重庆）”“重庆市社会组织信用体系查询系统”《重庆统计年鉴 2019》数据整理

分区域看，各片区的社会力量配比差异也很大。如图 2-3-8 所示，主城片区不仅社会机构数量多，相对区域的老龄人口数量，表现更为突出，配比高达 1.68。表现最差的是渝西片区，其次是渝东南片区。渝西片区虽然社会机构远远多于渝东南片区，但老龄人口在全市的占比也高，渝东南片区人口稀少，老龄人口也较少，所以渝东南片区情况略好于渝西片区。

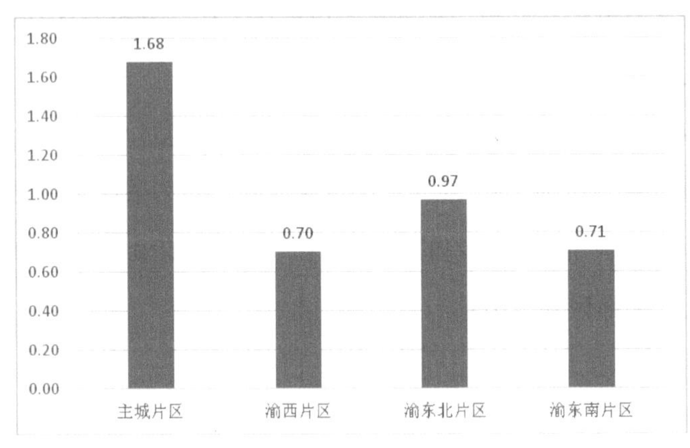

图 2-3-8　分片区社会力量与老龄人口配比

数据来源：根据“中国企业信用信息公示系统（重庆）”“重庆市社会组织信用体系查询系统”《重庆统计年鉴 2019》数据整理

进一步分析，各片区内各区县的社会力量配比也是很不均衡的。如图 2-3-9 所示，主城片区、渝中区仍是远远超前，机构数量并列最后的九龙坡区和北碚区，在配比上由于九龙坡老龄人口少，表现明显好于北碚区。主城片区除北碚区外配比都超过 1。渝西片区除南川外，其他区县的配比都没有超过 1，潼南区、荣昌区、大足区三个区县的配比在 0.5 及以下，整体较差。渝东北片区配比最好的仍是忠县，其次是丰都，整个片区有 5 个区县的配比在 1 及以上，同时也有梁平县、巫山县的配比在 0.5 以下。渝东南片区的各区县相对其非常少的机构数量，配比上明显要好一些，石柱县和武隆区的配比都在 1 以上，秀山县和酉阳县要稍差一些，配比只有 0.4。

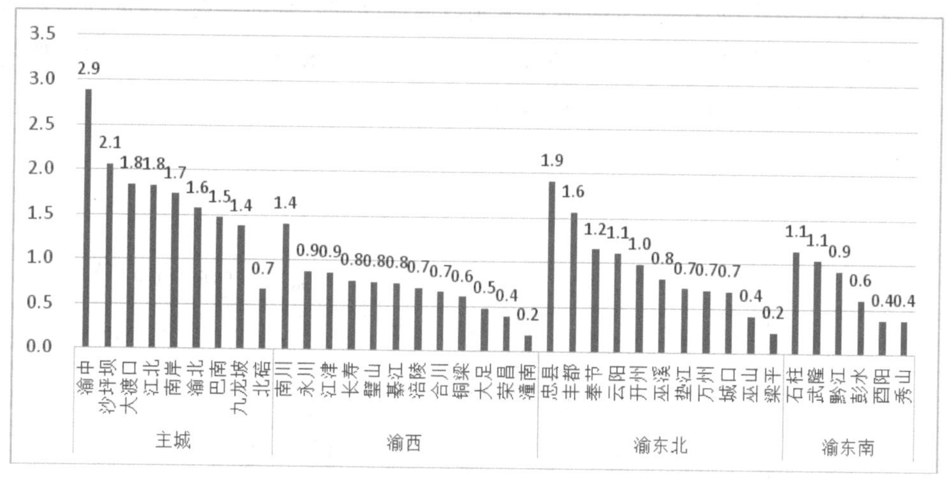

图 2-3-9　分片区分区县社会力量与老龄人口比较

数据来源：根据“中国企业信用信息公示系统（重庆）”“重庆市社会组织信用体系查询系统”《重庆统计年鉴 2019》数据整理

3. 以小规模投资为主，存量资产规模在波动中扩张

社会力量提供养老服务的数量和质量受各方面因素共同影响，机构规模是其中最重要因素之一。本研究通过考察系统数据提供的机构注册资本，从设计规模角度考察全市社会力量参与养老服务发展情况；通过考察年鉴数据提供的“提供住宿的机构基本建设投资情况”、执行企业会计制度和民间非营利组织会计制度类养老机构的“固定资产原值”“营业收入”，探讨社会力量参与养老服务发展实况。由于统计口径、统计渠道以及专业性原因，年鉴呈现的相关情况可能与实际情况有差异。

（1）社会力量投入规模普遍较小

养老行业融资普遍困难，历年中国民政统计年鉴公布的投资数据显示重庆都没有来源于贷款的资金充分印证了该现状，因此机构注册资本数据能够较好地反映社会力量投入规模。如图 2-3-10 所示，总体上，重庆社会机构规模偏小。注册资本在 3 万元及以下的占了 22.3%，在 10 万及以下的占了 33.5%，在 100 万及以下的占了 57.7%，在 1000 万及以下的占了 86.0%，在 5000 万及以下的占了 96.4%，在 5000 万以上的合计只占 3.64%。2014 年 3 月起，国家对注册资本实行认缴制。现存社会机构注册资本在 5000 万及以上的有 67 家，只有 3 家是在认缴制实施前成立的；在 1 亿及以上的有 25 家，只有 1 家是在认缴制实施以前成立的；在 5 亿及以上的 3 家，都是在认缴制以后成立的。查询发现，目前注册资本在 1 亿及以上的有 4 家已经列入经营异常名录，挤除水分，重庆社会力量注册资本在 5000 万以上的社会机构可能寥寥无几。

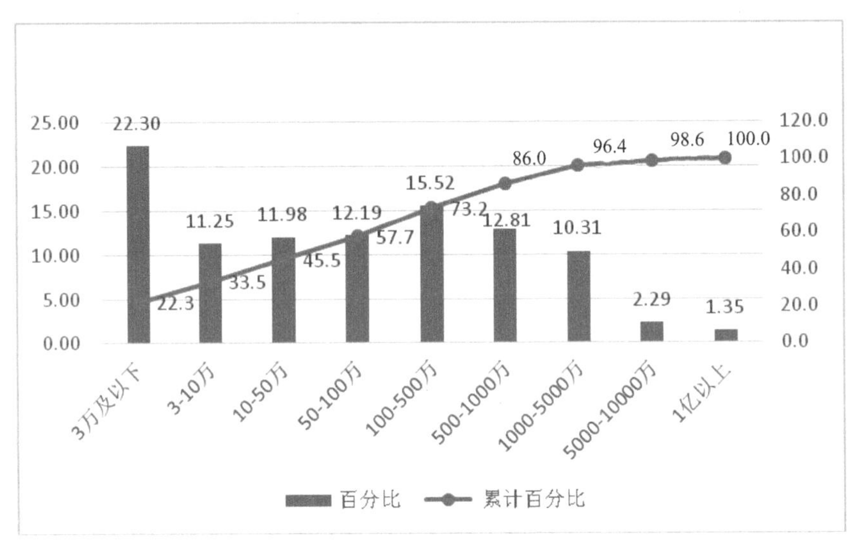

图 2-3-10　社会机构注册资本分布

数据来源：根据“中国企业信用信息公示系统（重庆）”“重庆市社会组织信用体系查询系统”数据整理

如图 2-3-11 所示，分机构性质看，工商企业法人注册资本在 10 万元及以下的占了 11.55%，在 100 万元以下的超过四成，在 500 万元以上的也有将近 4 成，在 1000 万元以上的有将近两成。如图 2-3-12 所示，民办非企业单位注册资本在 3

万元及以下的高达 63.5%，超过 100 万元的只有 7 家。社会团体注册资本在 3 万元及以下的更是占了差不多九成。

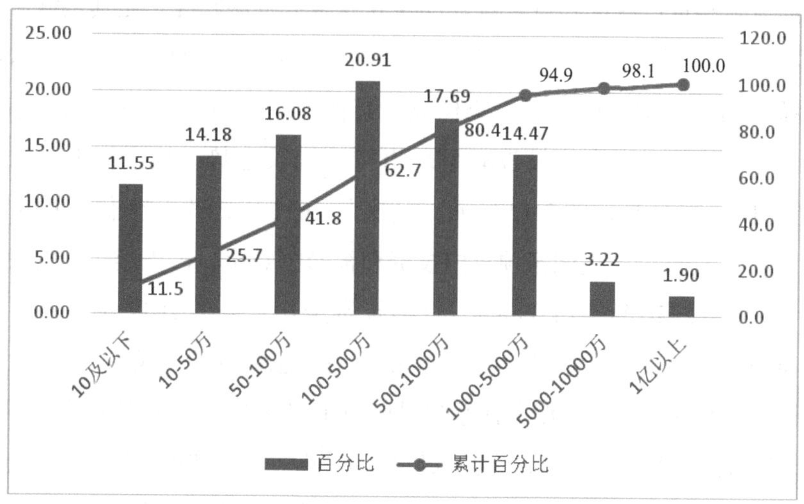

图 2-3-11　工商企业法人注册资本分布

数据来源：根据“中国企业信用信息公示系统（重庆）”“重庆市社会组织信用体系查询系统”数据整理

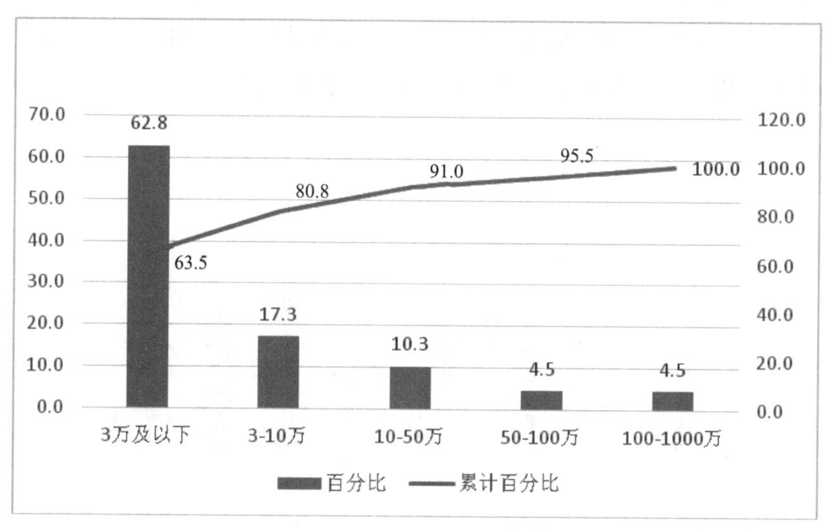

图 2-3-12　民办非企业单位注册资本分布

数据来源：根据“中国企业信用信息公示系统（重庆）”“重庆市社会组织信用体系查询系统”数据整理

（2）在养老服务总投资中占比仍较低

养老服务中，许多服务都可以轻资产运行，唯有机构养老服务例外，养老机构的投资情况和资产状况，可以较好反映养老服务发展状况，尤其是城市养老服务。如图 2-3-13 所示，近年来，重庆养老机构发展投资仍以国家预算内投资和福彩公益金为主，主要由社会投资构成的其他投资在 2010—2017 的 8 年间，只占总投资的 25.3%，投资规模没有呈现出持续增长态势。从金额来看，社会投资 2017 年投资额最高，约 2.42 亿元，其次是 2011 年，约 1.73 亿元；从占比来看，2011 年社会投资超过国家预算内投资和福彩公益金，占当年实际完成投资的 54.7%，再次是 2010 年，占 39.8%，社会投资金额最高的 2017 年只占了当年总投资的 30.6%，2016 和 2014 年社会投资都只占了总投资的一成多。

机构养老在我国的养老服务体系建设中属于“补充”，这里的补充并不是说其不重要，仅仅是指其服务人群占老龄人口规模较小。国家和重庆的“十三五”老龄事业发展和养老体系建设规划都已经淡化了对老龄人口的养老床位配备要求，实际工作中大多仍以 3%—3.5% 的标准作为建设指引，匡算下来机构服务对象绝对规模相当庞大，并且这部分需求的刚性较强，受到社会广泛关注，近期国家特别重视城市养老服务，尤其强调要加强养老机构建设。目前重庆市社会投资在养老服务发展总投资中的份额总体上仍然偏低，表明全市社会力量参与养老服务发展的政策支持体系仍需进一步完善，并需要切实推动相关政策落地落实。

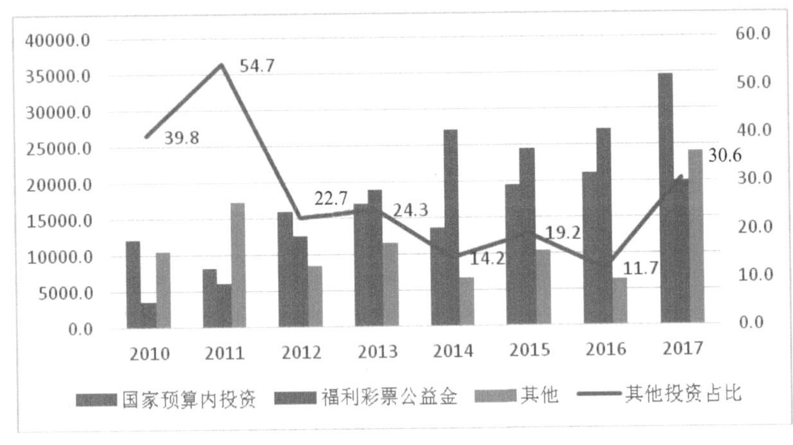

图 2-3-13 提供住宿机构分类投资占比

数据来源：根据历年《中国民政统计年鉴》整理

（3）存量资产规模在波动中扩张

中国民政统计年鉴历年来按执行的会计制度，分企业、事业单位、民间非营利组织三类公布养老机构的财务指标。本研究汇总执行企业和民间非营利组织两类制度机构的财务指标，考察社会养老机构的规模和运营。

如图 2-3-14 所示，从资产来看，2010 年社会养老机构有资产 4.71 亿元，2017 年增加到 12.67 亿元，7 年间增长了 2.69 倍，年均增长 15.17%，其中执行企业会计制度机构资产由 688 万元增加到 4.02 亿元，增长了 58.47 倍，年均增长 78.82%；执行民间非营利组织会计制度机构资产由 4.64 亿元增加到 8.64 亿元，增长了 1.86 倍，年均增长 9.28%。工商企业法人机构数量远超民办非企业单位，但其存量资产不足后者的 5 成，结合大量的工商企业法人是在 2014 年以后成立的这一情况，可以进一步判断工商企业法人机构实收资本与其注册资本普遍有较大差距。

历年来，社会养老机构资产基本保持持续上涨势头，其发展受政策调控影响较大。2012 年 9 月，重庆出台《关于扶持发展社会办养老机构的意见》（渝办发〔2012〕252 号），社会资本积极响应，执行企业会计制度的养老机构资产从 2011 年的 883 万元猛增到 2012 年的 3029 万元、2013 年的 9950 万元、2014 年的 18962 万元。2014 年 12 月，重庆市出台《重庆市养老机构设立许可实施办法》（渝民发〔2014〕149 号），规范养老机构设立，要求不符合设立条件的，应在 2015 年 7 月 1 日前完成整改。虽然其间国家出台了《关于鼓励民间资本参与养老服务业发展的实施意见》（民发〔2015〕33 号），鼓励和引导民间资本进入养老服务领域，民政部、国家开发银行还印发了《关于开发性金融支持社会养老服务体系建设的实施意见》（民发〔2015〕78 号），但该年执行企业会计制度的养老机构的资产仍只增加了不到 500 万元，2016 年也只比 2015 年增加了 2580 万元；执行民间非营利组织会计制度的养老机构，2015 年的资产甚至比 2014 年减少了 1.41 亿元。这也在一定程度上反映出社会资本需要有更多的规范指引，各类指引应在事项发端之初发挥作用，减少边发展边整改，尽量降低损耗。2016 年开始，《关于全面放开养老服务市场提升养老服务质量的若干意见》（国办发〔2016〕91 号）、《关于中央财政支持开展居家和社区养老服务改革试点工作的通知》（民函〔2016〕200 号），以及《关于加快推进养老服务业放管服改革的通知》（民发〔2017〕25 号）等政策连续出台，2017 年执行企业会计制度的养老机构的资产与上年比几乎是成倍增长，由 2.20 亿元增加到 4.02 亿元。

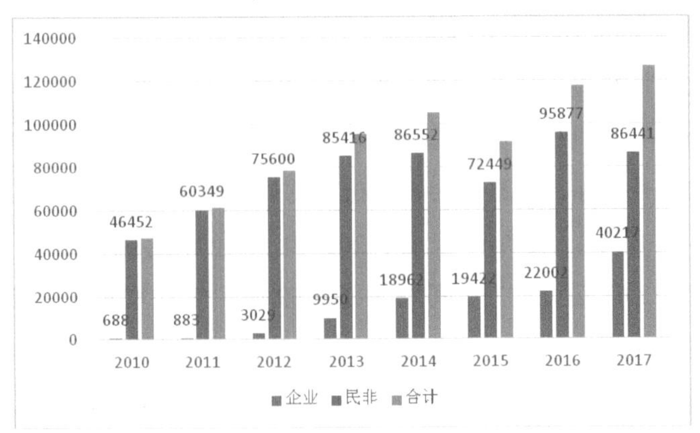

图 2–3–14　历年社会力量办养老机构固定资产原值

数据来源：根据历年《中国民政统计年鉴》整理

4. 收入快速增长，经营普遍较困难

营业收入持续高速增长。如图 2-3-15 所示，社会养老机构 2017 年营业收入 3.26 亿元，比 2010 年的 5462 万增长了 5.97 倍，年均增长 29.08%，其中执行企业会计制度的养老机构 2017 年营业收入 3292 万元，比 2010 年的 216 万元增长了 15.26 倍，年均增长 47.61%；执行非营利组织会计制度的养老机构 2017 年营业收入为 2.93 亿元，比 2010 年的 5247 万元增长了 5.59 倍，年均增长 27.87%。仅从增长速度看，收入的增长速度比资产的年均增长速度高近 14 个百分点，表明养老服务市场空间正在快速扩张。

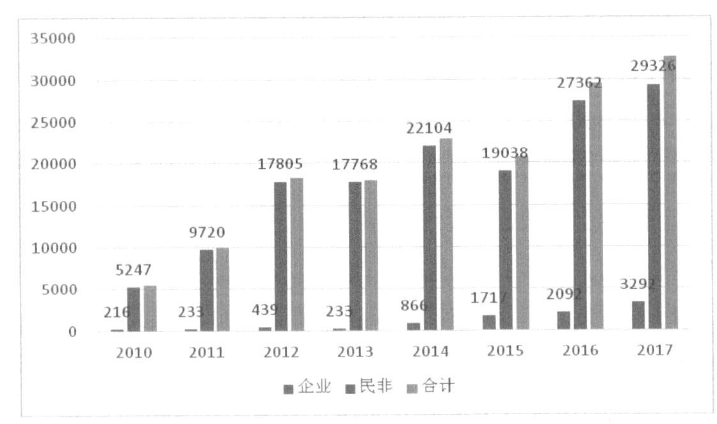

图 2–3–15　社会力量办养老机构营业收入

数据来源：根据历年《中国民政统计年鉴》整理

虽然经营收入在快速增长，但受前期投资大、入住率仍比较低、人工成本快速上升等影响，民营机构的经营普遍困难。在盈利方面，重庆市民政局“养老服务机构管理信息系统”台账数据显示，社会力量办养老机构 37.7% 亏损，50.0% 收支平衡，只有 12.3% 盈利，与本次的养老机构抽样调查结果一致。本次调查数据显示，社会力量办养老机构，32.4% 亏损，52.2% 收支平衡，15.5% 盈利。中国老龄科学研究中心 2015 年发布的《养老机构发展研究报告》显示，有 32.5% 的养老机构亏损，有 48.1% 的养老机构的运营状况为基本持平，仅有 19.4% 的养老机构有所盈利。① 重庆民营养老机构的运营情况，离全国 2015 年的水平都还有一定差距。在资金周转方面，本次调查数据显示，公办公营、公办（建）民营、民办民营、民办公助的机构表示“目前资金周转困难”的分别为 16.8%、17.4%、37.2%、22.2%。综合盈利状况，在养老机构运营上，财政资源对社会力量的扶持，对其运营中的资金周转有较大改善，但是对盈利的改善还不明显，如条件许可应进一步提升扶持力度。

5. 业务范围涵盖广，部分内容较紧缺

随着老龄人口持续快速增长，经济社会发展水平不断提升，老年人需求日益多层次、多样化。按国内外先行地区经验，政府需要逐渐回归到提供基本公共养老服务上，社会力量将是养老服务供给主体。本研究将根据社会力量的商事登记和问卷抽样调查，从市场主体战略规划和实施两个维度考察其提供养老服务情况。

在战略规划层面，我们对系统数据中的经营范围，运用词频分析法，分析社会力量参与养老服务的经营构想。梳理发现，社会力量普遍具有较强的敏锐性，注册登记时其营业范围全面涵盖了养老服务各领域。下图数据显示，除 33.5% 的机构笼统登记要开展养老服务外，有 29.3% 的机构明确了要开展健康管理、咨询等服务，26.9% 明确提供护理服务，16.8% 提供文化娱乐服务。康复服务、医疗服务、心理慰藉等服务因具有较高专业性，社会力量规划开展此类业务的比例就明显偏低，是目前养老服务领域此类服务比较缺乏的重要原因。转变老年人养老消费观念、提升养老服务供给质量等对市场发展效用突出的教育、培训等业务更是鲜有机构在规划之初就有重点关注。

① http://www.ccgp.gov.cn/gpsr/gdtp/201507/t20150717_5572025.htm.

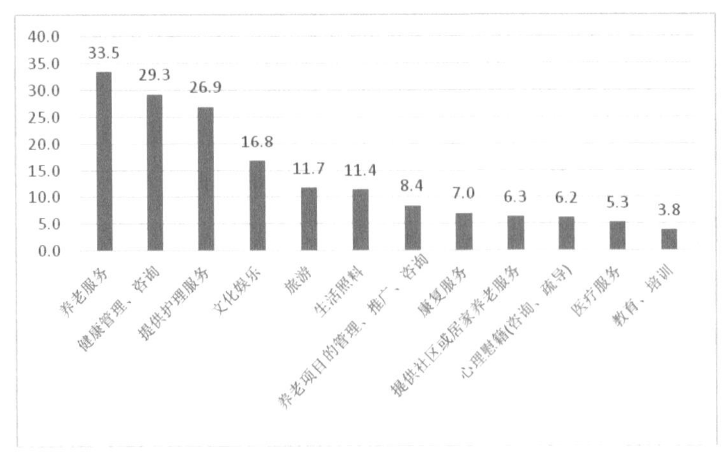

图 2-3-16　社会力量养老服务规划

数据来源：根据“中国企业信用信息公示系统（重庆）”“重庆市社会组织信用体系查询系统”数据整理

如图 2-3-17 所示，目前社会办养老机构在实际业务开展中，主要以洗涤、清洁卫生、膳食、文化娱乐、护理等常规业务为主，只有 56.4% 表示提供了康复服务，不到 3 成会提供心理 / 精神支持服务，只有 15.8% 的机构提供政策制订者希望机构提供的居家上门服务。更严重的是，只有 11.6% 的机构提供社会参与服务，表明大多数机构比较封闭，与国家提倡的“老有所为”相距甚远。提供出入院服务的更是只有 2.1%，“等人上门”现象比较普遍，营销与经营理念有待提升。

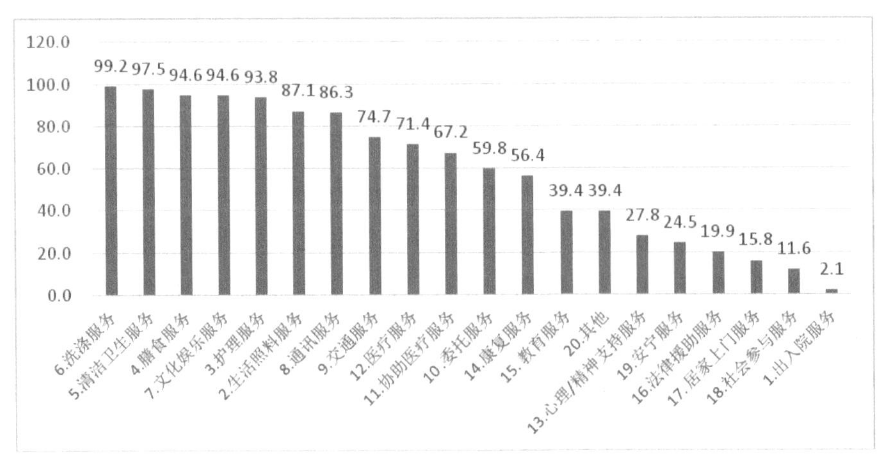

图 2-3-17　社会力量提供机构养老服务

数据来源：问卷调查

如图 2-3-18 所示，在社会力量提供的社区养老服务中，除日间照料、现场就餐等传统项目外，文体娱乐（81.7%）、心理慰藉（67.1%）、陪伴聊天（62.2%）等服务供给也比较丰富。有超过三成的机构提供陪伴就医、呼叫服务等居家服务项目，但上门送餐、上门助浴等老年人需求量大的居家服务项目供给较少。

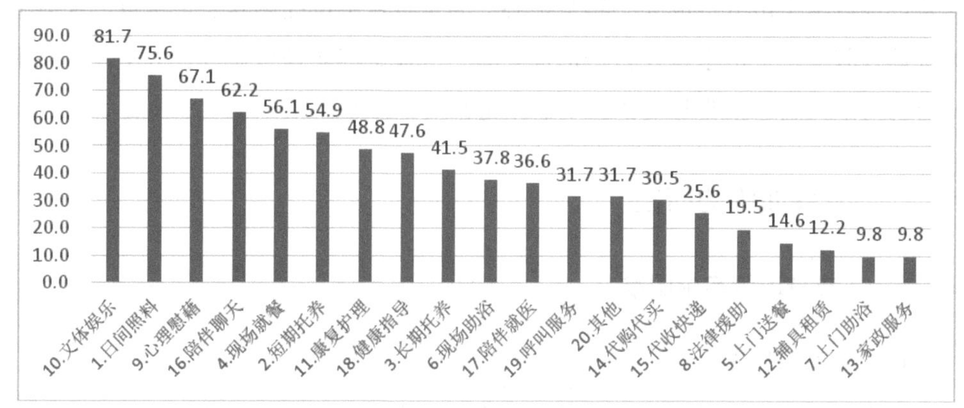

图 2-3-18　社会力量提供社区居家养老服务

数据来源：问卷调查

养老地产声势大，建成项目少。据和讯房产报道，重庆作为全国首批基本养老体系建设的 5 个试点省市之一，吸引了大量的投资商前来重庆投资养老地产。比如绿城计划在重庆建设老年大学，中铁任之城落成后将是全国最大的健康城，荣盛也计划进军重庆的养老地产行业。不仅是外来投资商，重庆本地的企业也加快了行动。重庆博赛集团准备联手总府实业集团，投资 80 亿元在合川双龙湖打造养老养生地产；宗申与德国养老投资企业蕾娜范集团签署了养老产业合作意向，太极集团在长寿跃跃欲试。据不完全统计，目前重庆市场在养老地产上的投资额已逾 300 亿元，遍及主城及璧山、长寿、江津、合川、南川、大足等周边区县。①

养老金融刚起步，主要以金融服务为主。根据调查，目前重庆市金融机构试水养老产业，主要通过对养老机构发放信贷、开展养老责任保险以及养老理财等方式支持养老服务发展。一是银行贷款方式，如工商银行重庆市分行重点依托优质大型公立医院，对其下属医养中心项目提供融资支持；重庆三峡银行、重庆农村商业银行通过开展“小微企业医保贷”产品，对兼具医养功能的养老机构提供

① http://sc.house.hexun.com/index.php/news/item/52950.html.

贷款授信。二是养老责任保险方式，如国寿财险重庆分公司通过承保“养老机构责任保险”，降低养老机构运营风险，2015 至 2017 年共承保养老机构 19 家，保费收入 6.37 万元，实际赔付 6 件，赔付金额 4.2 万元。三是提供养老金结算、管理、理财等金融服务。绝大部分银行主要是为养老机构提供账户结算、管理服务。如建设银行重庆市分行成立了年金中心，为企事业单位提供养老金结算、保值增值等综合服务；中信银行发行“信福年华”卡提供养老理财业务；太平洋保险重庆公司为市属国有企业开展企业年金补充养老业务等。[①]

二、发展面临的问题

（一）支持政策实施困难

1. 政策可操作性差

以市场主体需求最迫切的金融支持为例，人民银行、民政部等五部委印发的《关于金融支持养老服务业加快发展指导意见》（银发〔2016〕65 号），提出 18 个方面的措施，但在“在实现商业可持续的前提下，推动金融资源向养老服务领域配置和倾斜”[②]原则指导下，各项措施“原则性强，主要是引导、鼓励性意见，在具体落实上目前可操作性不强”。医养结合养老服务盈利能力高于单纯养老服务，是市场主体最愿意进入的领域，但其多年来发展缓慢，缺乏明确指引是其中重要影响因素。

2. 部分扶持政策统筹层次低

如《重庆市社区养老服务“千百工程”实施方案》提出“探索社区养老服务中心（站）运营补贴制度”，调研发现，实践中各区县确定的补贴对象、补贴标准差异较大，部分区县还没有运营补贴，该项工程在各区县的实施效果差异明显。如渝中区以购买服务的方式，对社区养老服务站进行定额补贴，全区的居家和社区养老公共服务开展较好；部分补贴低或没有补贴的中心（站）通常只开展棋牌类服务，文化活动、心理慰藉类活动缺乏，这类中心（站）的运营主体普遍反映全市应有统一的最低标准。

① 卢满生．金融支持重庆医养融合发展研究 [J]. 当代金融研究，2019（02）：75-79.

② 彭馨馨．新常态下金融支持养老产业运行机制创新研究 [J]. 会计之友，2018（07）：14-18.

3. 要素支持政策落实不力

调研发现，土地、金融、水、电、气等要素支持“玻璃门”现象比较普遍，需要进一步完善相关配套政策。一是财政奖补政策落实不力。多份文件明确对银行发放的医养贷款给予财政贴息，但据调查的银行反馈，截至2017年底，无一家机构获得相应财政贴息或奖励。二是土地保障政策执行不到位。国寿、人寿、泰康等保险机构经营的大型养老项目迟迟未能落地重庆，部分原因在于土地供应无保障，导致大型养老机构落地困难。三是水、电、气等优惠落地差。调研发现，分散供养的特困老人有用电优惠，而集中收养特困老人的农村敬老院没有用电优惠；部分民办社区养老服务站租赁商业物业开展服务，因产权所有人没有对该部分物业在电力部门进行分户，故无法享受居民用电价格。

（二）配套制度建设滞后

1. 规范体系建设滞后

国内其他省区市早在2015年就开始陆续颁布了养老服务相关条例。如对养老服务发展影响深远的长期照护制度建设，重庆才刚起步。2016年，人社部印发《关于开展长期护理保险制度试点的指导意见》，重庆被纳入试点城市，2017年12月，重庆市人力社保局印发《重庆市长期护理保险制度试点意见》。而青岛市在2012年就出台了《关于建立长期医疗护理保险制度的意见（试行）》（青政办字〔2012〕91号），在全国范围内率先开展长期护理保险试点工作。2017年开始，青岛又把重度失智老人纳入长期护理保障范围。从2018年4月1日起，青岛开始实施“全人全责”式、升级版的长期护理保险制度，在原来的长期医疗护理基础上，将基本生活照料纳入职工护理保障范围。重庆试点的对象、保障范围、待遇标准等离青岛差距甚大。

2. 地方标准体系缺乏

养老服务标准体系为参与主体提供基本遵循，是养老服务质量的重要保证。目前，重庆已出台《重庆市养老机构服务管理标准》《重庆市社区养老服务规范》和《重庆市社区养老服务设施建设规范》等行业标准。但从《重庆市民政局关于加快养老领域标准宣贯实施工作的通知》（渝民〔2017〕144号）中发现，重庆目前实施的各类规范性文件，如养老服务设施建设、养老服务质量、养老机构管理等，仍多以国家相关标准为依据，重庆地形特殊、人口老龄化严重、经济发展水平较低，需要有相关地方标准指导全市养老服务发展。

3. 融资支持缺失

从国内外养老服务发展经验看，养老服务发展初期离不开国有资本的支持与引导。2014 年以来，吉林、山东、安徽、江西、湖南、湖北、甘肃、内蒙古等多个省份试点成立养老产业投资基金，均有效推动了当地养老机构的发展。重庆市自 2014 年 5 月设立产业引导投资基金以来，联合私募基金发起专项产业基金 24 只，累计投资项目 132 个、金额 84 亿元，主要投资于工业、农业、科技、现代服务业、文化、旅游等六大产业，鲜有涉足养老产业。同时，现有 24 只子基金中没有专项养老产业子基金。此外，国有担保、PPP 等缺位，一定程度上影响了民间资本积极性。

（三）营商环境欠佳

已有研究表明，重庆市的整体营商环境欠佳。近两年全市大力开展了各类优化行动，调研中受访对象仍普遍反映，除了通常的流程冗长、办事机构服务水平参差不齐等共性问题外，养老服务发展中还存在严重的不公平竞争、人力资源不足等问题。

1. 不公平竞争问题严重

如重庆正在开展的“千百”工程，部分区县采用公办民营方式，“很好的装修，可能租金才 2—3 元 / 平方米”，上清寺凯尔慈佑社区养老服务中心也是入围项目，场地为租赁，租金加上物管 32 元 / 平方米，公司还要投入大量资金装修，其负责人表示“养老服务民办公助和公建民营起点不同，这是不公平竞争”。调查发现，重庆不同性质的养老机构得到的补贴差异较大，同为市场主体的机构间也有明显差异，需要对补贴政策统筹设计，降低由补贴政策差异延伸出的不公平竞争。

2. 人力资源不足导致用工成本高

养老服务行业职业形象不佳、岗位劳动强度大、职业风险大，加上多数机构工作环境较差，受访对象普遍反映招人困难、成本高，同时员工岗位胜任能力不足。如民非企业合川南津街白鹿山社区宝润阳光护理康养中心，设计床位 78 张，实际入住 64 人，这是本次调查发现的入住率最高的社会机构。该机构收养的老人中，约一半为失能老人，总共只有10个工作人员。该中心负责人表示，员工招聘困难，工作人员基本全年无休，企业只能通过加班补贴等方式安抚员工；同时员工护理失能失智老人专业技术欠缺，需要技术支持；另外，长时间无休，员工压力大，员工如何释放压力是一个重大问题。调研发现，城市地区养老服务机构护理人员工资逐年上涨，目前男性基本在5000元以上，女性基本在3000元以上，市场主体迫切希望政府能普遍提供职业补贴。

3. 行业信用评价体系尚未建成

养老服务市场潜力大，养老服务消费市场的健康发展，需要服务供给主体和市场消费主体都对市场有共同的良好预期。当前养老服务消费主体购买力相对较弱，部分不良服务供给主体提供的劣质服务造成非常恶劣的社会影响，极大削弱了消费主体的预期，严重制约消费潜力释放。研究表明，约束和规范市场主体的经营行为，应由政府提供强制力支持，主要依靠行业自律，完善以守信联合奖励和失信联合惩戒制度为主的信用体系，以维护市场秩序、提升行业信誉。重庆市养老服务行业的不良市场主体目前只能在“国家信用信息公示系统（重庆）”和“重庆市社会组织信用体系查询系统”中以个别标注的方式向社会公示，这些信息在金融机构等市场主体中利用较多，在消费主体中影响不大。重庆市养老服务协会2017年底才成立，目前还只有300多家会员，在行业内权威性较低，其“加强全市养老行业监管，规范养老服务市场秩序”的行业自律作用发挥还需时日。

三、发展趋势

（一）老龄化进入加速发展期，社会化养老服务潜在需求巨大

中华人民共和国成立后，我国经历了3次人口出生高峰，第二次高峰出生的人口将从“十四五”开始陆续进入老龄人口序列，每年将增加约2500万老年人，时间将持续10年之久。根据第六次人口普查资料数据推算，届时重庆市每年将有约50万人进入老龄人口序列。叠加人口预期寿命持续提高，全国和全市的老龄人口规模都将快速增长，老龄化进入加速发展期。2035年，我国将基本实现社会主义现代化，人民生活更为宽裕，老年人要共享社会发展成果，同步提升物质和文化生活水平。在“4—2—1”的家庭结构模式日益显现的背景下，空巢化、

高龄化的加剧，传统的家庭养老功能逐步弱化，社会化养老服务潜在需求巨大。以养老服务中盈利能力较好的护理项目需求为例，调查表明，重庆有1.04%的老人存在重度失能问题，0.76%完全失能，对于需要护理服务的老人，入住养老机构无疑是得到护理的最方便的形式，也是需要护理老年人最好的选择，而2018年全市需要介助和介护的老人分别只有17.0%和21.3%入住养老机构，有近80%的潜在需求需要进一步开发。

（二）老年人消费能力大幅提升，市场规模扩容快

一方面，从1993年开始，全国的社会保障体系逐步完善，众多老年人养老和医疗有了基本保障。调研中一位1993年集体企业退休的老人表示，“退休金从最初的80多元涨到3000元出头了，国家有政策，个人在前些年还补缴了医疗保险，目前享受职工医保”。近年来，重庆的养老、医疗保险参保率持续巩固在95%以上，各项“让老年共享发展成果”政策措施连续出台。一是机关及事业单位离退休人员健康休养费上调；二是退休人员基本养老金标准提高，2018年调高5.0%左右，达到13年连年提高，未来仍会逐年提升；三是城乡居民基础养老金标准上调，2018年提高至115元，上调幅度高达21.1%，全市受益人员约363万人；四是全市特困人员救助供养基本生活标准由每人每月650元提高到710元，增长9.2%；五是调整中华人民共和国成立前参加革命工作的退休老工人护理费和因瘫痪等原因生活长期完全不能自理的护理费标准；六是提高重庆市女方年满49周岁的计划生育独生子女伤残、死亡家庭父母特别扶助金标准，这些措施为全市老年人持续增收提供了有力支撑。另一方面，第二次人口高峰出生的人，其工作时间，正好是中国经济腾飞的40年，他们大多有一定的财富积累，不少人还持有房产、证券和存款等资产。老年人良好的经济状况，为养老服务潜在需求变现提供了坚实的经济支撑。

随着社会化养老观念被广泛接受，养老服务市场规模将快速扩张，“培育老龄产业成为新的增长点”这一目标的实现指日可待。

（三）政府助推养老服务市场化发展力度持续增强

党的十九大报告提出的“加快老龄事业和产业发展”和党的十八大以来习近平总书记提出的“着力发展老龄产业”“培育老龄产业新的增长点”等系列论断，

为我们提供了理论指引和行动指南。养老服务社会化将是未来发展主流，主要通过市场配置资源是基本方略。

2018年以来，中央政府密集出台了系列政策文件，推动老龄事业和产业发展。2019年3月印发《国务院办公厅关于推进养老服务发展的意见》（国办发〔2019〕年5号），从深化“放管服”改革、拓宽养老服务投融资渠道、扩大养老服务就业创业、扩大养老服务消费、促进养老服务高质量发展、促进养老服务基础设施建设六大方面提出了28项具体措施，逐一破解制约社会资本参与养老服务发展的用地难、税费负担重、融资难、用工难、老年人购买力不足等难题。2019年3月份国家卫生健康委印发《关于实施老年人心理关爱项目的通知》，2019年和2020年这两年在全国共选取1600个城市的社区和320个农村的行政村实施老年人的心理关爱项目，这个项目覆盖了全国所有的省区市。该通知首次对老年人高层次养老服务需求供给作了详细布置，至此，国家层面的政策形成了对老年人经济支持、生活照顾、康复理疗、精神慰藉等养老服务需求的全领域覆盖。2019年7月印发的《健康中国行动（2019—2030年）》明确心理关爱项目应大力引入社会力量。

重庆市将紧密对接国家政策，落实中央的各项部署，全面放开养老服务市场，鼓励社会力量兴办养老机构，参与发展居家养老服务。2018年，大幅提高养老床位建设补贴标准，市级对利用自有产权建设养老机构每张床位补贴由5000元提高到1万元、租赁产权补贴由1000元提高到5000元。开展养老服务发展国际合作，引进新加坡优护、华润、远洋、宜康集团来渝投资养老服务业。以市政府办公厅名义印发《关于做好制定和实施老年人照顾服务项目工作的通知》，积极推动社区适老化改造试点，指导渝中区打造社区居家示范样板工程。未来，重庆仍将立足自身实际，落实各项政策，支持社会力量参与养老服务各领域的建设发展。

四、对策建议

已有研究表明，重庆市养老服务的供需矛盾依然非常严峻，市场活力激活不充分、有效供给不足、低质、错位等问题制约着整个养老服务业的高质量发展。需要充分释放养老消费潜力，破除发展障碍，健全市场机制，发挥市场在养老服务业发展中资源配置主体作用，不断优化养老服务供给结构，有效满足老年人多样化、多层次养老服务需求。

（一）加强顶层设计

1. 明确政府职责边界，拓展市场主体发展空间

近年来，先行进入老龄化社会的西方发达国家，纷纷采纳福利多元主义理论思想，从“政府提供养老服务”向“以政府为主导，整合市场资源”转变。在重庆，目前政府仍然是养老服务供给主体，需要厘清政府在养老服务供给中的职责边界，为市场发展腾出空间。根据中央的政策导向，政府的核心责任应聚焦在“保基本、兜底线”上，具体包括5大类：一是提供养老基本公共服务，研究制订基本公共养老服务清单，为全社会老年人提供生活照料、康复护理、心理慰藉、日间托养、紧急救援、文化娱乐6大类基本公共养老服务。二是兜底保障特殊困难群体，每一位无力通过市场途径获取服务，并且家庭确实没有服务资源和能力的老年人，由政府提供满足其基本生存需要的养老服务。三是立法引导和规范养老服务发展，制订和完善养老服务法规政策体系，对养老服务业发展给予指导和支持。四是统筹全社会资源参与养老服务发展，除直接的财政支持外，通过税收优惠、补贴等多种惠民政策鼓励和支持市场、社会、家庭等主体提供养老服务和产品；组织协调社会各部门和各界人士从不同方面对养老服务业发展提供支持。五是监督养老服务供给主体依法依规开展服务，加强对养老机构事前、事中、事后监督，依法严厉查处养老服务中的虐老欺老、违法违规等行为。

2. 制订养老产业发展规划，降低市场主体决策成本

融合高校及科研机构、市场主体、政府相关部门力量，深入开展养老服务发展市场调研，制订养老产业发展规划，为社会资本参与养老服务发展提供指引。结合重庆实际，综合考虑养老市场需求、产业效率、老年人的收入和消费等因素，优先发展老年服务业、老年用品业、老年地产业、老年金融业和老年康养业。促进国际交流合作，加强国际养老服务经验交流，推动项目合作，引进国外大型养老集团，借鉴学习国际先进管理理念、发展模式、服务经验、技术标准，培育本地养老服务国际化品牌，建设养老服务国际化集聚区。

3. 完善地方标准体系，降低市场主体管理成本

加强质量法制建设，按照《重庆市地方标准管理办法》，推动养老领域地方标准体系建设。成立重庆市养老服务标准化技术委员会，统一负责养老标准规划

编制、标准起草、标准执行、标准评估等工作。参考借鉴国外先进标准、国内发达地区标准，结合重庆实际，建立完善与法律法规政策相衔接、与国家和行业标准相协调，覆盖居家、社区、机构，包含设施建设、服务提供、服务保障、监督管理等内容的重庆养老服务标准体系。优先制订老年人护理等级评估、服务质量管理、养老机构星级评定、社区居家养老服务设施建设和服务标准等基础性标准。积极开展养老机构标准化建设示范创建工作，支持鼓励各类养老服务机构参与国家、行业标准的起草，积极培育具备条件的机构制订具有国际先进水平的企业标准或团体标准。建立标准强制执行和监督制度，加强标准执行情况的监督检查，将检查评估结果作为养老机构星级评定、诚信体系建设和财政资金奖补的重要依据，使标准真正成为设施建设和服务管理的硬约束，全面提升养老服务整体水平。

（二）改善营商环境

1. 加强市场培育

加强宣传，引导老年人树立新时代养老消费观念，培育老年人积极消费意愿，转变老年消费关注重点，由代际消费、生活消费转向老年人健康消费、照护消费和品质消费。持续提升老年人消费能力，加大政府购买养老服务的力度，统筹老年人照护补贴政策，增强养老服务补贴效益；结合农村“三变”改革，鼓励倡导农村老年人通过宅基地置换和土地林地流转，城市老年人通过质押房产、物业等方式提升购买力。出台养老服务消费市场激励措施，增加高品质产品和服务供给，做长做细相关产业链，提升养老服务供给能力，满足老年人多样化、多层次消费需求。倡导自尊、自立、自强的积极养老观，为老年人搭建平台，鼓励和支持老年人积极参与社会发展、教育培训、文化传承、志愿服务等，营造老有所为、老有所乐、老有所获的老年社会环境。

2. 完善公立机构运营机制

推动公办养老机构职能归位，优先保障特困人员、优抚对象、经济困难的高龄失能老年人等服务需求，充分发挥托底作用；以老年人经济状况和身体状况评估为重点，建立全市统一的公办养老机构入住评估制度，确保公办养老机构职能落实到位。探索提供经营性服务的公办养老机构改制，积极稳妥地把专门面向社会提供经营性服务的公办养老机构转制成企业，其服务收费遵循市场规则。

3. 创新国有资源利用方式

创新财政投入机制，借鉴财政投入股权化改革成功经验，建设补贴由财政直接资金支持转变为权益投资，制订完善退出机制；服务补贴对象由补机构改为补人头，并逐步由财政直接补贴转为财政支持的长期照护保险等形式支付。健全行政资源整合机制，由市级民政部门牵头，统筹整合各级政府和各个部门、企业、社会组织的资源，规划统筹养老服务发展纲要，集约分散化、条块化的养老服务政策，发挥资金集中使用效益，统领养老服务协作发展。整合闲置国有资源，由市国资委牵头，整合国有企业废弃厂房、单位改制后腾出的办公用房等改造为养老服务设施，制订全市相对统一的使用价格，避免国有资产流失。

（三）建设全市共享的养老大数据平台

依托全市智慧城市建设，开发全市统一的养老服务大数据平台，收集形成全面准确的老年人、养老机构、养老资源等养老相关信息数据；借鉴公安部门管理酒店经验，完善养老服务机构管理信息系统，实时掌握老年人入住数据，为相关政策制订与实施提供科学依据；整合卫生健康部门老年人电子健康档案等资料，实现养老和医疗信息资源共享。研究制订数据开放利用办法，向社会开放数据。鼓励市场主体开发养老相关应用，提高养老服务机构信息化水平和工作效率，为居家社区老人提供方便快捷安全的个性化、定制化养老服务。

重庆市脱贫地区农村养老服务发展报告

老龄化问题是世界性难题，老龄化速度快，未富先老、未备先老是我国老龄化的重要特征，积极应对人口老龄化已成为国家战略。中国农村老年人口比例明显高于城市，农村老年人及其家庭经济条件相对较差，老年人居住分散，发展农村养老保障难度大，成本高，因此解决好农村老人养老问题是解决中国养老问题的关键和重点。

养老保障体系建设是积极应对人口老龄化国家战略的重要支撑，养老保障体系建设实践中长期以来重城市轻农村，农村养老保障成为养老保障体系建设的明显短板。脱贫地区青壮年人口持续大量外流，老龄化速度更快，而区域经济社会发展基础弱，未富先老、未备先老程度更深，老龄化问题破解难度更大，在理论研究和实践探索上都需要对脱贫地区的养老保障建设给予更多关注。

当前，我国已完成全面建成小康社会的历史任务，迈向全面建设社会主义现代化国家新征程，共同富裕是中国式现代化的重要特征。共同富裕，是全体人民的共同富裕，核心目标是要让全体人民共享发展成果，主要方式是共建共享。习近平总书记强调，促进共同富裕，不能搞“福利主义”那一套。老年人多数已退出劳动领域，是公认的社会弱势群体，在不搞“福利主义”大前提下，如何实现共同富裕、共享发展成果是当下亟待破解的难题。

2021 年 8 月在河北承德考察时，习近平指出，满足老年人多方面需求，让老年人能有一个幸福美满的晚年，是各级党委和政府的重要责任。在论述实现共同富裕的实践途径时，特别指出要在养老领域精准提供基本公共服务。2022 年 12 月，市委六届二次全会提出“新时代新征程新重庆”主题，明确指出“建设现代化新重庆，‘新’在人民群众对美好生活实实在在的新感受，要在高质量发展中扎实推进共同富裕，全面提升人民群众的获得感、幸福感、安全感和认同感”。要加快发展教育、医疗、养老等社会事业，解决好“一老一小”问题。在此大背景下，研究脱贫地区农村养老问题，是在发展基础最差的区域寻求如何实现社会最弱势群体共享发展成果、寻找破解老龄化难题突破口，对理论和实践都有较高价值。

一、脱贫地区农村养老保障需求与供给分析

（一）经济支持需求与供给现状

1. 经济支持需求分析

在内容和方式上，老年人经济支持需求主要体现为直接的资金支持。在数量上，经济支持需求的主观性较大，客观测量比较困难。在总体上，中国老年人仍普遍保有传统的消费心理和消费习惯，其支出多是基础性支出，反映了最基本的生活需求，因此本研究分析的是脱贫地区农村老年人的总支出水平反映其经济支持需求。农村老年人是农村居民中缺少劳动能力和收入较少的群体，相应地，其支出也比较有限，脱贫地区农村居民人均消费支出水平完全可以代表农村老年人

的经济支持需求。在乡村振兴和推进共同富裕的背景下，也有必要以农村居民平均支出水平来衡量老年人的经济需求。

如图 2-4-1 所示，与全市一致，脱贫地区农村地区居民消费支出逐年增加，2021 年脱贫地区农村居民消费支出 13145 元，比 2018 年增长了 27.08%，但增长幅度比全市农村居民低 7.31 个百分点。

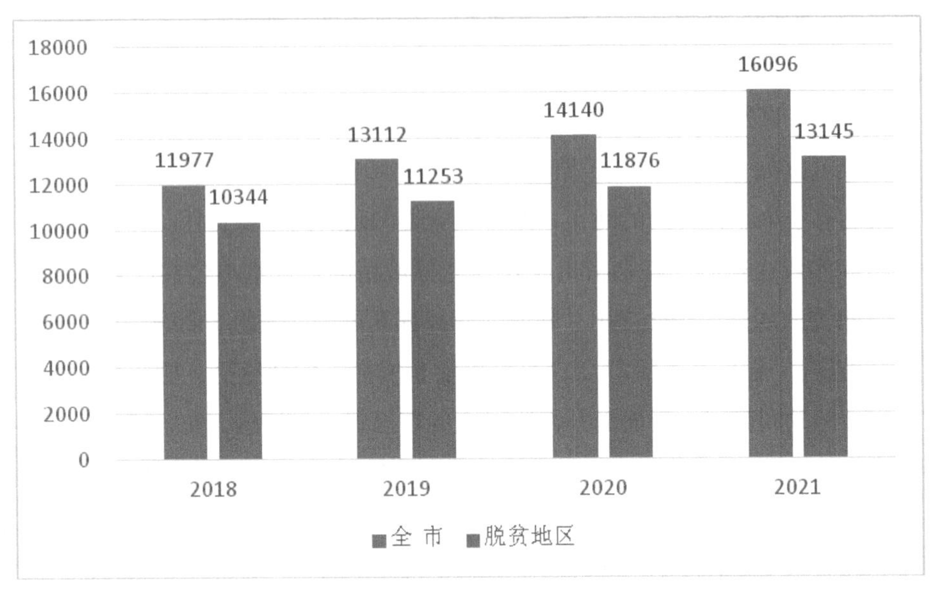

图 2-4-1　2018—2021 年重庆全市和脱贫地区农村居民消费支出[①]

如表 2-4-1 所示，从支出结构上看，脱贫地区农村居民的食品支出占比下降较多，医疗保健、居住和交通通信三类支出的占比有明显增加。老年人支出结构与平均水平有较大差异，研究人员苏娅比较了云南农村居民和云南老年农村居民消费支出的结构差异，我们借鉴此研究结果，推算重庆脱贫地区老年农村居民的支出结构和支出金额。2020 年，重庆脱贫地区老年农村居民支出中，排第一的食品支出占 54.18%，其次是医疗保健支出，占 18.97%，第三是居住支出占 16.36%，教育文化娱乐支出少，仍是典型的生存型消费结构。从支出变动来看，医疗保健增长最快，增长了 35.81%，其次是其他用品和服务。需特别说明的是，脱贫地区老年人贫困率高，很多是因病致贫，脱贫地区老年人医疗保健支出占比会高于此处的测算，甚至会高出很多。

① 根据《重庆调查年鉴（2022 年）》相关数据整理计算。

表 2-4-1　重庆脱贫地区老年农村居民支出测算　　　　单位：%、元

支出项目	云南农村居民支出结构	云南老年农村居民支出结构	重庆脱贫地区农村居民支出结构		重庆脱贫地区老年农村居民				
					2021 年		2018 年		2021 年比 2018 年年支出增长
			2021 年	2018 年	支出结构	年支出	支出结构	年支出	
食品	31.82	46.33	37.21	38.16	54.18	7121	55.56	5747	23.91
衣着	3.86	1.89	5.98	5.90	2.93	385	2.89	299	28.87
居住	20.01	16.31	20.08	19.69	16.36	2151	16.05	1660	29.58
生活用品及服务	5.6	3.91	7.33	7.54	5.11	672	5.26	545	23.47
交通通信	16.21	5.93	10.30	10.03	3.77	495	3.67	380	30.50
教育文化娱乐	12.22	1.25	10.25	10.38	1.05	138	1.06	110	25.54
医疗保健	9.13	23.42	7.40	6.92	18.97	2494	17.75	1836	35.81
其他用品及服务	1.15	0.96	1.45	1.40	1.21	160	1.17	121	32.06

2. 经济支持供给分析

脱贫地区老年人的收入来源于家庭供养、社会保险、务农务工收入、土地流转收入、集体分红等。从支持框架角度来看，经济支持主要由个人、家庭、政府提供，随着农村市场经济发展，近年来市场力量逐渐开始发挥作用，资产类收益有所增加，在实践中各类支持力度差异大。

（1）经济支持的政策供给

相关政策对农村老年人经济支持有较多规定，主要规定了家庭和政府的责任。相关法规规定了家庭的义务，《老年人权益保护法》规定，赡养义务人应当履行对老年人经济上供养的义务，对经济困难的老年人，应当提供医疗费用;《婚姻法》中也规定了子女应当对父母履行赡养义务。《重庆市基本公共服务标准（2021 版）》详细列出了当前政策支持对象和执行的标准，包括城乡居民社会保险、计划生育扶助、三项老年人补贴、农村危房改造补助、社会救助（最低生活保障、特困人员救助供养、特困人员照料护理补贴、医疗救助、困难残疾人生活补贴、重度残疾人护理补贴），为农村老年人全面提供经济支持[①]。除以上普适性支持外，脱贫

① 《重庆市基本公共服务标准（2021 年版）》. http://fzggw.cq.gov.cn/zwgk/zfxxgkml/zcwj/qtwj/202112/t20211228_10244059.html.

地区延续了脱贫攻坚的一些特殊支持，如公益性岗位、医疗救助，以及主要源自财政资金注入与所在地资源结合积淀的各类资产收益分红等，为贫困老年人提供了特殊经济支持。

（2）经济支持的现实供给

①个人和家庭支持层面

个人和家庭是老年人养老经济支持的主要提供者。如表2-4-2所示，脱贫地区农村老年人主要生活来源排第一的是家庭其他成员供养，占42.52%，略高于全市平均水平。其次是劳动收入，占28.31%。排名第三的是离退休金/养老金，占11.41%。有6.28%的老年人靠最低生活保障金维持基本生活。养老金和最低生活保障金对脱贫地区老年人生活的支撑作用略低于全市平均水平。

表2-4-2　重庆乡村分区域老年人主要生活来源[①]　　单位：%

地区	劳动收入	离退休金/养老金	最低生活保障金	失业保险金	财产性收入	家庭其他成员供养	其他
重庆	32.71	12.65	6.39	0.00	0.36	41.20	6.69
脱贫地区	28.31	11.41	6.28	0.00	0.40	42.52	8.76

如表2-4-3所示，相较2010年，家庭供养仍是老年人最主要的经济支持，劳动收入对乡村老年人的经济支持重要性下降。

表2-4-3　脱贫地区农村老年人主要生活来源变动[②]　　单位：%

	劳动收入	离退休金/养老金	最低生活保障金	财产性收入	家庭其他成员供养	其他
2010	46.93	2.24	5.81	0.12	42.51	2.39
2020	28.31	11.41	6.28	0.40	42.52	8.76
变动	-18.62	9.17	0.47	0.28	0.01	6.36

如表2-4-4所示，随着老年人健康水平下降，依靠家庭其他成员供养比例迅速提高，不健康但生活能自理老年人59.92%依靠家庭其他成员供养，不健康、生活不能自理老年人高达65.76%依靠家庭其他成员供养。

① 根据《重庆市人口普查年鉴2020》相关数据整理计算。

② 根据《重庆市人口普查年鉴2020》《重庆市人口普查年鉴2010》相关数据整理计算。

表 2-4-4 重庆市乡村老年人分健康状况主要生活来源[①] 单位：%

主要生活来源	总体	健康	基本健康	不健康，但生活能自理	不健康，生活不能自理
劳动收入	32.71	44.94	23.30	6.28	1.05
离退休金 / 养老金	12.65	12.64	13.22	11.06	11.45
最低生活保障金	6.39	3.52	7.49	15.90	15.84
失业保险金	0.00	0.00	0.00	0.00	0.00
财产性收入	0.36	0.37	0.36	0.33	0.21
家庭其他成员供养	41.20	32.07	48.47	59.92	65.76
其　他	6.69	6.47	7.15	6.51	5.70

在供给力度上，在个人和家庭支持维度上，农村老人的劳动收入多为农业劳动收入和一部分务工收入，因为重庆山地与丘陵的地形特征，导致农业生产对劳动力要求较高，随着老年人劳动能力的退化、农资产品价格的不断上涨，除此之外还受自然灾害以及农产品价格波动的影响，身体健康农村老年人劳动所得基本够维持其基本的生活需求。家庭其他成员供养方面，多靠家庭成员外出务工形成转移支付，呈现不定期不定额特征。“抽样调查数据”显示，脱贫地区农村家庭超过六成子女日常没有资助父母钱物。除看病支出外，对父母的生活资助是比较低的，平均只有 1084 元，只有非脱贫地区的 66.83%；脱贫地区子女对父母的资助城乡差异更大，农村只有城镇的 42.57%，而非脱贫地区农村子女对父母的生活资助达到城镇的 60.48%，对父母的生活资助，受区域经济发展水平影响较大。[②]

②政府支持层面

公共服务项目不断增加，保障对象不断扩围，保障标准不断提升。农村低收入老人逐渐被纳入各类保障范围，保障标准也在逐年提高，农村最低生活保障、特困人员救助供养等为脱贫地区老年人基本生活提供了兜底保障，医疗救助等有效减轻了老年人的医疗健康支出负担。一是城乡居民社会保险，2022 年，城乡居民基本养老保险参保人数 1140.32 万人，2022 年基础养老金为 135 元 / 月，标准动态调整。二是计划生育扶助，符合条件的农村独生子和双女家庭夫妇每人每月

① 根据《重庆市人口普查年鉴 2020》相关数据整理计算。

② 根据《第四期中国妇女社会地位调查》重庆数据整理计算。

90元，农村独生女家庭夫妇每人每月130元；独生子女死亡家庭夫妇每人每月发放850元，独生子女伤残家庭夫妇每人每月发放680元，一级、二级、三级计划生育手术并发症人员每人每月分别发放400元、300元、200元。三是老年人“三项补贴”，经济困难的失能老年人和高龄老年人养老服务补贴标准均为每人每月200元，特困对象中的半失能、全失能老年人护理补贴标准分别为每人每月200元、300元，80岁以上老年人有高龄津贴，高龄津贴标准由各区县人民政府确定。四是农村危房改造补助，农村C级危房改造平均每户补助0.75万元，农村D级危房改造按照《重庆市人民政府关于加快全市农村危房改造的实施意见》（渝府发〔2011〕37号）文件规定执行。五是社会救助，发放最低生活保障金，2022年全市55.80万人享受农村居民最低生活保障，标准为每人每月581元，标准动态调整。70岁以上老人每人每月增发60元。农村特困人员救助供养人数9.74万人，标准每人每月932元。特困人员照料护理补贴标准分为三档：一档全护理特困人员照料护理补贴每人每月300元、二档半护理特困人员照料护理补贴每人每月200元、三档全自理特困人员照料护理补贴每人每月50元。对符合条件的基本丧葬服务项目费用，在1500元限额以内予以免除。六是医疗救助，按规定对符合条件的救助对象实施参保资助、普通疾病门诊医疗救助、普通疾病住院医疗救助、重特大疾病救助等。具体救助标准由各区县政府按照《关于进一步完善医疗救助制度意见的通知》（渝府办发〔2015〕174号）、《关于进一步做好医疗救助工作的通知》（渝民发〔2016〕63号）等有关规定，根据本地经济条件和城乡医疗救助基金筹集情况、困难群众的支付能力以及基本医疗需求等因素确定。2022年重庆市资助141.76万困难群众参加医疗保险[①]。七是抚残助残，困难残疾人（低保对象）生活补贴标准为每人每月70元。一级重度残疾人护理补贴标准为每人每月80元，二级重度残疾人护理补贴标准为每人每月70元。

在力度上，脱贫地区农村老年人主要的生活来源有11.41%是离退休金/养老金，有6.28%的老年人享受最低生活保障金，二者合计近20%，对农村老年人的生活起到了重要作用。最低生活保障金对乡村不健康老年人的生活提供了重要支持，全市生活自理和不能自理的老年人平均都有超过15%的主要生活来源是最低

① 《2022年重庆市国民经济和社会发展统计公报》。https://tjj.cq.gov.cn/zwgk_233/fdzdgknr/tjxx/sjzl_55471/tjgb_55472/202303/t20230317_11775723_wap.html.

生活保障金，脱贫地区身体不健康老年人获评贫困户比例高，脱贫攻坚过程中民政兜底保障面大，最低生活保障金发挥了更重要的经济支持作用。

③社会支持层面

延续脱贫攻坚时的路径，还有部分社会资源以结对帮扶、慰问、慈善救助、农产品助销等方式直接或间接惠及部分贫困老年人。脱贫地区乡村产业仍处于培育阶段，只有部分村社集体资产有了持续收益，老年人开始获得分红。土地流转、房屋出租等途径只有个别老年人受益。“普查数据”显示，财产性收入成为脱贫地区 0.4% 的老年人的主要生活来源，比 2010 年提高 0.28 个百分点，财产性收入对老年人生活保障作用开始显现。

（二）养老服务需求与供给现状

1. 养老服务需求分析

本研究主要剖析生活照护和精神慰藉两大需求。在精神慰藉方面，在对象上，老年人有普遍需求，独居、空巢家庭老年人需求大；在内容上和方式上，主要需求是亲情陪护、探望、各类文化娱乐活动、社会参与等；在力度上，呈现快速增长趋势。

（1）生活照护需求

生活照护是一个多层次多维度的概念，是主观性需求和客观性需求的统一。在对象上，身体不健康但能自理老年人有一定需求，不能自理老年人照护需求大；在内容上，老年人身体状况不同，衣、食、住、行等方面都有需求，但需求差异大；在方式上，多体现为直接服务，老年人普遍选择居家获取各类服务；在力度上，老年人期望保持体面、有尊严的生活。

“七普”时把 60 岁及以上老年人的健康状况分为四个类别：健康、基本健康、不健康但生活能自理、不健康生活不能自理，对应的服务需求为健康管理、健康管理 + 医疗服务、健康管理 + 医疗服务 + 介护、健康管理 + 医疗服务 + 照护，也就是后两类身体健康状况的老年人需要有日常照料。全市乡村老年人各类别占比分别为 53.57%、34.24%、10.17%、2.02%；脱贫地区乡村各类别的老年人分别占 55.30%、33.19%、9.62% 和 1.89%，也就是近 10% 的老年人需要介护服务，近 2% 需要照护服务。脱贫地区老年人看似身体更好，可能是身体状况更多的是主观评价，评价时受家庭条件、周边对象、自身既往状态影响大，脱贫地区老年人可能给予了更保守的评价。80 岁及以上的高龄老年人健康服务和照护服务需求更大，全市乡村各类别老年人分别为 28.93%、43.63%、20.85% 和 6.59%。[①]

根据身体状况划定的照护需求印证，根据老年人自己的陈述，需要照料护理的老人为 13.47%[②]。"抽样调查数据"显示，在总体上，脱贫地区老年人有更低的照料需求。脱贫地区农村家庭子女有 24.85% 认为家里老年人需要照料，比非脱贫地区农村低 5.06 个百分点；城镇 45.46% 需要照料，比非脱贫地区城镇高 14.33 个百分点。[③] 脱贫地区农村有最高比例的老年人不需要照料，可能的解释是受传统影响，老年人基本都是自己照顾自己，不到特别困难的时候不会提出照料需求，而子女长期以来也没意识到自家的老人需要照料。脱贫地区城镇有更多的老年人需要照料，可能与实地调查中发现的部分农村老年人集中到场镇养老现象有关。在万州区甘宁镇，镇领导介绍当地形成了机构养老、居家养老、互助养老外的第四种模式："区域养老"，就是农村老年人集中到就近场镇租 / 购房养老。调研组也观察到沿街有大量老年人聚集晒太阳。

（2）精神慰藉需求

老年人的精神慰藉需求与其居住形态高度相关，独居、空巢老年人更容易感到寂寞、孤独，更严重的甚至抑郁，是精神慰藉服务需要重点保障的对象。"普查数据"显示，脱贫地区独居、空巢老年人规模大，增长快。2020 年，脱贫地区乡村有 24.51 万 60 岁及以上的 1 人户，比 2010 年增加 6.5 万户；占脱贫地区 60 岁及以上 1 人户的 69.82%，比全市平均水平高 13.4 个百分点，其中，有 5.20 万户是 80 岁及以上的 1 人户。同时，有 1.89 万户是 60 岁及以上的老年人与未成年人共同居住；有 20.95 万户是只有一对 60 岁及以上夫妇居住或与未成年人共同居住，比 2010 年增加了 1.9 万户，其中，有 1847 户 80 岁及以上老年人与未成年人共同居住；有 9541 户是两个 80 岁及以上夫妇居住或与未成年人共同居住。

老年人最希望由子女提供养老服务，农村老年人更是如此，对此，各类调查研究的结论高度一致。在直接意愿表达上，研究人员罗亚玲调查发现，"西南农

① 根据《重庆市人口普查年鉴 2020》相关数据整理计算。

② 重庆市老龄工作委员会办公室等.《重庆市城乡老年人生活状况抽样调查研究—基于"第四次全国城乡老年人生活状况调查"重庆数据》. 2016 年 9 月.

③ 根据《第四期中国妇女社会地位调查》重庆数据整理计算。

村留守老人对于子女提供生活照料的需求是客观存在且强烈的。有 82.16% 的样本表示希望子女给自己养老，13.98% 的样本选择‘自己养老’，3.86% 的样本选择‘机构养老’”。体现在养老场所选择上，研究人员周容等对重庆的一项研究发现，80.64% 的调查对象选择居家养老，14.34% 选择社区养老，5.02% 选择机构养老。与 2015 年重庆第四次城乡老年人生活状况抽样调查的发展基本一致，2015 年，重庆老年人有 82.88% 选择在家接受照料护理，4.73% 选择机构养老，1.7% 选择社区养老，另有 10.69% 视情况而定。[①] 主要变动体现在选择社区养老的比例大幅增加，主要受近年重庆大力推进的社区养老全覆盖影响，社区养老服务逐渐获得老年人认同。

2. 养老服务供给分析

（1）养老服务的政策供给分析

随着中国进入老龄化社会，从 2011 年开始，我国养老政策体系建设快速推进，国家密集出台政策推动养老服务发展，如中共中央办公厅、国务院办公厅印发《关于推进基本养老服务体系建设的意见》、国务院印发《关于加快发展养老服务业的若干意见》、国务院办公厅印发《关于全面放开养老服务市场提升养老服务质量的若干意见》《关于推进养老服务发展的意见》《关于促进养老托育健康发展的意见》等文件，以民政部为主的部委细化出台了众多的配套文件。这些文件从养老服务供给主体、供给内容、供给方式、供给力度等方面，对农村养老服务建设作了详细部署，照护服务和精神慰藉是重中之重。各地方也积极落实中央和国家部署，重庆对标国家政策文件，制订了大量的实施方案，这些方案都推动了脱贫地区农村养老发展。2021 年 1 月，重庆市人民政府办公厅印发的《重庆市农村养老服务全覆盖实施方案》是推动农村养老服务发展各项政策在重庆贯彻落实的集中展现。该方案“聚焦农村养老服务基础设施建设、服务质量提升、政策保障支持”，推动“构建家庭履责、政府主导、社会支持相结合，专业服务与互助养老相协调，城乡统筹、覆盖全体、分层分类、公平可持续的农村养老体系”，系统设计了农村养老发展的支持架构，对实施做了周密部署。脱贫地区农村养老服务在全市农村一体化推进中快速发展。

① 重庆市老龄工作委员会办公室等.《重庆市城乡老年人生活状况抽样调查研究—基于“第四次全国城乡老年人生活状况调查”重庆数据》. 2016 年 9 月.

（2）养老服务的现实供给分析

①个人和家庭支持层面

在生活照料上，身体健康、基本健康老年人主要是自我服务，不健康老年人，其他家庭成员以直接服务和提供资金购买服务方式承担了主要的照料责任。配偶是主要的照料提供者，体现在居住安排上，“普查数据”显示，全市乡村身体不健康、能自理老年人，47.24% 与配偶同住；身体不健康、不能自理老人，53.15% 与配偶同住。

“抽样调查数据”显示，脱贫地区子女很好地承担了照料义务。脱贫地区有照料需求的老年人，农村主要靠配偶以外的家人照料，高达 89.47%。[①] 无人照料的情况比较罕见，尊老的社会氛围比较浓厚，有较好的社会文化基础，比非脱贫地区受到的现代性冲击更小。这在居住安排上也有所体现。脱贫地区子女与父母共同居住的比例较高，脱贫地区农村子女有 44.1% 至少与双方父母之一共同居住，比非脱贫地区农村高 4.22 个百分点；脱贫地区农村比城镇高 13.57 个百分点，[②] 表明农村家庭子女比城镇承担了更多的老年人照护责任。

如表 2-4-5 所示，脱贫地区农村老年人家庭和个人以出资购买服务方式提供照料服务的极少。调查中没有抽到有农村老年人接受社会化养老服务；城镇地区需要照料者接受社会化养老服务的占 1.54%，比非脱贫地区低 0.47 个百分点。这可能是抽样偏差，农村老年人子女全家外出，老年人进机构或移居场镇养老后家里无人，未调查到该类样本。还有一种解释是脱贫地区家庭受收入水平制约，承担社会养老服务能力较低，只能由家人提供照料。

表 2-4-5　重庆分城乡、分区域老年人主要照料者[③]　　**单位：%**

		其配偶	家人	社会服务	无人照料	其他
城镇	脱贫地区	17.76	80.69	1.54	0.00	0.00
	其他地区	25.09	71.01	2.01	1.78	0.12
农村	脱贫地区	8.55	89.47	0.00	0.00	1.97
	其他地区	18.78	77.16	0.00	1.52	2.54

① 根据《第四期中国妇女社会地位调查》重庆数据整理计算。

② 根据《第四期中国妇女社会地位调查》重庆数据整理计算。

③ 根据《第四期中国妇女社会地位调查》重庆数据整理计算。

在精神慰藉上，大量独居和空巢老年人家庭其他家庭成员很多长期外出打工，也有部分甚至无其他家庭成员，来自家庭的精神安慰和支持也就长期缺乏。随着脱贫地区通信基础设施逐渐完善，老年人使用电子产品能力提升，来自家庭其他成员的精神支持有了明显改善。体现在老年人消费支出结构变化上，课题组测算的脱贫地区农村老年人交通通信支出占比 2021 年比 2018 年上升了 0.1 个百分点，支出绝对额由 380 元增加到 495 元，增长了 30.50%。每月 40—50 元电话费，这个支出水平与现场走访发现基本一致。

②邻里支持层面

邻里支持延续着乡村社会惯常的习俗，村民们主要出于自发和自愿，以“搭把手”“话家常”等形式为主，在必要时帮个忙，有空时大家聚在一起闲聊，无意识中提供了部分生活照护和精神慰藉服务。

③政府支持层面

目前脱贫地区农村养老服务设施的建设主要由政府出资，包括现金和实物资产，用于升级改造乡镇敬老院、建设乡镇养老服务中心、村互助养老服务点，以及社会力量开办养老机构的建设补贴。同时还出资以购买服务方式为老年人提供服务，包括按 15% 的标准给敬老院拨付运营经费，给养老机构发放运营补贴，支持社会组织开展养老服务等。

在设施建设上，2022 年末，全市建成乡镇养老服务中心 743 个、设置村级互助养老点 8000 个；建成失能特困人员集中照护机构 60 个、护理型床位 8000 余张，每个区县至少有 1 个失能集中照护机构，实现有意愿入住失能特困人员“应护尽护”；改造升级乡镇敬老院 529 家，实现农村特困人员“应养尽养”。探索推行农村“四有五助”互助养老模式，实现每个村有“一个互助养老点”、有“一个人定岗服务”、有“一支志愿队伍”、有“一套结对帮扶机制”，开展集中助餐、流动助医、定点助乐、智慧助急、上门助养等五助服务，全年累计提供服务 50 余万次，基本实现农村老年人“应助尽助”。[①] 由此推算，脱贫区县达到了 1 区（县）1 个及以上失能集中照护机构、1 乡镇 1 养老服务中心、1 村 1 互助养老点，构建起脱贫地区农村养老服务发展县、乡镇、村三级阵地。

① 摘引自：重庆市民政局养老服务处 2022 年工作总结。上游新闻以“重庆实现农村养老服务全覆盖”进行了相关报道。https://baijiahao.baidu.com/s?id=1756542325693903812&wfr=spider&for=pc.

在服务购买方面，各区县进行了大量创新，政府通过购买服务链接专业养老机构、社会组织、村社，探索共同为农村老年人提供多样化的服务。

④社会支持层面

企业、社会组织等通过受托经营、民建公助、承接服务等方式广泛提供多样化农村养老服务。

购买服务链接专业养老机构。各区县普遍引入专业养老机构运营乡镇养老服务中心，托管乡镇敬老院。万州区通过竞争性磋商引入南京银杏树养老服务有限公司等3家知名企业运营管理24家农村敬老院，支持颐康养老服务公司、万众华寓养老服务公司等养老服务企业，按照规模化、品牌化、连锁化、专业化发展思路运营乡镇养老服务中心。[①] 奉节县建立农村养老服务第三方评估机制，政府购买服务、建设运营补贴等与服务质量挂钩，实行以奖代补。根据评估结果、人员配置和覆盖范围等因素，养老服务中心按每个5—10万元/年给予奖励，服务站点按每个3—5万元/年给予奖励，保障农村养老服务全覆盖、可持续。[②] 黔江区出台《黔江区村社区养老服务场所建设与运营考核细则》，对村（社区）养老服务场所的硬件设施、组织机构、内部管理、服务成效四大类目十九个项目实施百分制量化考核，对年度考核达标的每个养老服务站点每年分类给予8000—12000元运营补助，促进建成后实现规范管理、可持续运营。[③]

购买服务链接社会组织。各区县通过购买社会服务，主要以流动服务的方式为农村老年人提供文化娱乐、心理疏导、精神慰藉等服务。奉节县以平安乡农村流动幸福院为依托，引进重庆仁怀、重庆春语两家社工机构，采取“专业社工服务+志愿者服务”模式，为当地留守老人提供生活照料、医疗健康、心理疏导和文化娱乐、学习教育、体育健身、精神慰藉等服务，探索农村老人养老服务新模式。[④] 万州支持本地社工组织到乡镇敬老院开展社工服务，组织老年人开展文化

① 重庆市万州区民政局. 万州区农村养老服务体系建设和运营相关情况的汇报. 2023年2月17日.

② 奉节县“1235”模式助推农村养老服务发展. https://mzj.cq.gov.cn/sy_218/bmdt/gzdt/201912/t20191230_3769642.html.

③ 黔江区因地制宜，精准施策，加快补齐农村养老服务短板. https://mzj.cq.gov.cn/sy_218/bmdt/gzdt/202105/t20210527_9333077.html.

④ 奉节县探索农村老人养老服务新模式. https://mzj.cq.gov.cn/sy_218/bmdt/gzdt/201912/t20191230_3772787.html.

娱乐、精神慰藉活动；[①] 支持社工组织探索农村社会工作室与互助养老点融合发展。[②] 黔江区以微项目形式，通过社会组织提供送医进村、送浴进院、送跡进坝、送爱进门、送悦进寨、送需进家“六送六进”服务，推动养老服务设施有效运营，为老年人提供优质居家养老服务。[③]

购买服务链接社区。各区县探索设置养老公益性岗位，支持基层老年组织发展等方式为老年人提供居家养老服务。奉节整合人力社保部门公益性岗位开发政策，以乡镇、村社区为单元，开发养老服务公益性岗位，每个站点开发 1—3 个公益岗位，开展日间照料等养老服务。[④] 万州支持村筹建养老服务志愿队，鼓励村干部、党员、网格员、楼栋长等参与，定期组织志愿服务活动。[⑤] 黔江支持村成立老年人协会，定期依托养老服务站点组织开展活动；配备养老服务公益性岗位，负责村养老服务场所日常事务、建立老年人基本信息台账、协助老年人协会组织开展活动、开展留守老年人关爱服务等方面工作。[⑥]

（三）健康服务需求与供给现状

1. 健康服务需求分析

老年人的健康服务需求取决于个人身体健康状况，身体状况明示了老年人健康服务客观需求。同时，区域医疗卫生服务供给以及家庭和个人支付实力，会影响老年人对个人健康状况的评价，影响老年人的就医行为，因此老年人的健康服务需求又有较大的主观成分。

如表 2-4-6 所示，纵向看，脱贫地区老年人健康得到大幅改善，乡村改善特别明显。乡村自述健康的老年人达到 55.3%，比 2010 年上升 22.6 个百分点；基

① 重庆市万州区民政局．万州区农村养老服务体系建设和运营相关情况的汇报．2023 年 2 月 17 日．

② 引自对万州区薄荷社会工作服务中心社工柴海燕的访谈。

③ 黔江区民政局．养老工作汇报提纲．2023 年 2 月 10 日．

④ 奉节县“1235”模式助推农村养老服务发展．https://mzj.cq.gov.cn/sy_218/bmdt/gzdt/201912/t20191230_3769642.html.

⑤ 重庆市万州区民政局．万州区农村养老服务体系建设和运营相关情况的汇报．2023 年 2 月 17 日．

⑥ 黔江区因地制宜，精准施策，加快补齐农村养老服务短板．https://mzj.cq.gov.cn/sy_218/bmdt/gzdt/202105/t20210527_9333077.html.

本健康的占33.2%，下降9.3个百分点；不健康，但生活能自理的占9.6%，下降10.8个百分点；生活不能自理的占1.9%，下降2.5个百分点。

横向看，脱贫地区农村老年人对自己身体状况有相对较好的评价。认为不健康、但生活能自理的老年人比全市农村平均水平低0.6个百分点，认为不健康、生活不能自理的比全市农村平均水平低0.1个百分点。

农村老年人相对城镇老年人自评健康状况要差一些。脱贫地区自认健康的农村老年人比平均水平低2.0个百分点，自认不健康、但生活能自理的农村老年人比平均水平高0.9个百分点。

综上，脱贫地区有超过10%的农村老年人有较高的健康服务需求，有近2%的农村老年人有急迫的健康服务需求。

表2-4-6　分层级分区域老年人健康情况变动[①]　　单位：%

		健康			基本健康			不健康，但生活能自理			生活不能自理		
		2010	2020	变动	2010	2020	变动	2010	2020	变动	2010	2020	变动
总计	全市	40.1	59.8	19.7	41.3	30.4	（11.0）	15.5	7.9	（7.5）	3.1	2.0	（1.2）
	脱贫地区	34.8	57.3	22.5	42.7	32.1	（10.7）	18.5	8.7	（9.9）	3.9	2.0	（2.0）
乡村	全市	35.2	53.6	18.3	42.1	34.2	（7.9）	19.0	10.2	（8.8）	3.7	2.0	（1.7）
	脱贫地区	32.7	55.3	22.6	42.5	33.2	（9.3）	20.5	9.6	（10.8）	4.4	1.9	（2.5）

理论上健康服务主要包括医疗护理、康复保健、健康教育、健康咨询、慢病防治、随访服务等六项内容，而实际需求内容受健康意识影响大。研究人员温勇等对在中西部5省12县中老年人的研究发现，重庆市接近40%的受访者“没想过或不知道”需要哪些健康知识，在健康知识有需求的人群中，39.0%最希望首先了解的健康知识是“慢性病/妇科病/男科病防治”，其次是“饮食/营养/用药”知识（31.3%），第三是健康生活方式（23.5%）；有36.2%“没想过或不知道”自己需要做哪些健康检查，有需求的人群中，44.5%的受访者最希望首先做的检查项目是慢性病筛查，其次是防癌筛查（42.4%），第三是身体健康状况评估（31.0%），妇科/男科疾病筛查也有较高需求。研究人员周容对重庆的研究有类似发现。重庆65岁及以上老年人首先需求最高的健康服务是慢性病管理，达到

① 根据《重庆市人口普查年鉴2020》相关数据整理计算。

70.0%，其次是家庭护理，达55.0%，第三是预防保健，达42.2%。有6.4%的受访者有康复护理需求，这一比例高于“普查数据”的自评身体不健康、生活不能自理老年人比例，表明至少在不健康，但生活能自理老人中有部分人有康复护理需求。

调研中，基层普遍反映老年人对公共卫生服务不理解，多是被动接受服务。由此可推断脱贫地区老年人健康意识不强，健康服务需求多数处于潜藏状态，即使在患病后的诊疗上也受到压抑。在疾病诊疗的需求上，研究人员胡静等发现贫困老年人患病后是否就医取决于老年人的年龄和健康状况，受收入水平影响小，而就医后的医疗支出则显著受到收入的影响，首先被压抑的是门诊需求，收入较高的贫困老人住院需求也会被压抑，50—59岁的贫困群体面临着最为严重的医疗需求压抑。

2. 健康服务供给分析

（1）健康服务的政策供给分析

国家历来重视人民的健康问题，把保障人民健康放在优先发展的战略位置，不断完善人民健康促进政策，并针对老年人健康服务作出系列专项部署。

国家卫健委主任马晓伟介绍，就老年健康服务体系建设，国家印发了《关于建立完善老年健康服务体系的指导意见》《“十四五”健康老龄化规划》《关于全面加强老年健康服务工作的通知》等文件，对促进健康老龄化、加强老年健康服务体系建设作出部署；印发《关于加强老年护理服务工作的通知》《关于加快推进康复医疗工作发展的意见》，推进老年照护服务发展；国务院办公厅转发《关于推进医疗卫生与养老服务相结合的指导意见》，多部门联合印发《关于深入推进医养结合发展的若干意见》《关于进一步推进医养结合发展的指导意见》，深入推进医养结合；印发《关于开展建设老年友善医疗机构工作的通知》《关于实施进一步便利老年人就医举措的通知》《关于加强老年人居家医疗服务工作的通知》，便利老年人看病就医。《“十四五”国家老龄事业发展和养老服务体系规划》从“加强老年健康教育和预防保健”“发展老年医疗、康复护理和安宁疗护服务”“深入推进医养结合”三个方面部署完善老年健康支撑体系。2023年2月，中共中央办公厅、国务院办公厅印发《关于进一步深化改革促进乡村医疗卫生体系健康发展的意见》，专门部署提升乡村基层医疗体系服务能力。

重庆持续大力贯彻落实上述国家部署。《重庆市基本公共服务标准（2021版）》明确了政府提供城乡居民基本医疗保险服务，提供建立居民健康档案、健康教育与健康素养促进、原发性慢性病患者健康管理（高血压和2型糖尿病患者）、地方病患者健康管理、严重精神障碍患者健康管理、结核病患者健康管理等卫生公共服务。印发《关于进一步完善医疗救助制度意见的通知》《关于进一步做好医疗救助工作的通知》等文件，对最低生活保障家庭成员、特困供养人员、城乡重度残疾人员、民政部门建档特殊困难人员、因病致贫家庭重病患者等对象，实施参保资助、普通疾病门诊医疗救助、普通疾病住院医疗救助、重特大疾病救助等。脱贫地区老年人广泛受益。[①]

（2）健康服务的现实供给分析

健康服务的供给专业化要求高，健康教育、健康管理、慢性病筛查与防治、疾病诊疗、康复护理等都主要是政府通过其管理的医疗机构和公共卫生机构供给，民营医疗机构（民营医院和诊所）在政府严格监管下提供了部分疾病诊疗服务。家庭、社会组织、教育机构、社区等在健康教育、康复护理等服务上发挥了补充作用。在此主要分析家庭和个人、政府两个层面的供给。

①家庭和个人支持层面

脱贫地区农村老年人通过电视上的健康教育节目等渠道了解健康知识，自我健康意识有所增强，在改变不良饮食习惯、有病及时就医、及时参加健康检查等方面进步明显，逐渐开始发挥出个人是健康第一责任人的作用。家庭其他成员在健康服务供给上相对来说作用发挥有限，主要在跟踪老年人健康状态变化、提醒及帮助老年人及时就医、简单的康复护理等方面为老年人提供健康服务。

②政府支持层面

各区县深入推进全民参保，农村群众城乡居民基本医疗保险参保率稳定在95%以上，实现困难群体100%参保。万州区鼓励全区所有脱贫人口和监测对象自愿购买“渝快保”，提高群众医疗保障水平。近两年公立二三级医疗机构报销比例调升了两次，2022年比2020年报销比例提高了10%，一二三级医疗机构一档医保缴费的政策内报销比例分别达到80%、70%、50%，从整体上降低了老年人的医疗负担。各区县积极落实医疗救助政策，黔江区“十四五”以来就减免了特殊老年人住院就诊费用3035人次共1400万元。[②]

① 《重庆市基本公共服务标准（2021年版）》. http://fzggw.cq.gov.cn/zwgk/zfxxgkml/zcwj/qtwj/202112/t20211228_10244059.html.

② 黔江区民政局. 养老工作汇报提纲. 2023年2月10日.

各区县乡村医疗机构标准化实现全覆盖，按一镇（乡）一卫生院、一村一卫生室建设服务网络，老年人能够就近获得医疗服务。2018 年以来，各区县相继开展了县域“医共体”建设，乡村医疗服务能力有了明显提升，老年人能就近获得更优质的医疗服务。各区县均积极推进“医养结合”发展，建设老年医学门诊，创建老年友好型医疗机构，推进分级诊疗，老年人就医更加方便、快捷，危重病能够得到更加及时的救治。如黔江 2022 年投入 80 万元，支持中心医院、中医院建设老年医学门诊，培训了 24 名老年医学人才。

全市公共卫生服务经费提高到每人每年 84 元。各区县均组建起规模庞大的家庭医生服务团队，广泛开展家医签约服务，到老年人身边提供公共卫生服务和诊疗服务。奉节组建 399 支家庭医生服务团队，家庭医生巡访 57 万余人次。万州组建 530 个家庭医生团队，实现全区在家且有签约意愿的重点人群应签尽签，为辖区内符合条件的老年人提供慢性病长期处方服务和居家医疗服务。

二、脱贫地区农村养老困境分析

（一）经济支持巩固提升难

1. 脱贫地区农村居民收入增长滞后

如表 2-4-7 所示，2021 年，重庆市农村常住居民人均可支配收入为 18100 元，城乡居民收入比缩小到 2.4:1，脱贫地区农村常住居民人均可支配收入为 15888 元，城乡居民收入比为 2.5:1，脱贫地区农村居民收入比全市平均低 2212 元，城乡收入金额差距更大。2021 年与 2015 年相比，除人均生活消费支出增速外，脱贫地区农村居民的其他收支比全市平均增长要略快，但各类收支的绝对差距都拉大了。脱贫地区老年人及其家庭市场化养老服务支付能力相对更弱。

表 2-4-7　重庆全市与脱贫地区 2015 年、2021 年居民收支比较[①]　单位：元、%

		居民人均可支配收入（元）			居民人均生活消费支出（元）		
		全体	城镇	农村	全体	城镇	农村
2021	全 市	33803	43502	18100	24598	29850	16096
	脱贫地区	27532	39660	15888	19255	25528	13144

① 根据相关年份《重庆统计年鉴》资料整理计算。

续表

		居民人均可支配收入（元）			居民人均生活消费支出（元）		
		全体	城镇	农村	全体	城镇	农村
2015	全 市	20110	27239	10505	15140	19742	8938
	脱贫地区	15500	24553	8978	11536	16866	7605
差额	全 市	13693	16263	7595	9458	10108	7158
	脱贫地区	12033	15107	6910	7719	8662	5539
	差异	1660	1156	685	1739	1446	1618
比值	全 市	1.68	1.60	1.72	1.62	1.51	1.80
	脱贫地区	1.78	1.62	1.77	1.67	1.51	1.73
	差异	-0.095	-0.018	-0.047	-0.044	-0.002	0.072

2. 子女实际支持有限

家庭其他成员供养是脱贫地区老年人首要的生活来源，但实际支持有限。相关政策对子女提供经济支持的标准无明确规定，在实践中难以界定子女是否给父母提供了足够的经济支持。“抽样调查数据”显示，脱贫地区农村子女超过六成日常没有资助父母钱物，除看病支出外，整体上对父母的生活资助是比较低的，平均只有 1084 元，约能覆盖脱贫地区农村老年人支出的 8%—9%。这里没有考虑子女在老人看病方面的支持，实际支持应高于这个水平。如果不算六成没有资助的，有资助的平均资助 2710 元，约能覆盖老年人支出的 2 成以上。子女对老年人的经济支持持续性和稳定性较低，子女收入主要来源于外出务工，务工收入具有波动大、不稳定的特征，老年人获得的子女支持通常是不定期、不定额的。

3. 老年人劳动收入低

劳动收入仍是大量脱贫地区农村老年人首要的生活来源。但对脱贫地区农村老年人来说，多数家庭子女长期外出，无法给老年人提供劳动支持，老年人的务农务工收入普遍较低，部分老年人出于身体原因无法获得劳动收入。

4. 养老保险保障水平低，吸引力弱

养老金是脱贫地区老年人重要的生活来源之一。有两种情况，一是部分老年人因外出务工参加了城镇企业职工养老保险，或受益于扶贫开发建设占地、户籍制度改革等，通过农转非享受了城镇企业职工养老保险保障，养老金能够保障基本生活。另一种情形是部分老年人理解生活来源时只计算现金收入，其获取的外部支持主要就是每个月的城乡居民养老保险养老金，这个金额是比较低的，2022年万州区月人均153.2元，只能覆盖老年人消费支出的14.0%。

居民养老保险保障水平低，主要是政策吸引力较弱。城乡居民基本养老保障待遇由基础养老金和个人账户累积两部分构成。重庆市现行基础养老金135元/月，上海、北京、天津的居民养老保险基础养老金分别为1300元/月、887元/月、307元/月，重庆与其差值较大。重庆个人缴费分设每年200元至4000元十三个档次，财政按档次给予40—175元不等的补贴。参保人选择最低档缴费补贴比例是50%，选择最高档缴费补贴比例为4.4%，较高档次补贴比例偏低，缺少激励，参保人普遍选择最低档次参保，重庆居民养老保险人均年缴费只有797.6元。[①]现行个人缴费允许居民先参保后缴费，并且在退休时可自由选择档次泵缴，形成居民参保负向激励，降低居民当期参保积极性。

重庆从2014年起已不再限制农村居民以个人身份参加城镇企业职工养老保险，但城乡二元的参保观念根深蒂固，农村居民仍普遍认为自己不符合“城镇企业职工”养老保险参保条件，只能参加居民养老保险，不少农村的灵活就业人员因此未能参加平均养老金更高的职工养老保险。

5. 贫困边缘老年人缺乏社会救助

社会救助的对象有严格的界定条件，符合条件的老年人，可以获得一系列福利，生活有基本保障，就医报销比例高、自付少，还有各项政府购买养老服务的重点服务对象。调研中基层反映，事实上农村还有相当数量的老年人自身劳动能力弱，其他家庭成员又无力赡养，成为“事实无人赡养老人”，这部分老人生存状况事实上比社会救助对象更差。

（二）养老服务供需结构性矛盾突出

1. 人口结构变动快，养老资源布局决策难

脱贫区域农村人口总量因人口外流而减少，外流以年轻人为主，但农村老年人口规模在增大。近年来出现农村老年人口向城镇转移趋势，表现为城镇的老年人口总量比农村增加更多。重庆脱贫地区乡村老年人口占比2020年比2010

① 万州区人力社保局：《万州区农村居民养老保险工作推进情况》，2023年2月17日。

年提高了8.89个百分点，数量增加了5.28万人；城镇提高了4.11个百分点，数量增加了约20万人。城区集中的人口更多，但多以年轻人为主，呈现出更低的人口老龄化水平。如黔江区，城区街道聚集的人口占全区人口比重由2010年的45.77%上升到2020年的63.13%，辖区24个乡镇，19个乡镇的农村净流出人口占农村户籍人口的比重在50%以上。外流人口当前市民化程度低，年老后落地何处尚无法确定。人口变动一方面导致家庭养老服务供给逐渐萎缩，需要社会化服务填补空缺；另一方面，政策制订中在时间和空间上如何布局养老服务资源也面临巨大挑战，管理者普遍担心出现类似乡村初级教育资源需求急速萎缩情形。

2. 投入不足，养老服务阵地建设难

脱贫地区区县本级财政无专项养老服务设施建设投入，普遍依靠市级资金，推进全覆盖设施建设中资金紧缺。市级预算的各乡镇100万经费，包括养老服务中心和农村养老互助点建设，在实施中各区县基本都用于了乡镇养老服务中心建设。各村建设互助养老服务点，多是依托已建成的便民服务中心设施，加挂互助养老服务点的牌子，少数村获得了少量建设经费，新增了桌椅、空调等设备，远不能承载政策设计的“兼具日间照料、康复理疗、休闲娱乐、紧急救援等功能”。

3. 资源闲置与短缺并存，社会老人机构养老难

脱贫地区现有三类农村养老机构，失能人员集中供养中心、乡镇敬老院、乡镇养老服务中心和社会机构，乡镇敬老院和乡镇养老服务中心通常是一个机构两块牌子。乡镇敬老院（养老服务中心）各乡镇全覆盖，与供养中心一起，主要以自愿为原则，对特困老年人等社会救助对象全覆盖分类供养，政策鼓励对社会老人开放。社会机构主要布局在县城，以服务城市居民为主。

“普查数据”显示，全市平均有0.98%的60岁及以上老年人入住养老机构，脱贫地区为0.83%，全市乡村有0.75%的老年人入住养老机构，脱贫地区只有0.52%。生活不能自理老年人入住养老机构比例更低，全市乡村只有0.32%生活不能自理老年人入住养老机构。全市乡村80岁及以上的老年人也只有1.77%入住养老机构。这在区县养老机构入住率上有直接体现，调研发现各区县机构整体入住率不高。2022年底，黔江区运营的12家养老机构有床位1949张，入住率29.8%，奉节县有养老服务床位5000张，入住率24%，各机构入住的基本是自理老人，其中很大一部分是兜底保障对象。

众多研究表明，老年人愿意选择养老机构养老的大致在5%—10%之间，而脱贫地区老年人入住养老机构养老的比例远低于这一数值。从老年人身体状况客观评价，脱贫地区社会老人也有较高的机构养老需求。脱贫地区乡村有122余万老年人，1.89%自述身体不健康、生活不能自理，也就是有约2.3万人理论上更适合到机构养老，这部分人目前只有17%左右入住了养老机构。

综上看，社会老人不是无机构可养老，一方面部分老人受观念影响不愿进机构养老，对不能自理老人，更主要的是受入住费用影响。本次调查的养老机构，自理社会老人最低收费1500元/月起，不能自理老人收费多在4000元/月以上，年费用远超老年人全年平均生活消费支出。研究人员廖思语、罗艳对万州区一中低档老年公寓入住老人的调查，充分展现了老年人的入住费用和固定收入间的张力。该公寓入住人员最低每个月支付1200元，根据护理服务情况，以100元递增，最高支付3000元，超过一半的人员每个月支付不到1500元。而入住人员近5成无固定收入，只有35.03%固定收入超过1000元。

4.社会养老服务倾向集中供给，老年人“三边”服务发展难

近90%的老年人希望居家养老，因此从中央到地方都在大力推进居家社区养老服务发展，以此服务好老年人“周边、身边、床边”需求。国家层面连续实施了“居家和社区养老服务改革试点”“居家和社区基本养老服务提升行动项目”，这些行动极大丰富了城市社区老年人“三边”服务。调研发现，市级层面对农村养老服务无运行经费支持，区县级有少量投入，目前主要发展起了两种形式的服务供给。第一种，乡镇敬老院（养老服务中心）主要面向特殊老年人的集中供给，包括物质支持、照料服务、文化娱乐、心理慰藉等服务。第二种，以购买服务形式，由社工组织、志愿者组织等递送养老服务进村入户。这些服务多围绕对农村老年人进行关爱，定点、定时开展。定点，就是项目选择一二个村开展，定时就是项目有服务期，一般1—2年。两类形式都具有场所集中、对象集中特征，受益对象少。全市提出了建设村互助养老点，发展农村互助养老的发展模式，以丰富农村老年人“三边”服务供给。脱贫地区广大农村区域大多山高坡陡，老年人居住分散，服务递送成本高。目前还处于完善设施，政府联合机构、社会组织、村社所在地力量、家庭等主体共同探索运行模式阶段，调研的区县都只在少数村试点，试点发现互助养老模式中不确定性因素多，各方主体积极性不高。

5. 养老人才队伍发展缓慢，服务专业化提升难

人才数量不足，队伍年龄老化、专业水平不高、稳定性差等是全市养老人才队伍的普遍问题，脱贫地区农村境况更差一些。黔江区30个镇街的养老服务中心（站）由18家运营“五合一”社工服务站的社工组织的社工带领志愿者运营，基本无专业人员；乡镇敬老院从业人员由于工资低，兼业现象突出，缺乏系统培训。万州反映当前养老机构的中、高级护理员，多从事管理工作，从事一线护理工作的多为年龄大、学历低的50岁以上的养老护理员，养老护理知识有限、护理技能的专业性不高。村互助养老服务刚起步，只有少量养老服务志愿者，还顾不上人员是否有专业性。

（三）健康服务支撑有待增强

1. 居民医保参保意愿下降，老年人保障水平存在下降风险

近年来，城乡居民医疗保险的保障水平在稳步提升，但居民医保个人缴费也在年年上涨，加上实施门诊统筹后个人缴费不进入个人账户，未发生医疗费用群体认为“亏大了”，基层在组织参保时发现居民抵触情绪在蔓延。城乡居民在医保实施参保制度改革后，参保从以家庭为单位转为以个人为单位，部分风险意识不强的家庭，家庭成员开始选择性参保。这会影响医保基金征收规模，进而影响保障水平。老年人是医疗保险的主要受益群体，受到的影响也最大。各区县纷纷建议出台新的激励举措，以抵消上述政策的负向效应。

2. 农村医疗机构服务水平低，健康服务可及性较差

脱贫地区近年来县级医疗服务水平大幅提升，乡镇和村级医疗服务水平提升相对较慢，不能满足农村居民对优质医疗服务的新要求。村卫生室、乡村医生普遍收入低，优秀村医少，大部分村医就治点感冒发烧类的小病，有的基本不治病，就是配合镇卫生院做点基础的公卫服务。乡镇卫生院，基础设施建设严重不足，如奉节县拟建的6个农村区域医疗卫生中心，业务用房均达不到甲级乡镇卫生院标准。设备缺乏和落后，新设备少，如武隆CT配备率仅4.6%；基础设备超期使用，设备维护费用超过使用收入，弃用现象突出。人才短缺，高层次人才少，人才流失大，基层基本无老年医学人才。如奉节镇乡卫生院高级职称医技人员仅占全县的7.60%，招录的本科医学生2015年以来流失比例超过20%。由于

缺乏基础设施设备和人才支撑，本次所调研区县的镇乡卫生院基本不能按国家行业规范要求开展66个基本病种的诊疗服务，原有的眼科、耳鼻喉科、口腔科等专科门诊大多逐渐关停，妇产科缩减成单纯的妇科，尚无老年科。镇乡卫生院传统手术领域现都升级为微创手术，由于设备贵、病员少、手术要求高，各机构现仅开展少量一级低风险手术。如万州2022年基层医疗机构住院病人手术仅占全区的4.88%，52个镇街卫生院23家未开展手术，全年手术量不足100例的有18家。

3. 公共卫生项目落实不到位，健康服务系统性较差

预防是最重要的健康保障，为让预防在保障居民健康中发挥更重要的作用，国家不断拓展公共卫生服务项目、提高公共卫生服务标准。公卫项目落实得好，可以提升居民健康素养，形成居民完整的健康档案，疾病筛查早发现早治疗，居民从而获得系统性健康服务。脱贫地区农村老年人居住分散，开展公共卫生服务成本极高。武隆区石桥乡卫生院反映，由于石桥乡面积大，要拿车接老年人体检。调查发现，公卫经费标准全市统一，乡镇卫生院和乡村医生出于性价比考虑，工作中重医疗轻公卫现象突出，部分公卫项目落实质量不佳。公卫任务逐年加量，但补助增加不同步，医务人员积极性不高，尤其是高年资和业务好的医师不愿参与公共卫生服务。农村居民健康意识不佳，对公共卫生服务缺乏认识，基层反映，在开展公卫服务时，居民组织动员难度大，有的居民觉得对自己的身体状况很了解，认为“反正都是这些病，没必要检查，反正都治不好”，形成“在农村，免费的服务，服务人员都是受气的”怪现象。

4. 三级医疗机构联动不足，健康服务连续性较差

县乡村三级医疗机构联动，老年人小病在基层、大病到医院、康复回乡镇卫生院，通过基层首诊、双向转诊等措施，可保障老年人获得连续的健康服务，同时也能有效降低老年人医疗负担。调研发现，各区县医疗机构间协同不足，老年人的健康服务连续性较差。基层首诊待提升，在农村开展家庭医生签约服务费用高，家医团队与广大农村老年人的黏性不足，常有老年人直接到县级医院就医。双向转诊梗阻多，居民健康信息、诊疗信息等在各机构间流转共享不畅，导致医疗服务不连续；检查检验结果互信互认范围窄，主要在医共同体内同级别医院、下级对上级医院实现互认；双向转诊上转易下转难，“病人下转”工作仍存在“总

院不愿放、患者不愿走、分院不愿接”的现象。如酉阳县医改以来双向转诊增长超过 18.56%，下转仅占 6.57%；万州区双向转诊基本没增长，下转占 14.2%。各区县分级诊疗和家庭医生签约服务还有待进一步做实，保障老年人获得连续的医疗服务。

三、脱贫地区独特区域特征对农村养老保障建设的影响分析

脱贫地区在人口结构、经济发展、社会结构、自然环境等方面都有其显著特征，这些宏观要素是脱贫地区农村养老发展的基础条件，对区域养老发展有持续而深远的影响。

（一）人口老龄化叠加家庭结构变动，养老保障建设需求大

人口老龄化程度更高。“普查数据”显示，2020 年，全市脱贫地区 60 岁及以上人口占比 22.41%，比全市平均水平高 0.54 个百分点。乡村人口老龄化程度远远高于城镇。2020 年，脱贫地区乡村 60 岁及以上人口占比为 28.91%，比脱贫地区城镇高 12.36 个百分点。脱贫区县有众多乡镇 60 岁及以上人口占比在 30% 以上，如黔江区，全区常住人口中 60 岁及以上人口占比为 18.47%，在全市列第 35 位，老龄化程度低于全市 3.4 个百分点，但辖区 24 个乡镇，有 11 个乡镇 60 岁及以上老年人占比在 30% 以上，最高的水市乡达到 35.96%。[①] 万州区甘宁镇楠桥村产业发达，但也有近 5 成户籍人口流出，60 岁及以上人口占比高达 38.7%。

老龄化发展速度更快。如图 2-4-2 所示，2020 年脱贫地区 60 岁及以上人口占比比 2010 年上升 4.99 个百分点，同期全市上升了 4.45 个百分点。其中乡村提高了 8.89 个百分点，增加了 5.28 万老年人。

高龄老人多，生活在乡村比例高。2020 年脱贫地区乡村有 80 岁及以上老年人 17.61 万人，占脱贫地区乡村人口的 4.16%；占脱贫地区 80 岁及以上老年人口的 60.65%，比同期乡村人口占区域总人口比例高 13.2 个百分点。在乡村人口中有更高比例的高龄老年人，主要是在城镇化进行中高龄人口少于向城镇转移。

---

① 黔江区统计局：《黔江区人口基本情况简述》，2023 年 2 月 9 日。

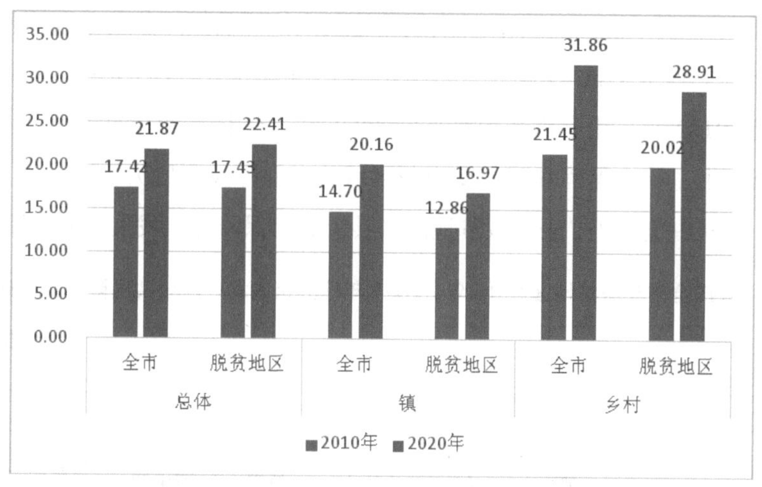

图 2-4-2　重庆分层级、分区域 60 岁及以上人口占比变化（%）

独居、空巢老年人规模大，增长快，高比例独居老年人生活在乡村。“普查数据”显示，2020 年，脱贫地区有 35.10 万 60 岁及以上的 1 人户，比 2010 年增加 11.9 万户，其中 24.51 万户在乡村，乡村占了 69.82%，比全市平均水平高 13.4 个百分点，比 2010 年增加 6.5 万户；7.66 万户在镇，占 21.82%，比全市平均水平高 4.6 个百分点，比 2010 年增加 3.5 万户。有 3.42 万户是 60 岁以上的老年人与未成年人共同居住，其中 1.89 万户在农村、1.24 万户在镇。有 31.60 万户只有一对 60 岁及以上夫妇居住或与未成年人共同居住，其中 20.95 万在农村、7.05 万在镇。80 岁及以上的 1 人户 7.60 万户，其中 5.20 万户在乡村，镇有 1.73 万户；有 2486 户 80 岁及以上老年人与未成年人共同居住，1847 户在乡村，544 户在镇；有 1.53 万户是两个 80 岁及以上夫妇居住或与未成年人共同居住，9541 户在乡村，3825 户在镇。[①]

（二）区域经济发展欠佳，养老保障建设财政支持力弱

随着全国整体经济水平逐年提高，脱贫攻坚大量资源注入，脱贫地区的经济大幅提升。但经济区域之间发展不平衡问题依然存在，脱贫地区与其他区域经济发展差距大。脱贫地区相当长时间内仍将致力于巩固脱贫攻坚成果，在成果巩固与乡村振兴平稳衔接过渡中谋求县域经济发展，与其他区域的差距很可能继续拉

① 根据《重庆市人口普查年鉴 2020》相关数据整理计算。

大。如表 2-4-8 所示，2021 年，重庆脱贫地区人均区县级一般公共预算收入 3131 元，比全市平均水平低 3984 元，差距比 2015 年拉大了 2123 元；人均一般公共预算支出 10182 元，比全市平均水平低 4869 元，差距比 2015 年拉大了 4572 元。卫生健康支出、社会保障和就业支出与区域养老保障关联度大，脱贫区县与全市平均水平差异由负转正，表明脱贫地区区县级财力保障养老发展相对力度在减弱。

表 2-4-8 重庆全市与脱贫地区 2015 年、2021 年区县级人均一般公共预算收入与支出比较[①]

单位：元 / 人

		区县级一般公共预算收入	区县级一般公共预算支出	农林水支出	教育支出	卫生健康支出	社会保障和就业支出	文化旅游体育与传媒支出
2021	全市	7114	15051	1265	2475	1331	3174	200
	脱贫地区	3131	10182	1960	2316	787	1504	128
	差额	3984	4869	-695	159	544	1670	72
2015	全市	4437	8973	957	1451	921	966	103
	脱贫地区	2576	8676	1540	1665	1031	1039	96
	差额	1861	297	-583	-214	-110	-73	8

（三）区域地形地貌复杂，养老保障建设成本高

重庆 14 个脱贫区县，主要地处大巴山、巫山、武陵山、大娄山上。地貌复杂，境内地貌以山地为主，山高谷深、沟壑纵横，山地面积多，河谷平坝稀少，喀斯特地貌广泛分布，水土流失严重，工农业生产条件差，旅游业开发难度大、成本高。气象灾害种类多、频率高，长江、乌江贯穿全境，三峡库区横贯东西，形成独特的三峡气候、山区气候、丘陵气候，高温伏旱、雷暴、连阴雨、强降雨、冰雹、雾等最为常见，易给工农业生产造成损害。[②]除了对经济产生影响外，复杂的地形地貌还意味着在脱贫地区建设养老保障设施成本更高，养老保障相关服务递送成本更高。

① 根据相关年份《重庆统计年鉴》资料整理计算。

② 根据《重庆年鉴（2021 年）》资料整理。

（四）区域民族数量多，养老保障建设差异化需求高

社会文化基础对养老保障建设有深层次影响，多民族地区需要发展差异化养老，兼顾各民族传统习俗。“普查资料”显示，2020 年重庆常住人口中少数民族占 6.77%，而脱贫地区集中了全市 85.43% 的少数民族，在分布上呈现“大杂居、小聚居”的交错格局。少数民族占地区人口比例高的黔江区（70.73%）和石柱土家族自治县（71.07%）、彭水苗族土家族自治县（54.79%）、酉阳土家族苗族自治县（92.70%）、秀山土家族苗族自治县（55.24%）4 个少数民族自治县全是脱贫区县，并且都集中在渝东南。4 个少数民族自治县经济发展在脱贫地区中也靠后，在收入上，2 个县的城镇居民人均可支配收入远低于脱贫地区平均水平，另 2 个县也只是略高；3 个县的农村居民人均可支配收入远低于脱贫地区平均水平；在支出上，4 个县的城镇和农村居民人均生活消费支出都远低于脱贫地区平均水平。

四、推进脱贫地区农村养老保障建设的策略分析

（一）建设理念

脱贫地区农村养老需求大，养老基础弱，家庭和政府、社会资源均有限，社会结构变动快，社会观念变化慢，推进养老保障建设必须考虑和结合这些基本条件和状况，从各方面把握好建设的尺度。

政府在初期应承担起更重要的责任。当前养老需求大的老年人为中华人民共和国建立初期的工业化贡献巨大，即将养老需求大的老年人为计划生育承担责任、对近几十年来的经济高速发展贡献巨大，在脱贫地区家庭很难独立承担养老义务的前提下，政府应该承担起更重要的责任，甚至应该成为养老的第一责任人。

保障老年人有公平的机会。养老保障具有很强的公益属性，基本养老保障是基本公共服务。脱贫地区养老保障建设需要维护每位老年人享有养老保障的权利，为每位老年人提供基本相同的养老保障，使每位老年人能够获得合理的养老保障。

资源投入组织运行需有效率。当前脱贫地区养老保障领域人力、物力、财力等资源稀缺。需要用有限的投入最大程度满足农村老年人的养老需求，将有限的人力资源发挥出最大的效用，以高效的组织运行为农村老年人提供优质的服务。

构建的体系和制度要有可持续性。脱贫地区当前老年人口规模大，外出务工

人员年老后持续回流，农村养老保障长期有需求。脱贫地区农村养老保障建设需要与经济发展水平相适应，不超过政府财政承受能力，兼顾农村老年人的经济承受能力，平衡好当代和后代老年人的保障水平。

制订的制度和政策要有可操作性。脱贫地区具有地域广、交通不便、老人居住分散、重新安迁等特征。脱贫地区农村养老保障建设需要有与地区特征相适应的政策设计，要求目标合理，措施灵活，符合当前养老保障发展趋势。

（二）发展建议

1. 全面增强老年人经济支撑

（1）推动就业优先的县域经济发展

一方面提升脱贫地区整体的经济发展水平，增加地方财政收入，为地方财政增加养老保障建设投入奠定基础。另一方面，吸引外出务工居民回乡，在家门口就业，为农村家庭子女承担起老年人物质供给、生活照料、精神慰藉等责任创造条件。

（2）推动农村产业融合发展

积极争取土地资源开发利用指标向脱贫地区倾斜，吸引外出务工居民回乡创业，鼓励市民到脱贫地区创业，带动当地老年人增收。

（3）推动农村资源资产化创新发展

把脱贫地区丰富的生态资源转化为资产，允许村集体以生态资源作价入股开展对外合作，引导老年人以自有住房、宅基地等入股合作，直接或间接增加农村老年人财产收入。

（4）提升养老保险保障水平

大力宣传，积极引导农村居民参加城镇企业职工养老保险；建议适当降低城职保缴费率和缴费基数，退休时，将“双低政策”的缴费年限，按照一定比例折算为城职保的统一缴费年限，减轻参保人的当期负担。提高居民养老保险个人缴费标准上限，尽量缩小与以个人身份参加城镇职工养老保险最低缴费标准差距；允许以个人缴费居民退休时选择更高档次缴费水平一次性泵缴；逐步提高选择较高档次缴费人员的财政补贴，激励参保人选择更高档次缴费。

（5）实施社会救助改革

在脱贫地区试点，探索以老年人身体状况而不是老年人“身份”给予社会救助；拓展社会救助覆盖范围，探索把农村“事实无人赡养老人”列为特困救助对象。加大司法救助，督促贫困老年人家庭成员履行扶养、赡养义务。

2. 稳步推进养老服务体系建设

（1）加强服务发展制度供给

基本公共养老服务清单。制订全市基本公共养老服务清单，以清单指导脱贫地区确立农村养老服务发展重点，明确各区县政府投入责任和政府职责边界。

老年人需求调查制度。可借助“全国城乡老年人生活状况调查”等大型调查，适当增加脱贫区县农村样本，全面掌握老年人生存状况和养老需求，主客观结合，研判一段时期内最亟需的养老服务，明确各类服务的支持框架、服务供给对象、服务供给方式和服务供给水平。

特困老年人差异化供养制度。借鉴事实无人抚养儿童补助标准，对集中供养和分散供养特困老人实行差异化基本生活补助，补助标准以全市最低生活保障标准的一定比例确定，差异不宜过大。调整不同身体状况老年人护理补贴，提高需介护和照护特困老人护理补贴，与残疾老年人相关补贴合并测算。以增加的人工成本核算，不能自理需要照护老人护理补贴应达到 700 元。

时间银行制度。市级部门牵头，探索在脱贫地区农村建立统一的养老服务“时间银行”体系，实现通存通兑养老服务，激励更多主体参与农村养老服务，支持农村互助养老服务发展。

养老服务建设与运营补贴制度。建立适合脱贫地区农村的补贴制度，提出包括资金来源、补贴对象、补贴标准、服务要求等方面的指导建议，引导各区县财政支持养老服务机构和设施建设、养老服务开展，市级财政提高对脱贫地区的补贴标准，中央专项建设和发展资金适当向脱贫地区倾斜。

（2）多模式推进农村互助养老发展

农村年轻人口大量外流，而老年人居家养老意愿高，支付能力低，因此互助养老是农村养老的出路所在，需要根据村情、社情，多模式推进农村互助养老发展。

探索适宜的互助养老模式。主要有三种模式。第一种，自愿服务模式。有两种情形，一种情形是由养老自愿服务队伍（个人），为独居、空巢老年人提供生活照料、精神慰藉等上门服务；另一种是集中居住在村养老服务站、幸福院等设施的老年人相互提供服务。脱贫地区建立了较多的“积分超市”，就是该模式的配套激励机制。第二种，低偿服务模式。由身体健康的低龄老年人为需要照料的老年人提供服务，服务中获取远低于市场价的经济补偿。已有脱贫区县在农村设置养老公益性岗位就属于这种模式。第三种，时间银行模式。由身体健康的低龄老年人为需要照顾的老年人提供服务，将服务时间视为未来自己享受服务的凭据。各村可根据自身设施条件、集体经济实力、村民的社会信任、道德水平等基础，初期选择一种模式推进，逐渐拓展到其他模式。

推动多模式有机结合。综合运用各类互助养老模式，最大程度满足农村老年人的养老需求。建设村养老互助服务站、幸福院，为互助养老服务供给提供场地，引导入住的老年人相互服务。在服务站设置养老公益性岗位，通过低偿服务激励老年人参与，维持服务站的日常运转。以党建引领，组建功能各异的农村养老志愿服务队伍，以服务站为场所，为居家老年人提供上门服务。基层自治组织运行本社区“时间银行”事务，提高自愿服务积极性和可持续性。最终构建起志愿服务满足老年人需求、低偿服务增强激励、“时间银行”稳定发展的农村互助养老格局。

（3）充分利用敬老院资源增加普惠性机构养老服务供给

以敬老院为依托，发展农村养老市场。乡镇敬老院资源富余较多，以现有乡镇敬老院为依托，采取优惠、激励措施，引进市场主体参与投资改造，可以实现以较低的资源注入启动农村养老市场。

去“敬老院”概念，打造养老服务中心。“敬老院是‘五保户’住的地方”“脏、乱、差”等刻板印象突出，需要有计划地淡化“敬老院”概念。以敬老院的场地为基础打造养老服务中心，提高硬件和软件水平，建设普惠性养老院，低收费收养社会老人，低收入、经济困难家庭老年人优先。

活用敬老院资源，推动特困老人片区供养。社会老人入住养老院不选择性价比高的敬老院而多选择社会养老院，不愿与特困老人同院养老是主要原因之一，最理想的方式是社会老人与特困老人分院养老，但特困老人“在乡养老”观念根深蒂固，大多不愿离开现居敬老院，若强制执行政策易引发社会矛盾。首先，需要修订政策，明确特困老人可以片区集中供养。其次，高标准建设片区供养中心，改善环境条件，提高服务水平，吸引特困老人入住。第三，新收养特困老人统一入住集中收养中心，原入住老人动员其转入集中收养中心，可考虑以生活费节余发放零用钱等方式增强吸引力，尽量减少一般院特困老人，不愿转院者待其自然消纳。

（4）灵活培育和使用人才队伍

农村养老机构人才队伍可以借鉴城市养老机构人才培育和使用方式，要求按规定数量配备人才，加强岗前培训和在岗轮训，鼓励持证上岗。

村互助养老服务人才队伍，以政府购买服务方式，建立养老服务技术支持队伍，流动为各村培养本土养老服务人才，从普及常识、消除误区的角度入手，逐步提升素养和技能，把普通村民、志愿者转化为专业人才。

（5）积极营造良好社会氛围

在脱贫地区除了广泛营造敬老、爱老、孝老的社会氛围外，还要重点关注以下两个方面。

重塑家庭养老生态。把《老年人权益保护法》列为普法进家庭的内容，提升子女赡养老人的责任认知。鼓励在家子女与老年人共同居住，引导外出子女与老年人多联系多交流，常回家看看，多接老人外出看看。

加大社会化养老方式宣传力度。重点宣传当前社会化养老方式的变化与优势，通过电视展播、社区巡展等方式，展示优秀的社会化养老案例，提升农村老年人对社会化养老方式的了解和认同。

3. 加快健全完善老年健康服务体系

（1）增强医保促进基层医疗卫生发展功能

医保基金向基层医疗机构倾斜，激发乡镇卫生院开展业务积极性。增大脱贫地区基层医疗机构年度定额，完善结余留用使用细则；提高家庭医生签约患者基层医疗机构就医报销比例，加强一二级机构用药衔接，助力分级诊疗建设；动态调整基层医疗机构一般诊疗费，提高基层医疗机构服务收入。

巩固居民医保基金征收。激励居民参保，按居民门诊医保报销金额与门诊统筹定额差额的50%，减免下一年度居民医保个人缴费。这一措施在激励居民参保的同时，还可以减少居民为了不吃亏，无病看门诊的做法，二者叠加，反而会增加医保基金积累。

（2）强化乡村医疗卫生资源配置

增加乡村医疗卫生资源投入。强化政府投入责任，财政足额保障建设经费，提高运行费用的保障范围和保障水平，如把临聘人员、村医等纳入财政保障。明确责任分工，区县政府要增加农村医疗卫生发展投入，市级财政应增强对贫困区县的支持。加大投入力度，推进新一轮基层医疗卫生机构标准化建设，改善基层医疗机构条件。加强公共卫生投入，适当提高农村公共卫生补助标准，弥补因居民分散居住增加的交通和时间成本。

统筹资源布局，提升资源使用效率。以需求为导向，兼顾服务人口数量和地理分布，在城乡交通一体化框架下科学布局农村医疗卫生机构，合理划分服务区域，适度推动农村医疗卫生机构重组，建设农村医疗服务中心。业务不饱和卫生院，鼓励其拓展康复护理、医养结合、安宁疗护等业务，为农村老年人提供个性化、多样化卫生服务。“地广人稀”区域，探索依托家庭医生签约服务团队，以“巡回医疗”模式提供日常诊疗和公共卫生服务。

发展壮大乡村卫生人才队伍。扩大队伍规模，充分考虑基本卫生服务内容以及居民健康服务需求的不断增加，合理测算农村医卫人员需求量。重视公卫人才需求，探索在基层医院专设公卫编制，扩大公共卫生专业人员队伍。提升医务人员服务老年人的能力，引进与培育并重，着力提升基层医务人员急诊急救、康复、二级以下常规手术、老年科、基本公共卫生服务等业务水平。保障医务人员收入和待遇，参照同地区公务员薪酬福利保障镇乡卫生院医务人员待遇，参照村干部标准保障乡村医生待遇。

（3）切实推动分级诊疗建设

明确各级各类医疗机构诊疗服务功能定位，通过医疗服务价格调整、医保支付、薪酬分配以及绩效考核等制度来推进各级医疗机构落实相关功能定位。制订常见病种双向转诊的原则和流程，协调诊疗标准，保持转诊有效、畅通，确保医疗服务的连续性。推进农村家庭医生签约服务，增强乡村医疗力量与居民黏性，提高基层首诊率。充分发挥公共媒体、乡村医生、村社干部、群团组织、社会组织等的作用，强化“小病不出村，大病不出县，医疗在基层”宣传引导，增强农村居民分级就医意识。

（4）完善农村基本医疗卫生评价体系

建立以社会效益为基础的乡村医疗卫生发展评价体系，强调维护基本医疗卫生服务的公益性，增加社会效益、服务提供相关内容权重。在社会效益方面，强调基层医务人员在老年人健康教育、健康指导方面发挥作用。在服务提供方面，强调服务的积极性、首诊可及性、各级医疗卫生机构的协调性等。综合运用评价结果，考核结果与财政投入，医保支付，领导干部薪酬、任免和奖励，医务人员岗位聘用、职称评聘、薪酬待遇等挂钩。

重庆市养老服务需求调研报告

在十九大报告中，习近平总书记指出要“积极应对人口老龄化，构建养老、孝老、敬老政策体系和社会环境，推进医养结合，加快老龄事业和产业发展。”① 随着人口老龄化进程的不断加快，养老问题日渐成为我国经济和社会发展过程中的一个焦点问题。在养老问题中养老需求是反映老年人对老年生活的现实需要与理想期待的基本问题。国内养老问题凸显，供需矛盾尖锐，究其原因，没能瞄准老年人的社会养老需求是其中一个重要方面。因此，为了更加全面深入地了解居民养老需求，有效推动重庆市养老服务业发展，课题组在全市城区范围内进行了城市老年人养老需求问卷调查，并以此为基础，形成了本调研报告。

一、重庆市人口老龄化现状

人口老龄化并非某个长寿高龄的个体人，而是人类群体老龄化的社会现象。人口老龄化包含两个方面的含义：一是指老年人口相对增多，在总人口中所占比例不断上升的过程；二是指社会人口结构呈现老年状态，进入老年化社会。根据联合国教科文组织规定，当一个国家或地区 60 岁以上老年人口占人口总数的 10%，或 65 岁以上老年人口占人口总数的 7%，少儿人口占总人口比例小于 30%，早在 2000 年第五次人口普查时，重庆就已经进入了老龄化社会。按照直线法测算，重庆大约在 1996 年的时候开始进入老龄化社会，较全国平均水平提早了 4 年左右。

（一）重庆市老龄化程度较为严重

重庆作为较早进入老龄化社会的城市，由于历史和现实等多重因素的叠加影响，人口老龄化进程不断加深，无论是户籍人口还是常住人口，重庆的人口老龄

① 凌文豪 . 城乡统一的基本养老保障制度体系建设研究 [M]. 北京：中国经济出版社，2022.

化率已经达到较高程度。重庆统计年鉴数据显示，按户籍人口计算，2018 年重庆市 60 岁及以上老年人口有 718.94 万人，占户籍人口比例的 21.12%，比上一年上升 0.3 个百分点。按常住人口计算，2018 年重庆市 65 岁以上老年人口为 437.35 万人，占常住人口比例的 14.1%，大幅超过 7% 的标准线，老年人口比上一年增加 30.81 万人，老龄化比例比上一年上升 0.9 个百分点，重庆即将进入超老化社会。按中国统计年鉴数据，2017 年重庆常住人口口径老龄化程度在全国各省市排名第一，65 岁及以上老年人口占比达到 14.27%。[①]

（二）重庆市老年人结构

1. 男女比例相近，高龄女性较多

如表 2-5-1 所示，根据重庆市 2015 年 1% 人口抽样调查数据，60 岁及以上老年人口男性与女性数量基本相同，性别比为 100.49，分年龄段看，在 75 岁以下低年龄段老年人口中男性多于女性，而在 75 岁及以上老年人口中女性比男性更多，且越到高年龄段，性别比越低，说明高龄女性较多，我们在养老需求中更多地需要考虑高龄女性的特殊需求。

表 2-5-1　重庆市老年人性别结构　单位：%

	占总人口比重			性别比（女 =100）
	合计	男	女	
60—64	7.29	3.67	3.61	101.66
65—69	5.20	2.67	2.54	105.20
70—74	3.79	1.96	1.84	106.63
75—79	2.39	1.19	1.19	99.93
80—84	1.42	0.65	0.77	83.75
85—89	0.69	0.30	0.38	79.69
90—94	0.20	0.08	0.12	61.71
95—99	0.04	0.02	0.03	63.33
100+	0	0	0	33.33

数据来源：重庆市 2015 年 1% 人口抽样数据

① 中国统计年鉴数据与重庆统计年鉴数据不一致。2018 年重庆统计年鉴数据显示，重庆市 65+ 人口占比为 13.22%。

2. 低龄老年人占比较高

如图 2-5-1 所示，老年人口大部分集中在 60—69 岁年龄段，占比为 59.3%，但随着时间推移和老年人口寿命的增加，未来高龄人口比例可能会有所攀升，据预测，全国的老龄人口比例将在 2040 年左右达到顶峰，未来 20 年养老产业将迎来发展机遇期，居民社区养老服务、机构养老服务、医疗健康服务等将会有比较大的需求。①

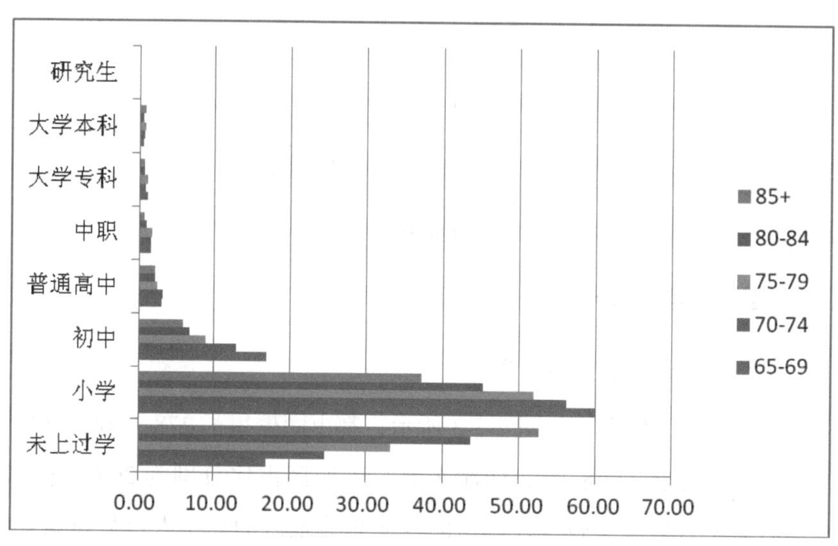

图 2–5–1　老年人口构成

数据来源：重庆市 2015 年 1% 人口抽样数据

3. 文化素质较低

从老年人口文化素质来看，老年人口文化素质较低，如图 2-5-2 所示，81.5% 的老年人口文化程度处于小学及以下，年龄越大的老年人文化素质越低，85 岁以上老年人口过半数都未上过学。当前老年人文化素质较低，对养老方式的选择还比较传统，对养老智能设备的使用能力还比较有限，但随着时间推移，低龄人口进入老年，老年人口文化素质将有所攀升。

① http://www.chyxx.com/industry/201805/641672.html.

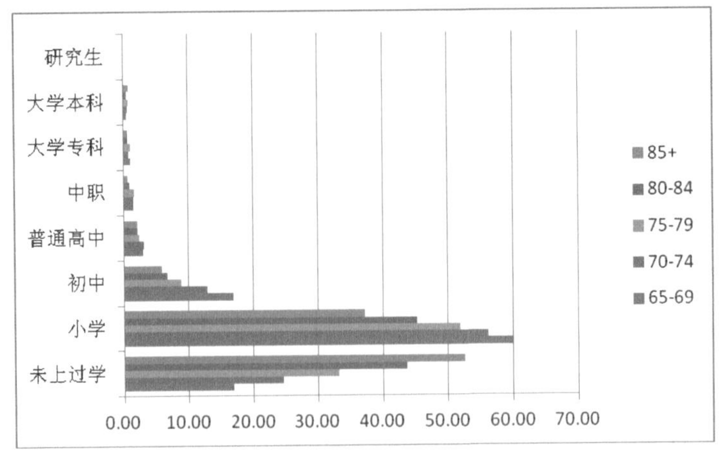

图 2-5-2　老年人口文化素质结构

数据来源：重庆市 2015 年 1% 人口抽样数据

（三）重庆市老年人分布

1. 户籍人口主城老龄化率最高

从户籍人口分区域看，如图 2-5-3 所示，都市圈聚集了 278 万 60 岁以上老年人口，占全市老年人口 38.7%，而渝东北、主城区占比分别为 29.6% 和 22.7%，渝东南相对老年人口聚集较少，都市圈与渝东北地区的老年人口数量聚集较多，养老服务规模需求较大。

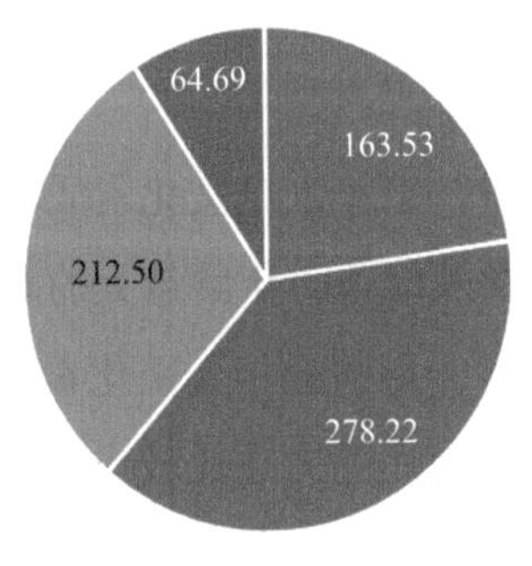

图 2-5-3　户籍老年人口区域分布

数据来源：《重庆市统计年鉴 2019》

从分区域老龄化率来看，如表 2-5-2 所示，主城区老龄化率最高，达 23.79%，其次是都市圈（22.33%），而渝东北（19.39%）和渝东南（17.29%）老龄化率相对较低，说明主城与都市圈养老服务需求的比例较高，对养老服务设施的密度有更高需求。全市老龄化率最高的四个区县均在主城区，分别为渝中区、北碚区、巴南区、江北区，最高的渝中区 60 岁及以上老年人占比达到 33.31%，渝西片区人口老龄化率也相对较高，合川区和江津区老年人口占比达到 24.63% 和 24.35%，这几个区县的养老服务设施应重点建设。

表 2-5-2 2018 年户籍老年人口占比 单位：%

	60+	占比
全市	718.94	21.12
主城	163.53	23.79
都市圈	278.22	22.33
渝东北	212.50	19.39
渝东南	64.69	17.29

数据来源：《重庆市统计年鉴 2019》

2. 常住人口渝西地区老年人口占比最高

2015 年 1% 人口抽样调查数据显示，如表 2-5-3 所示，分区域的常住人口与户籍人口老龄化率存在差异，渝西地区由于户籍老龄化程度较高，加之人口集聚能力低于主城区，成为常住老年人口老龄化率最高的区域；渝东北地区由于大量劳动年龄人口外出，人口老龄化率也较高，老年抚养比最高；主城由于聚集了一定的劳动力，老年抚养比最低，渝东南老年抚养比与人口老龄化率相对较低。渝西地区常住人口的养老服务设施的密度需求也较高。

表 2-5-3 分区域老年人口占比及老年抚养比 单位：%

	60+ 占比	老年抚养比	65+ 占比	老年抚养比
主城	20.22	29.79	12.48	16.50
渝西	21.85	34.83	14.41	20.53
渝东北	21.25	35.65	14.19	21.29
渝东南	19.63	34.10	13.24	20.69

数据来源：重庆市 2015 年 1% 人口抽样数据

3. 城乡分布

从城乡老龄化率比较来看，农村地区由于大量劳动年龄人口进城务工，造成了老年人口比例上升，所以重庆乡村地区老龄化率大于城镇地区老龄化率，2015年，重庆城镇地区人口老龄化率为10.24%，乡村地区为15.18%，但由于长期以来的城乡二元分割体制，乡村养老服务设施薄弱，乡村地区老年人口养老服务需求并未得到满足，未来随着老龄化率的不断加深，乡村老龄化率将进一步升高，养老服务需求将不断增多，所以急需加强农村养老服务基础设施建设以满足其基本需求。

（四）老龄人口及家庭养老变动趋势

1. 老龄人口历史变动趋势

（1）老龄人口数量与比例不断攀升

从表2-5-4可以看出，自2010年以来，重庆市老年人口数量与老年人口比例不断攀升，60岁及以上户籍老年人口数量9年间增加了180.83万人，65岁及以上常住老年人口增加了103.94万人，60+户籍老年人口比例增加了4.83个百分点，65+常住老年人口8年间增加了2.54个百分点，如图2-5-4所示，老年常住人口呈现加速上升趋势，特别是2015年以来增长较快，老年户籍人口增长较为平稳，每年增长20万左右，增加大约0.7个百分点。老年人口数量不断增多，在老龄化率不断攀升的同时老年服务需求也不断增加。

表2-5-4　常住人口与老年人口变化趋势　　单位：万人、%

	常住人口		户籍人口	
	65岁+	老年人口比例	60+	老年人口比例
2010	333.41	11.56	538.11	16.29
2011	337.73	11.57	562.76	16.90
2012	341.03	11.58	593.04	17.74
2013	352.84	11.88	625.32	18.62
2014	359.27	12.01	656.17	19.44
2015	367.11	12.17	679.32	20.15
2016	381.97	12.53	702.85	20.72

续表

	常住人口		户籍人口	
	65 岁 +	老年人口比例	60+	老年人口比例
2017	406.54	13.22	706.21	20.83
2018	437.35	14.10	718.94	21.12

数据来源：历年《重庆市统计年鉴》

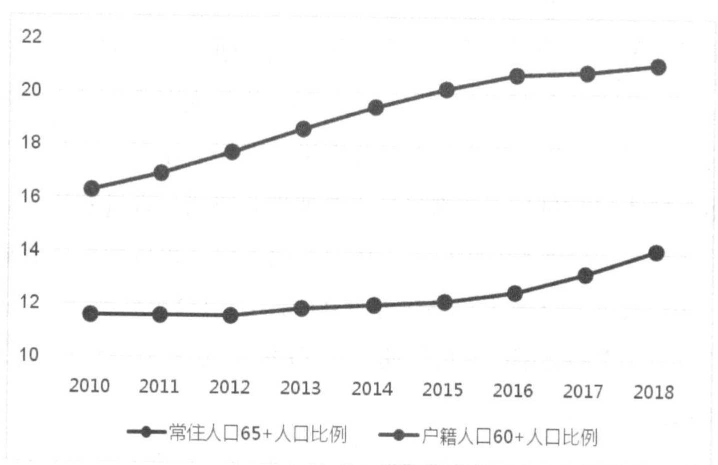

图 2-5-4　常住人口和户籍人口老龄化率

数据来源：《重庆市统计年鉴 2019》

（2）高龄老人与百岁老人数量攀升

表 2-5-5　历年重庆户籍老年人口结构　　　　**单位：人**

年份	60+	65+	80+	100+	纯老年人家庭人口数
2011	5600715	3802605	740900	1030	1547825
2012	5779492	3852521	816536	1136	1706885
2013	5901390	3999963	922234	1266	1670085
2014	6561690	4395010	933766	1356	1634346
2015	6774076	4543910	932207	1459	1518868
2016	7047363	4766613	1003856	1509	1282817
2017	7075081	4822490	932150	1571	1146674

数据来源：历年《中国民政统计年鉴》

如表 2-5-5 所示，2011 年以来，老龄老人和高龄老人数量不断攀升，平均每年增长 4 个百分点，其中 100 岁以上老年人增长较快，2017 年比 2011 年百岁老年人数量增加了 50%，高龄老人数量的迅速增加给老年服务带来更多医疗、照料等方面的需求，但纯老年人家庭人口数量每年数量变化不大，其中 2016 年以来还有较大幅度下降。

2. 老龄人口未来变动趋势

根据联合国教科文组织规定，如果一个国家或地区 65 岁以上人口所占比重达到 15%以上，则称为“超老年型”社会。随着中华人民共和国成立后第二次人口出生高峰（1962—1973）出生的人口陆续进入老年人序列，未来相当长一个时期内，全市老龄人口数量与占比都将处于高速增长阶段，人口老龄化对重庆市社会发展和经济增长都会带来严峻挑战。从中远期来看，2035 年重庆老龄人口将达到 871 万；2050 年重庆老龄人口将接近 1000 万。[①] 可以预见的是，未来二十年将是老年人口数量和老龄化率高速增长期，养老服务需求将会有较大增长。

3. 家庭养老变动趋势

（1）家庭规模呈现两头增大趋势

从家庭规模变迁来看，如表 2-5-6 所示，2005—2015 年十年间，一人户和四人及以上户比例升高，二人户比例变化不大，三人户比例减小，四人户比例上升，四人以上户比例也上升，一方面，家庭规模出现小型化趋势，单人家庭、空巢家庭比例增高，另外一方面，随着二胎政策的放开，四人及以上户比例增加，隔代家庭的规模也有所增加，家庭规模呈现两头增大的趋势。

表 2-5-6　重庆市城市家庭规模变迁　　单位：%

年份	一人户	二人户	三人户	四人户	四人及以上户
2015	16.03	26.65	30.49	14.93	11.90
2010	20.97	26.98	30.62	12.43	9.00
2005	13.52	27.77	36.58	12.66	9.46

数据来源：2005、2015 年数据来源于重庆 1% 人口抽样调查，2010 年数据来源于重庆市第六次人口普查

① http://cq.sina.com.cn/news/b/2018-02-05/detail-ifyrhcqy5477347.shtml.

（2）家庭经济供养能力逐年增高

随着经济的发展，重庆城镇居民人均可支配收入逐年增高，如表 2-5-7 所示，2018 年人均可支配收入已达到 34889 元 / 年，人均可支配收入的增加提升了老年人家庭经济供养能力。

表 2–5–7　重庆城镇居民人均可支配收入　　　**单位：元**

指标	2010	2011	2012	2013	2014	2015	2016	2017	2018
可支配收入	16032	18517	21003	23058	25147	27239	29610	32193	34889
（一）工资性收入	10542	11407	12604	13700	15020	15936	17043	18336	20054
（二）经营性收入	1314	1845	2244	2408	2658	2974	3348	3685	3973
（三）财产性收入	918	1269	1561	1970	2026	2175	2221	2376	2536
（四）转移性收入	3258	3996	4594	4980	5443	6154	6998	7797	8326

数据来源：历年《重庆调查年鉴》《重庆市统计年鉴》

二、重庆市老年人生存状况

国外研究一般将老年人的需求归纳为“3M”，即资金（Money）、医疗（Medical）和精神（Mental）3 个方面，其中，“资金”主要涉及如何保障老年人经济收入与物质需求满足；“医疗”涉及老年人健康，主要指医疗保险；“精神”则涵盖心理慰藉的需求满足。在我国老龄政策领域，自 20 世纪 80 年代以来对老年人需求类型划分主要形成了 3 种模型，即“五个老有”“六个老有”和“八个老有”，其中，1982 年提出的“五个老有”包括“老有所养、老有所医、老有所学、老有所为、老有所乐”，涵盖了生活、健康与精神 3 个方面。“六个老有”在“五个老有”基础上增加了“老有所教”，强调了提高老年人精神修养与终身受教理念；“八个老有”又增加了“老有所伴”和“老有所终”。“六个老有”是政策与研究领域普遍使用的需求划分形式，也是老年问题探讨的目标参照。此外，地方性文件中的“六助”“十助”等，也体现出对老年人服务需求的认知。上述内容，体现出我国在不同时期和发展阶段对老年问题和老年需求认识的丰富与深化。[①]

① 侯冰．城市老年人社区居家养老服务需求层次及其满足策略研究 [D]. 华东师范大学，2018.

为了解老年人的养老服务需求，我们分老年人生存现状和养老意愿进行了调查，主要对老年人家庭状况、健康状况、经济状况、消费状况进行了生存现状调查，对老年人养老模式选择、对社区养老需求状况、对机构养老的接受程度等意愿进行了调查。

（一）调查样本选择及抽样情况

如表 2-5-8 所示，根据重庆大城市、大农村、大库区、大山区特殊市情，以及各区县经济基础和人口老龄化程度差异，本次居民养老需求问卷调查采取先分层抽样后随机抽样方式选取 60 岁以上老年居民进行问卷调查。首先，选择区县。把全市分为主城、渝西、渝东北、渝东南四个片区，每个片区考虑经济基础和老龄人口比例选取两个区县，经过筛选，主城选择渝中区和北碚区，渝西选择铜梁区和合川区，渝东北选择万州区和巫山县，渝东南选择黔江区和彭水县。其次，选择街道。主城每区选择 2 个街道（经济水平高低各一个），其余每个区县选择 1 个街道、2 个镇（经济水平高低各一个）。再次，选择社区。每个街道选择 2 个社区（经济水平高低各一个），每个镇选择 1 个社区。最后，对社区常住城市老年人（60 岁以上，不限户籍）进行随机抽样。

本次问卷调查共选择 8 个区县，10 个街道、12 个镇，32 个社区，每个社区发放问卷 35 份，共 1120 份，最后回收有效调查问卷 971 份。

表 2-5-8　调查样本区县分布

	频率	有效百分比
渝中区	121	12.5%
北碚区	120	12.4%
合川区	123	12.7%
铜梁区	123	12.7%
万州区	122	12.6%
巫山县	122	12.6%
黔江区	120	12.4%
彭水县	120	12.4%
合计	971	100.0%

（二）调查老年人基本状况

1. 户籍

从户籍来看，大部分老年人为本乡镇街道户籍，占比达到 89.3%，农业户口和非农业户口分别为 26.5% 和 62.8%，而市内其他乡镇街道的户籍为 10.4%，市外户籍占比仅为 0.3%。

2. 民族和宗教信仰

从民族来看，大部分被调查老年人为汉族，少数民族占比 15%，从宗教信仰来看，大部分老年人没有宗教信仰。

3. 文化程度

如表 2-5-9 所示，老年人文化程度普遍不高，大部分处于小学及以下，占比为 62.8%，有初中学历者 25.1%，高中学历者 10.2%，大专及以上只有 1.9%。重庆市老年人总体上小学及以下文化程度占 8 成左右，说明本次调查的老年人文化水平高于平均值。

表 2-5-9　文化程度

	频率	有效百分比
未上过学	189	19.5%
小学	420	43.3%
初中	244	25.1%
高中 / 中专 / 职高	99	10.2%
大学专科	16	1.6%
本科以上	3	0.3%
合计	971	100.0%

（三）家庭状况

1. 大多数老年人不与后辈一起居住

如表 2-5-10 所示，从居住状况来看，独居老人占比 15.1%，大多数老年人不与后辈住一起，占比为 59.2%，说明大多数老年人难以获得来自后辈的照料，多为独居或者与配偶两人独自居住，老年人失去自我照料能力时会出现各种养老服务需求。老年人是否与后辈一起居住与健康状况无关，但收入水平不同的老年人与后辈居住状况存在显著性差异，即收入水平高的老年人更可能不与后辈居住在一起，他们更可能对社会化养老服务产生需求。

表 2-5-10　与谁一起居住（多选）

	N	响应百分比	个案百分比
独居	147	13.0%	15.1%
与配偶	566	50.2%	58.3%
与后辈	396	35.1%	40.8%
与（岳）父母	14	1.2%	1.4%
其他	4	0.4%	0.4%
总计	1127	100.0%	116.1%

2. 对子女进行少量的家务支持

如表 2-5-11 所示，在家务劳动上，过半数老年人没有帮子女做任何事，占比为 53.2%，但与后辈住一起的老年人大多数要为子女承担一定的家务，做家务和照看（外）孙子（女）的占比达到 61.9% 和 53%。

在经济上长期支持子女的比在家务劳动上支持子女的更少，经济上长期支持子女的老年人占比仅为 12.5%，支持额度为几百元到几千元不等，平均每月 1417 元。

表 2-5-11　现在帮子女做事情情况（可多选）

		N	响应百分比	个案百分比
不与后辈住一起	做家务	98	16.1%	17.0%
	照看（外）孙子（女）	87	14.3%	15.1%
	其他	3	0.4%	0.6%
	什么都没有做	422	69.2%	73.4%
	总计	610	100.0%	106.1%
与后辈住一起	做家务	245	44.3%	61.9%
	照看（外）孙子（女）	210	38.0%	53.0%
	其他	3	0.5%	0.7%
	什么都没有做	95	17.2%	24.0%
	总计	553	100.0%	139.6%

3. 三成老年人长期接受子女的经济支持

35.8% 的老年人长期接受来自子女的经济资助，平均每月为 885 元。分城乡看，农业户籍老年人受到子女经济资助比例更高，占比为 50.5%，而非农户籍老年人长期受到子女经济资助比例仅为 29.5%，且随着年龄的增长，接受子女长期经济支持的老年人比例更高，农业户籍中 70 岁以上老年人接受子女长期经济资助的占比达到 54%，说明在老年生活中，子女的经济支持是老年人晚年生活的重要来源，特别是对收入较低的老年人更是如此，在老年人自身经济供养能力随着年龄增大而下降的过程中，依靠家庭供给的老年人比例有所升高。

在问及老年人与子女长期一起居住生活的意愿时，超过 40.4% 的居民表示不愿意，还有 12.7% 表示看情况，只有 47.0% 表示愿意。该意愿与老年人的性别和年龄无关，与老年人的健康状况、文化程度、收入水平有关，即健康程度越好、收入水平越高、文化程度越高的老年人越不愿意与子女一起长期居住，这部分老年人更容易接受社会化养老服务。从实际居住情况来看，与子女长期居住在一起的老年人占比为 41.4%，意愿与行为高度一致。从看望的频率看，大部分子女可以保证经常看望，一月几次，占比为 32.5%，一年几次偶尔看望的占比也较高，为 23.6%。潜在的社会化养老服务需求庞大。

（四）健康医疗状况

1. 慢性病患病率较高

如表 2-5-12 所示，老年人随着年龄的增加整体健康水平下降，健康问题逐渐增加，呼吸、消化、心脑血管、生殖等系统的健康问题也会不断增多。本次调查也发现，认为自己不太健康和不健康的老人占比超过 30%。这一评价结果也与年龄相关，年龄越大的老年人，健康问题更为突出，老年慢性病患病比率更高，自评健康比率越低。

表 2-5-12　分年龄老年人自评身体健康状况

60—64		年龄					合计
		65—69	70—79	80—89	90+		
很健康	24.4%	14.1%	9.8%	5.1%		14.4%	
比较健康	27.9%	24.8%	25.9%	36.7%	40.0%	27.3%	

续表

60—64		年龄					合计
		65—69	70—79	80—89	90+		
一般	27.1%	27.8%	28.3%	22.4%	20.0%	27.2%	
不太健康	17.6%	31.5%	33.0%	30.6%	40.0%	28.2%	
很不健康	3.1%	1.9%	3.0%	5.1%		2.9%	
合计	100.0%	100.0%	100.0%	100.0%	100.0%	100.0%	

从本次调查来看，如表 2-5-13 所示，71.8% 的老年人患有一种或多种慢性病，其中高血压、骨关节疾病、胃病、白内障、心脑血管疾病、糖尿病等病种较多。分年龄看，低龄老年人患病比例相对较低，37.6% 的 60—64 岁老年人没有慢性疾病，但 80 岁以上的老年人这一比例就降到了 10% 以下，存在相当比例的老年人属于带病生存，未来随着预期寿命的进一步提高，老年人群高龄化比例不断提高，老年人患病和失能的比例将不断提高，老年人一旦患病，就需要在家庭、医院和养老院之间不断往返，既耽误了治疗，也增加了负担。我国养老服务和医疗服务衔接欠佳，走“医养结合”之路就成为中国养老模式的必然选择。[①]“医养结合的实现能够让老人在社区里面居家养老，能够给予老人更全面的社会保障，让老年人养老问题得到更加人性化的安排。”[②] 截至 2018 年底重庆市每千名老人拥有床位 30.8 张，总量能满足老年人需求，但医疗护理型床位极为缺乏，所以需要政府与社会共同努力，采取鼓励原有医疗机构开展养老服务、原有养老机构增设医疗服务资质、医疗机构与养老机构合作等方式开展医养结合养老服务，并深入社区、家庭为老年人提供服务。

表 2-5-13　老年人患病情况

	N	响应百分比	个案百分比
白内障	144	9.1%	14.8%
高血压	308	19.4%	31.7%

① 黄佳豪，孟昉．“医养结合”养老模式的必要性、困境与对策 [J]. 中国卫生政策研究，2014，7（06）：63-68.

② 艾昕，史健勇．上海医养结合社区养老的医疗服务需求状况及对策建议 [J]. 科学发展，2019（08）：109-113.

续表

	N	响应百分比	个案百分比
糖尿病	104	6.5%	10.7%
心脑血管疾病	147	9.2%	15.1%
胃病	176	11.1%	18.1%
骨关节病	242	15.2%	24.9%
慢性肺部疾病（慢阻肺 / 气管炎 / 肺气肿等）	66	4.1%	6.8%
哮喘	42	2.6%	4.3%
恶性肿瘤	14	1%	1.4%
生殖系统疾病	16	1.0%	1.6%
其他慢性病（请说明）	58	3.6%	6.0%
都没有	274	17.2%	28.2%
总计	1591	100.0%	163.9%

在健康意识方面，调查发现，老年人已经有较好的健康意识，数据显示，有77% 的老年人在过去一年中参加过体检，如表 2-5-14 所示，大部分老年人每周锻炼三次以上，占比 73.1%，在吃保健品方面，86.3% 的老年人表示从来不吃。

表 2-5-14　老年人锻炼频率

	频率	百分比
从不锻炼	109	11.2%
不到一次	33	3.4%
一到两次	119	12.3%
三到五次	259	26.7%
六次以上	451	46.4%
合计	971	100.0%

2. 自理能力尚可

由于本次调查采取到居民区进行随机抽样的方式，访问的老年人大多数是可以自己行走到小区进行活动的老年人，所以本次调查显示大部分老年人日常生活处于不费力状态，只有上下楼梯和提起十斤重物相对较为困难（表 2-5-15）。

表 2-5-15　老年人自理情况　　单位：%

	不费力	有些困难	做不了
吃饭	97.1	2.7	0.2
穿衣	97.4	2.5	0.1
上厕所	95.7	3.8	0.5
上下床	96.7	2.9	0.4
在室内走动	96.6	2.9	0.5
洗澡	95.9	3.5	0.6
做饭	94.0	4.3	1.6
洗衣	93.4	4.4	2.2
扫地	93.6	4.5	1.9
日常购物	93.7	4.6	1.6
上下楼梯	82.9	12.9	4.2
乘坐公交车	85.9	10.2	3.9
提起十斤重物	70.4	18.7	10.8
打电话	87.3	8.3	4.3
管理个人财务	85.8	9.8	4.4

虽然本次调查老年人相对健康状况较好，但老年人随着年龄增长，视觉和听觉功能的退化，对日常视力和听力有一定影响，在本次调查中 27.2% 的老年人表示看得不太清楚，79.1% 的老年人表示听力一般，42.9% 的老年人表示牙齿的病变影响吃饭。

3. 就医以周边为主

如表 2-5-16 所示，私人诊所成为老年人去得最多的医疗机构，其次为县 / 区医院、街道（乡镇）卫生服务中心（院）、社区卫生服务中心、市级综合医院，说明老年人对医疗机构的考虑更多的是距离、价格等综合因素，主要以周边就医为主。如果不去医院，老年人大多采取自己买药（85.1%）、传统方法治疗（9.3%）等医疗措施。说明老年居民对周边医疗服务机构存在需求，加之居民养老以居家社区养老服务为主，医养结合社区养老服务将是老年人比较接受的养老方式。

表 2-5-16　平时看病去得最多的医疗机构

	频率	百分比
私人诊所	231	23.8%
社区卫生服务中心	170	17.5%
街道（乡镇）卫生服务中心（院）	219	22.6%
县 / 区医院	224	23.1%
市级综合医院	98	10.1%
民营医院	3	0.2%
其他	26	2.7%
合计	971	100.0%

从老年人拥有的医疗保险状况来看，如表 2-5-17 所示，大部分老年人都拥有城镇职工基本医疗保险和城乡居民基本医疗保险中的一种，其中非农户籍拥有城镇职工医保的占比为 44%，大部分仍为城乡居民医保，农业户籍 85% 都拥有城乡居民医保。

表 2-5-17　老年人拥有医疗保险情况

	N	响应百分比	个案百分比
城镇职工基本医疗保险	318	31.0%	32.7%
城乡居民基本医疗保险	621	60.5%	64.0%
单位医疗补助	16	1.6%	1.6%
公费医疗	10	1.0%	1.0%
商业医疗保险	32	3.1%	3.3%
其他（请说明）	9	0.9%	1%
都没有	20	1.9%	2.1%
总计	1026	100.0%	105.7%

如表 2-5-18 所示，目前有 45.3% 的老年人未使用任何辅具，老年人使用辅具最多的是老花镜（37.8%）、假牙（21.8%）、血压计（9.9%）。

表 2-5-18　老年人辅具使用情况（多选）

	N	响应百分比	个案百分比
老花镜	367	30.4%	37.8%
助听器	4	0.3%	0.4%
假牙	212	17.5%	21.8%
拐杖	27	2.2%	2.8%
轮椅	3	0.2%	0.3%
血压计	96	7.9%	9.9%
血糖仪	38	3.1%	3.9%
按摩器具	16	1.3%	1.6%
智能穿戴用品	1	0.1%	0.1%
呼叫器	1	0.1%	0.1%
其他	4	0.3%	0.4%
都没有	440	36.4%	45.3%
总计	1209	100.0%	124.5%

（五）经济状况

1. 年收入不高

如表 2-5-19 所示，老年人年收入不高，均值为 2 万余元，各区县老年人收入出现显著的地区差异，收入最高的渝中区平均年收入达到 40892.56 元，收入最低的黔江区仅为 7183.33 元，除地区差异外，老年人经济收入的个体差异也较大，收入最高的老年人 120 万 / 年，收入最低的老年人为 600 元 / 年，经济状况的不同也带来了养老服务需求的不同，收入较低的老年人希望在家和社区满足基本的养老需求，如老年食堂、文化娱乐需求等，而收入较高的老年人除最基本需求外，还希望社区养老服务的健康维护、精神慰藉、家政等多样化的需求，养老机构的选择上对环境、地点、硬件设施等需求更高，所以养老也需要私人定制化服务，要充分考虑到老人对硬件设施心理上、情感上的需求，尊重个体的差异，针对不同身体状况的老人来提供贴心服务，这样才能保证老人饮食健康、起居安全、生活舒适。

表 2-5-19　分区域老年人年收入　　单位：元

区县	均值	N	标准差
渝中区	40892.56	121	107629.13

续表

区县	均值	N	标准差
北碚区	28660.00	120	15848.05
合川区	17392.68	123	14950.15
铜梁区	29190.89	123	28534.22
万州区	19981.97	122	17991.23
巫山县	13794.26	122	11605.08
黔江区	7183.33	120	3779.61
彭水县	21076.67	120	64140.21
总计	22274.85	971	47470.70

2. 养老金为老年人收入主要来源

从图 2-5-5 可以看出，老年人收入来源较为单一，养老金成为老年人收入的最主要来源，其次占比较大的有养老服务补贴、商业养老保险金、子女给的钱。

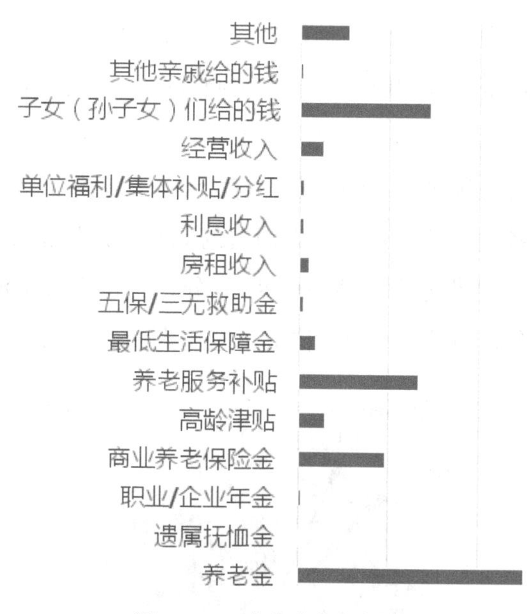

图 2–5–5　老年人收入来源

3. 大部分老年人对养老没有规划

大多数老年人对养老并没有规划，在调查中 82.7% 的老年人表示并没有为养老专门存一笔钱，仅有 17.3% 的老年人为养老专门存有一笔钱，金额从 1 万—50 万不等，平均值为 7.04 万元。

调查中显示，56.5% 的老年人拥有自己或老伴产权的住房，其中 91.3% 的老年人只拥有一套房，7.3% 的老年人拥有两套房，1.1% 的老年人拥有 3 套房以上，问及以房养老的态度，高达 81% 的老年人明确表示不愿意，其余选择愿意和看情况的分别为 9.2% 和 9.8%。

4. 大部分老年人经济自评为“一般”

大部分老年人选择了“一般”这种较为中庸的态度评价自己的经济状况，占比为 65.5%，高达 20% 的老年人表示经济状况比较困难，还有 4.0% 表示自己非常困难，表示比较宽裕的有 9.1%、非常宽裕的只有 1.4%。这也从另外一个方面反映了他们消费保守的原因。

（六）生活状况

1. 食品消费成为老年人日常生活的主要消费

消费是社会行为中最基本的一种行为，老年人的消费行为会受到自身的个体因素和当前社会和经济环境的影响。在本次调查中，询问了老年人排名前三的消费项目，如图 2-5-6 所示，食品消费是老年人日常生活的主要消费，高达 61.4% 的老年人表示其是自己排名第一的消费，有 21.2% 的老年人表示医药费是自己最大的消费，选其他各类消费为自己最大消费的老年人占比都在 4% 以下。将排名第一、第二、第三的消费分别赋值 10、8、6 分，老年人日常消费的主要开支如下图所示，食品、个人用品、医药费构成了老年人消费的三大支出。

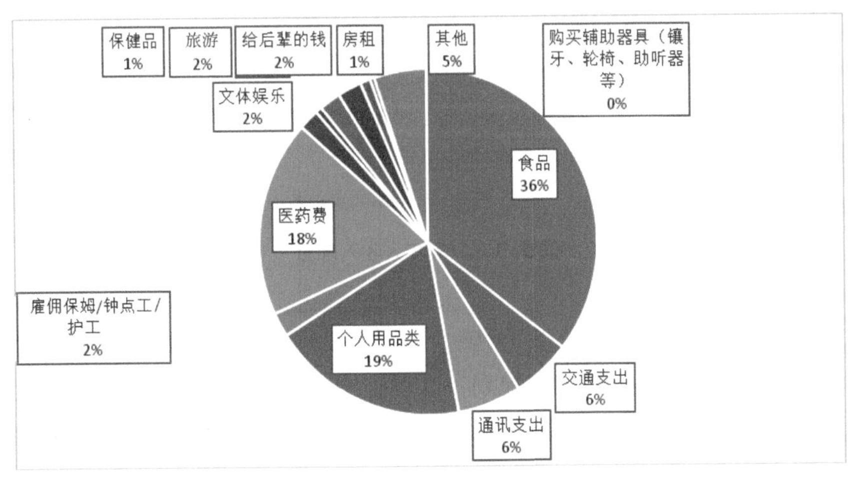

图 2-5-6　老年人消费构成

2. 老年人倾向于节俭型消费

国内学者将我国老年人口的消费特征做了如下的归纳，老年人口的消费是一种带有成熟消费观的自主性纯消费，老年人口的消费需求与其他年龄人口相比更具有多样性、差异性和增长性，并更倾向于医疗照料服务需求。在本次调查中为了解老年人的消费观念，我们进行了相关量表的测量，分类如表 2-5-20 所示。

表 2-5-20　老年人消费观念测量

序号		
1	不论有钱没钱，生活都要节俭	节俭型消费观
2	实用比流行更重要	
3	过日子要有长远打算，不能借债度日	
4	过日子以吃穿为主，以温饱为准则	
5	穿不同档次的衣服表明不同的身份和地位	现代型消费观
6	人应该讲面子，在人际交往中要舍得花钱	
7	花明天的钱圆今天的梦	
8	能挣钱会花钱才是现代人的生活方式	
9	只要对自己或家人好的，花再多钱也值得	利他主义消费观
10	一切优先为孩子考虑	
11	购买商品主要在质量和用途	实用型消费观
12	质量比品牌和知名度更重要	
13	我经常存在购买冲动，买回来却没用	冲动型消费观

表 2-5-21　老年人消费观念测量结果[①]

	节俭型消费观	现代型消费观	利他主义消费观	实用型消费观	冲动型消费观
均值	1.3962	3.7714	2.3718	2.9289	4.3337
N	971	971	971	971	971
标准差	0.50473	1.02977	1.34827	1.17736	1.16914

通过对老年人的消费观进行比较可以看出，老年人比较倾向于节俭型、利他主义消费观（表 2-5-21）。通过聚类分析，可以分为两类，即传统型消费观和现

① 备注：通过老年人对以上 1–13 个问题的赞同程度进行测量，从同意到不同意分别为赋值 1–5 分，均值越低，表明老年人越倾向于该种消费观念。

代型消费观，传统型消费观念指老年人“崇俭黜奢”、以实用为主的具有中国传统的消费观念，现代型消费观念指脱离了简单物质满足需求层次转而追求更高层次如品牌、产品知名度等享受型消费，可能会产生过度消费和提前消费。结果表明，老年人持传统型消费观念的占 62.31%，持现代型消费观念的占 37.69%，传统型消费观念占主导。

从老年人消费观念的人口统计学特征来看，如表 2-5-22 所示，具有传统型消费观念的老年群体特征是年龄较大、学历相对较低、身体健康状况不好、收入较低的老年人。相反，具有现代型消费观念的老年群体特征是年龄相对较轻、学历较高、身体较好、收入相对较高的群体。

表 2-5-22　老年人按消费观念分类的人口统计学特征　　单位：%，元

人口统计学特征	传统型	现代型
性别		
男	40.5	42.1
女	59.5	57.9
年龄		
60—64 岁	27.1	26.8
65—69 岁	28.3	27.0
70—79 岁	32.2	38.5
80—89 岁	11.6	7.7
90 岁以上	0.8	
文化程度		
未上过学（包括扫盲班）	13.7	23.0
小学	50.0	39.2
初中	24.6	25.5
高中 / 中专 / 职高	10.4	10.1
大学专科	1.4	1.8
本科及以上		0.8
健康状况		
很健康	12.3	15.7
比较健康	23.2	29.8

续表

人口统计学特征	传统型	现代型
一般	29.0	26.1
不太健康	32.2	25.8
很不健康	3.3	2.6
收入均值	17112	25396

3. 消费自主性高，消费行为偏保守

从老年人平时购物的地点看，如图 2-5-7 所示，老年人最常去的购物地点是农贸市场，这一比例远远高于其他地点，除此之外，大型超市、社区便利店或小超市、农村赶场也较多，而对网店、电视购物等现代的购物方式使用较少。调查发现，老年人信息化手段使用率并不高，老年人把上网作为日常娱乐方式的仅为 6.1%，老年人信息化手段使用率低下制约了老年人消费和智能化养老服务接受能力，所以需要政府采取各种方式提高老年人信息化手段的使用率，为智能化养老服务赋能。

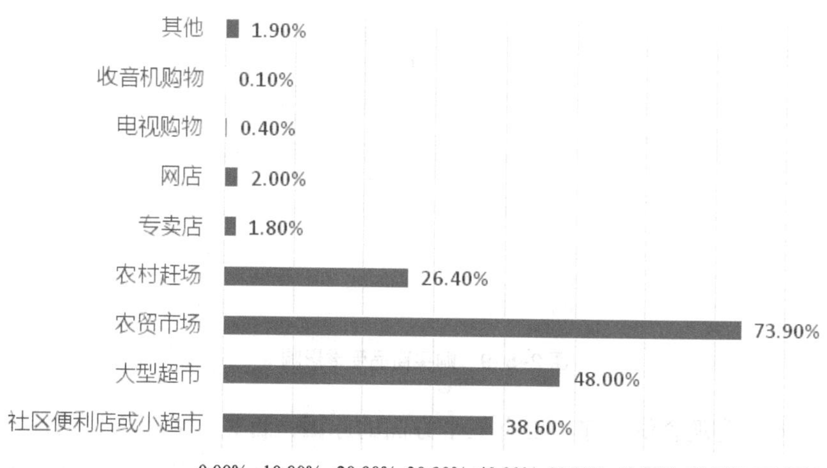

图 2–5–7　平时购物的地点

从老年人购买物品最看重的两个因素和受影响的两个因素来看，我们将第一和第二分别赋值 60% 和 40%，可以看出老年人消费行为的偏好和影响因素。如图 2-5-8 所示，由于经济状况和思想观念等因素影响，老年人消费行为偏保守，价格因素成为他们挑选商品时最看重的因素，其次才是质量、用途、性价比。

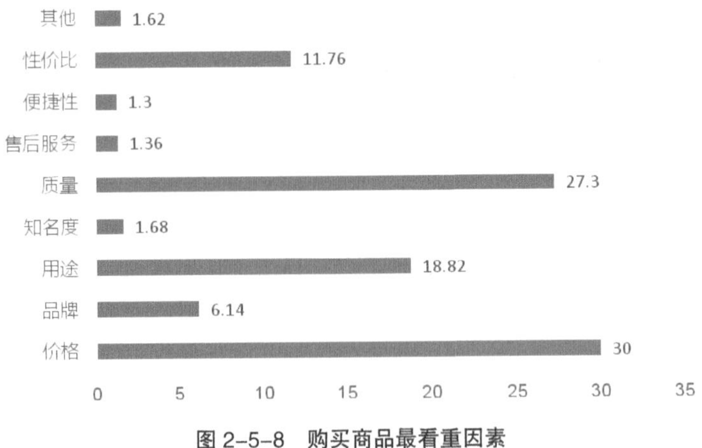

图 2-5-8　购买商品最看重因素

问及购买商品受谁影响，如图 2-5-9 所示，77% 的老年人表示不受任何人的影响，除此之外，老年人可能受同龄老年人和子女推荐的影响，而受广告和促销人员影响的较少，消费自主性高。

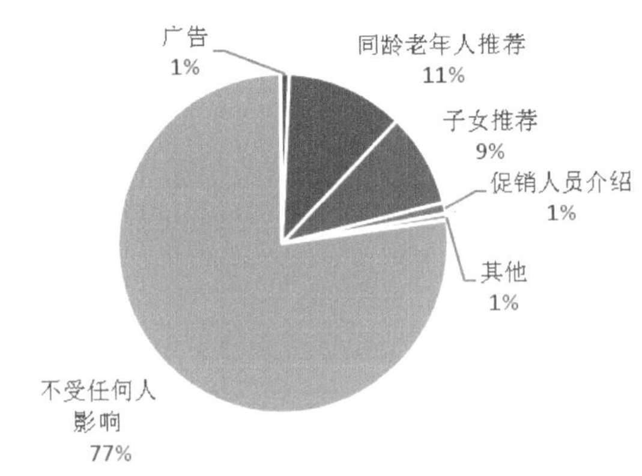

图 2-5-9　购买商品受谁影响

老年人消费观念偏保守主要有三个方面的原因：首先，老年人口的经济参与度较低，固定的收入来源绝大多数是每月领取的养老金和退休金，因此，老年人口这一群体从参与经济状况的角度来说，是纯粹的消费人群。其次，从生命周期进入老年阶段所带来的年龄与生理特征角度来看，老年消费者对养老服务、医疗卫生、保健、照料服务的需求占据更高的比重。再次，当前的老年人口大多是经历了计划经济时代的一代人，因而省吃俭用已成为这一代老年人的消费观念中不可磨灭的重要成分，并且代际之间的消费差异体现在衣食住行方方面面。所以要改变老年人消费观念非一朝一夕之功，一方面需要提高老年人收入，完善老年服务体系，提升老年人消费能力，另外一方面也需要进行正面宣传与引导，逐渐改变老年人养老观念和消费观念，我们也应该看到，随着改革开放后成长起来的年轻一代70后、80后在未来几十年后进入老年，届时老年人的养老观念和消费观念将会发生明显改变。

4. 日常娱乐方式较为单一

从日常娱乐方式来看，老年人的娱乐方式较为单一，看电视的比例远远高于其他娱乐方式，与此同时老年人也比较注重自身的锻炼，44%的老年人选择健身作为日常的娱乐方式，其他选择书报、棋牌、歌舞等日常娱乐方式的也较多，分性别看，男女都比较喜欢健身，女性更爱好歌舞、上网，男性更爱好书报、棋牌。可以看出，老年人较为注重自身健康，参与健身比例较高，一方面健身可充实生活、放松心情，从而提高老年人心理健康水平；另一方面老年人强身健体可缓解社会医疗保障体系的压力。所以在老龄化不断加深的背景下政府需要加大投入完善体育健身设施，缓解场地设施压力，同时积极引导社会力量参与老年人健身服务，繁荣健身市场。

根据美国社会心理学家马斯洛需求层次理论，老年人在满足了最基本的生存基础上，就会向高一层次的需要发展，目前老年人基本满足了吃饱穿暖的低层次需求，所以文化娱乐、精神慰藉需求就成为老年人的高层次需求。老年人脱离工作岗位后少人陪伴，孤独感和寂寞感等不良情绪时有发生，对精神慰藉的需求也会增加（表2-5-23），所以需要加强社区文化建设、社会组织积极开展居家养老的精神关怀服务、低龄老人的社区参与等方式多渠道满足老年人精神慰藉需求。

表2-5-23　老年人的日常娱乐方式

	N	响应百分比	个案百分比
书报	120	7.0%	12.4%
棋牌	177	10.4%	18.2%
歌舞	182	10.7%	18.7%
健身	431	25.3%	44.4%
电视	612	35.9%	63.0%
文艺	31	1.8%	3.2%

续表

	N	响应百分比	个案百分比
书画	20	1.2%	2.1%
上网	59	3.5%	6.1%
老年大学	11	0.5%	1.1%
其他	63	3.7%	6.5%
总计	1706	100.0%	175.7%

三、主要养老需求

（一）相关文献

国内学者对养老服务需求的认识较为一致。老年人的养老需求主要集中在医疗、生活、精神以及法律等方面。孙泽宇提出，老年人通常的家庭服务需求包括生活护理、医疗保健和精神慰藉。[①] 张祖平和田军认为老年人的需求不单单有马斯洛的需求层次理论这几个概念，还包括文体和娱乐需要、情感需求等。[②] 向甜提出的老年人需求有社区日常护理服务需求、保健需求、日用生活必需品、老年人文化娱乐活动、户外旅游等。[③] 城乡老年人社区养老服务需求排行前三位的是：社会福利、社会参与及医疗保健需求。

在国外的专家们看来，在老龄化加剧、健康水准日益下滑的大环境下，除了日常服务需求外，老年人还将对老年护理服务提出更多新要求。当前的家庭护理还有明显的漏洞与短板，难以让老年人得到周全的照料。基于此，应将护理与医疗、心理等领域衔接起来，让老年人拥有更理想的生活品质，随着年龄增长，老年人很难独立生存下去，生理机能衰退，离不开后代、社会的照料与扶持。在85岁以上的老年人中，至少有四分之一表现出其身体较为孱弱，随着人们日渐衰老，身体和心理功能会慢慢衰退，患病尤其是慢性疾病的概率逐渐增大，老年人的自理性会逐步丧失，这就带来了更为迫切的护理诉求，光靠家庭内部的力量，很难妥善地照顾好老年人。

① 孙泽宇．关于我国城市社区居家养老服务问题与对策的思考 [J]. 中国劳动关系学院学报，2007，21（1）：98-101.

② 张祖平，田军．上海老年人口养老服务需求调查分析 [J]. 社会福利，2012，8：58-64.

③ 向甜．我国人口老龄化对养老产业发展的影响 [J]. 劳动保障世界（理论版）．2012.06：19-20.

根据文献回顾，本次问卷中我们主要对老年人养老模式选择、社区养老服务需求、机构养老服务需求及影响因素进行了调查。

（二）老年人更为倾向社区居家养老

相关研究表明，养老模式的选择是中国传统文化、家庭支持和照顾、身体健康状况交织在一起的综合性选择。居家养老服务符合我国的传统文化，使得老年人养老不与原有的生活环境脱离，符合大部分老年人养老需求，是我国未来长期养老服务的发展方向。[①] 但有无家庭支持或家庭照顾能力的强弱，也决定着是否需要或需要多少社会化养老服务。[②] “对于身体机能较差的高龄老年人而言，其社会养老服务需求是一种刚性的现实性需求。”[③] 本次调查也表明老年人在养老方式的选择上，大多数的老年居民更为倾向居家养老，61.4% 的居民选择基本在家养老，而 14.4% 的居民选择居家养老为主，社区养老机构提供部分上门服务，但也有近 10% 的老年人有入住养老机构的意愿，其中 4% 选择社区养老中心，选择医养结合体和大型综合性养老机构的占比均为 2.8%（表 2-5-24）。

表 2-5-24　未来五年最希望的养老方式

	频率	百分比（%）
入住医养结合体	27	2.8
入住大型综合性养老机构	27	2.8
入住社区养老中心	39	4.0
日间由社区养老机构照料	3	0.3
以居家为主，社区养老机构提供部分上门服务	140	14.4
基本在家养老	596	61.4
视情况而定	139	14.3
合计	971	100.0

① 郭丽娜，郝勇．个体健康、家庭照护和社会供给：谁更影响老人的居家养老服务需求 [J]. 西北人口，2019，40（05）：36-49.

② 薛谨，刘永兵．社区老年人群居家养老服务的需求及影响因素分析 [J]. 护士进修杂志，2018，33（24）：2286-2288.

③ 田北海，王彩云．城乡老年人社会养老服务需求特征及其影响因素——基于对家庭养老替代机制的分析 [J]. 中国农村观察，2014（04）：2-17+95.

（三）对社区养老服务需求度不高

在老年人日常生活照料方面，91.8% 的老年人表示日常生活不需要人照料，6.2% 的老年人表示日常生活需要人照料，且有人照料；但还有 2.1% 的老年人日常生活需要人照料，但没有人照料，这部分人群是社区老年服务的主要需求者。对当前社区养老服务的满意度，大部分老年人表示满意，占比为 72.1%，表示不满意的只有 3.6%，同时有 11.2% 的老年人表示对社区提供的养老服务不清楚，说明有相当一部分老年人从未享受社区养老服务，对社区提供的养老服务项目也不清楚。

从需要的项目来看，老年居民社区老年服务需求集中在健康教育服务、文体娱乐、法律援助、日间照料、家政服务、现场助浴等。在使用情况方面，现场调研显示，一方面社区老龄服务项目开展较为有限，有的项目即使开展也流于形式；另外一方面由于老年人消费观念等原因，大部分老年人并未接受社区老龄服务，本次调查也显示，除健康教育服务外，各种社区老龄服务项目均有超过 85% 的老年人从未使用过（表 2-5-25）。

表 2-5-25　对社区老龄服务项目的需求情况　单位：%

服务项目	需要	不需要	用过	没用过
日间照料	20.0	80.0	13.0	87.0
短期托养	4.6	95.4	0.5	99.5
长期托养	4.4	95.6	0.6	99.4
现场就餐	6.1	93.9	3.0	97.0
上门送餐	7.1	92.9	2.0	98.0
现场助浴	17.1	82.9	16.5	83.5
上门助浴	3.9	96.1	6.3	93.7
法律援助	22.8	77.2	13.6	86.4
心理慰藉	9.8	90.2	2.6	97.4
文体娱乐	20.9	79.1	14.9	85.1
康复护理	13.6	86.4	5.5	94.5
老年辅具用品租赁	6.6	93.4	1.2	98.8
家政服务	17.7	82.3	15.3	84.7
代购代买	4.7	95.3	6.7	93.3

续表

服务项目	需要	不需要	用过	没用过
代收快递	14.9	85.1	7.8	92.2
陪伴聊天	9.7	90.3	2.0	98.0
陪伴就医	8.4	91.6	1.6	98.4
上门看病	17.6	82.4	5.5	94.5
呼叫服务	8.4	91.6	2.6	97.4
健康教育服务	32.1	67.9	29.0	71.0

（四）大部分老年人入住养老机构为无奈之举

“第三次中国城乡老年人口状况追踪调查”结果显示，约有 12% 的老年人愿意入住养老机构。针对上海市的一项调查显示，有 14% 的老年人愿意到机构养老，有 55.7% 的老年人对机构养老不抵触。另一项针对河北保定和石家庄老年人养老需求的调查显示，两地老年人选择机构养老的意愿分别为 7.77% 和 12.1%。也有研究表明，机构养老方式并不受老年人青睐。与以上研究结论相仿，本次调查也显示机构养老方式并不是老年人的主动选择，如表 2-5-26 所示，大部分老年人认为机构养老只是身体不好无人照顾时的无奈之举。本次调查显示有 48.4% 的被访老年人表示无论如何都不会去养老机构，其次有 27.3% 的居民认为身体不好，需要人照顾的时候会去养老机构，18.4% 的居民表示没想好。居民对养老机构的接受度并不高，近半数居民对养老机构存在一定的排斥心理，即使可能要去的居民也将养老机构作为身体不好需要人照顾时的无奈之举，为了换个居住环境的仅占 2.3%。分年龄段看，年龄大的老年人对养老机构更抵触，70 岁以上有 52% 的老年人表示无论如何都不去养老机构，但可以看到，低龄老人对社会养老的接受程度更高，排斥性更低，60—64 岁年龄段认为无论如何都不去养老机构的占比下降到了 33.9%，随着居民年龄增大，子女能照顾老人的比例降低。

表 2-5-26　在什么时候会去养老机构

			个案百分比
	N	响应百分比	
身体不好，需要人照顾	265	25.7%	27.3%

续表

			个案百分比
	N	响应百分比	
孤独寂寞，需要有人陪伴	52	5.0%	5.4%
出现家庭矛盾	12	1.2%	1.2%
为了换个居住环境	22	2.1%	2.3%
没想好	179	17.3%	18.4%
无论如何都不会去	470	45.5%	48.4%
其他	32	3.1%	3.3%
总计	1032	100.0%	106.3%

老年人对养老机构可以负担的能力较低，加之老年人消费的保守心理，认为可以承担的养老机构费用处于较低水平。对可以接受的养老机构的价位来看，如表 2-5-27 所示，过半数老年人选择每月 1000 元以下的养老机构，选择 1000—1999 元的达 34.5%。

表 2-5-27 如果入住养老机构，每月最多能承担的费用

	频率	有效百分比（%）
1000 元以下	258	51.5
1000—1999 元	173	34.5
2000—2999 元	60	12.0
3000—3999 元	7	1.4
4000—4999 元	2	0.4
5000 元以上	1	0.2
合计	501	100.0

如表 2-5-28 所示，老年人对养老机构的选择过半数为选择公立且价格中等、基本服务齐全的养老机构，其次为公立性质、价格低廉但服务项目较少的养老机构，占比为 21.4%，说明公立性质养老机构在老年居民心里占有绝对优势，成为居民的首选。

表 2-5-28　入住养老机构选择养老机构性质

	频率	有效百分比（%）
公立性质，价格低廉，但服务项目较少	107	21.4
公立性质，价格中等，基本服务项目齐全	269	53.7
民营性质，价格中等，基本服务项目齐全	34	6.8
民营性质，价格高昂，基本服务项目齐全，附加服务项目多	9	1.8
都不选择	82	16.4
合计	501	100.0

大部分老年人即使入住养老机构也希望就近入住，高达 65.7% 希望养老机构距离子女家 5 公里以内，只有 1.6% 选择 20 公里以上。

四、研究结论与建议

（一）调查主要结论

1. 老年人总体收入较低，服务购买力缺乏

前文可以看出，2017 年城镇常住居民年人均可支配收入为 32193 元，而本次调查老年居民的年人均收入为 22275 元，收入明显处于劣势地位，据第四次全国城乡老年人生活状况调查，2015 年重庆市非农户籍老年人家庭平均支出为 1708.8 元 / 月，参照国际标准，表示生活水平高低的恩格尔系数为 41.6%，老年人家庭生活水平刚刚步入小康阶段，而同一时期重庆城镇常住居民恩格尔系数为 33.6%，老年人家庭还处于相对贫困状态。收入水平低下造成了老年人的食品等日常生活开支占比较高，加之老年人日常需要花费一定的医药费用，在这两项刚性需求之外，多数老年人基本已无力购买其他养老服务。

2. 老年人消费心理偏保守

本次调查通过对老年人的消费观进行比较可以看出，老年人比较倾向于节俭型、利他主义消费观。老年人保守型消费心理主要体现在三个方面：一是在购买和使用商品的过程中受习惯势力影响较大，在选购商品时大多数不受任何人影响，受广告和促销员影响较少，对不了解的商品不轻易选购，冲动型购买较少；二是选购商品注重价格和实用性，对商品的知名度和品牌要求并不高，受消费流行影

响较少；三是老年消费者多数选择在大型超市和农贸市场购买，对购买和选购商品的方便程度要求高。大型超市所提供的商品一般在质量上可以得到保障，而且在购物环境和服务方面也有较大优势，加之老年消费者的体力相对以前有所下降，他们希望能够在比较近的地方买到自己满意的商品。

3. 老年人更倾向于居家养老，对养老机构存在一定程度的排斥

本次调查可以看出，大多数的老年人更为倾向居家养老，61.4% 的居民选择基本在家养老，而 14.4% 的居民选择居家养老为主，社区养老机构提供部分上门服务，有 48.4% 的被访老年人表示无论如何都不会去养老机构，说明当前老年人对养老机构存在一定程度的排斥，即使入住养老机构的也大多是因为无人照顾的无奈之选，但随着独生子女父母进入老年，老年人可能缺乏照顾，年轻的老年人对养老机构的入住意愿相对更高。

4. 老年人对社区养老服务需求集中在日间照料、健康教育、文体娱乐等常规性服务

根据马斯洛需求层次理论，由于老年人收入水平较低，老年人的需求尚处于低端水平，对高层次的养老服务需求度不高。本次调查发现，受服务供给规模、服务质量等综合影响、绝大多数社区老龄服务项目有超过 85% 的老年人从未使用过，老年居民对社区老年服务集中在健康教育服务、文体娱乐、法律援助、日间照料、家政服务等常规性服务项目上，而对上门送餐、康复护理、陪伴就医等针对老年人的服务项目需求度并不高。

5. 老年人对养老机构负担能力较低，希望的收费水平远低于市场供给

一方面，过半数老年人对养老机构的选择是公立且价格中等，基本服务齐全的养老机构，另外一方面同样过半数的老年人表示如果入住养老机构，每月最多能够承担的费用在 1000 元，处在较低区间，说明老年人对养老机构的负担能力和期望值与养老机构市场通常每月 2000—3000 元的收费水平存在较大差距，大大影响了其入住养老机构的意愿，也给养老产业的发展带来不利影响。

（二）对策建议

1. 不断完善社会养老保障体系

老年福利保障体系是老年人老有所养的基础，我们必须建立以社会保险、社

会救助、社会福利为基础，以基本养老、最低生活保障制度为重点，以慈善事业、商业保险为补充的社会养老保障体系。完善城乡养老社会保险制度，在城市建立退休养老金按比例增长机制，在农村扩大养老保险覆盖面，提高养老保险水平。完善城乡老年医疗保障体系。不断完善老年医疗保障体系，建立老年人口的医疗救助制度，建立和完善社区卫生服务网络体系，尽快建立养老机构内设医疗机构医保专项支持制度。加大城乡老年社会救助力度。要加大对贫困老人救助的财政支出，积极发挥社会力量在老年贫困救助中的作用，鼓励和引导社会力量帮扶贫困老年人。建立健全老年社会福利制度。发展适度普惠型的老年社会福利事业，推行政府为特殊老年困难群体购买服务，进一步完善老年人优待办法，积极为老年人提供各种形式的照顾和优先、优待服务，扩大长护险的试点范围和高龄养老津贴的覆盖面。

2. 提倡多元化的养老观念

从国内外发展经验来看，居家养老和社区养老依然是老年人养老方式的主体，机构养老等社会化的养老方式则承担着补充或支撑功能，本次调查也可以看出相当比例老年人对入住养老机构存在抵触心理。但随着人口老龄化的不断加剧，4—2—1 的家庭结构日益突出，空巢化、独居老人不断出现，传统的家庭养老面临着一系列的挑战。因此，应提倡多元化的养老观念，倡导与社会发展相适应的养老方式。首先加强宣传逐步引导老年人树立多元化的养老观念，采取舆论宣传引导的方式，使老年人认清自己的现实情况，调整自己的生活理念和生活方式。其次，加强各级老年服务中心文化建设，根据老年人的个人爱好和特长成立合唱、摄影、书法、象棋等兴趣学习班，从精神上帮助老年人，丰富老年人的晚年精神生活，鼓励老年人积极参与社会活动，变“养儿防老”为“精神养老”“精神助老”。再次，采取试用、产品体验、老年人现身说法等多种方式培养老年人消费积极性，改变老年人保守消费观念，促进养老业的发展。

3. 科学建设养老基础设施

老年人在养老过程中需要一系列基础设施的供给来满足其养老需求，所以我们需要科学进行养老基础设施建设，以满足不同层次老年人的养老需求，重点是要大力建设普惠性养老服务设施。在居家养老和社区养老方面，根据全市“千百工程”建设行动，3 年时间新增 1000 个社区养老服务站和 100 个市级示范社区养老服务中心，还要科学确定养老设施的建设标准和服务功能，注重地区差异和资源统筹。如在低收入老年人群较多的区域等，在社区养老服务中心（站）功能上，应根据社区老年人经济状况和构成状况设置其养老功能；在机构养老方面，通过构建多层次的养老机构，满足不同经济条件老年人的养老需求，同时需要保障养老机构的服务质量和服务设施，从而保障老年人有合适的养老方式可以选择。除此之外，通过社区养老服务站整合社区各种与养老相关服务和资源，提高服务质量和效率，推动社区养老服务站和社区文化活动中心、卫生服务中心等公共配套设施共建共用、错时错峰运营。

4. 充分考虑不同老年人的不同需求

老年人之间存在健康和收入等差异，直接影响他们的养老服务需求，所以我们应该充分考虑不同老年人的不同需求，进一步细分老年人群，对老年人健康状况开展第三方评估，老年人根据评估状况享受高龄津贴和社区养老服务补贴。实时调整各类养老服务的供给内容，设置有针对性、多样性的养老服务。对高龄老人和非自理老人，以上门照料为主，为其提供医疗、康复、心理咨询等全方位的服务。对生活基本能自理的中高龄老人，采取日间护理中心、托老所等形式对老年人进行照料，并鼓励他们参与社区组织的文化娱乐活动。对低龄老年人、空巢老年人，多为他们提供参与社会活动的机会和舞台，如社区老年志愿者、老年活动中心、社区老年大学以及各种文体活动。

5. 建设智能化养老综合服务信息平台

为了实现养老服务供给与需求的精准对接，建议利用智能化、信息化手段建立重庆市范围内的市、区、街道、社区的综合智能化养老服务信息平台，优化服务管理机制，实现养老服务供给与需求的精准对接。在该平台上，首先可以实现宣传功能，进行相关养老政策宣传，为老年人提供有效的信息宣传和沟通渠道；其次可以实现办事功能，实现老年人城乡居民保险缴纳、老年人生存验证等多种功能；再次可以实现虚拟养老院功能，利用信息化手段实现养老服务供求信息对接，提升居家养老服务的覆盖率和服务水平，提高社区养老服务与相应养老机构的知晓率、使用率，利用智慧化的养老手段有效地支撑独生子女家庭、空巢家庭享受养老服务，满足不同老年群体的养老需求。最后还可以实现社区老年人健康服务功能，把医疗服务延伸到社区、老年人家庭，做到给每位老年人提供持续性的健康管理服务。建立老年人的紧急联系人档案，提高老年人的自我诊断和自我求助能力，实现老年人一键求助和社区医疗中心供需对接，使老年人获得方便的医疗服务和上门服务。

6. 着力完善养老服务人才职业体系

养老服务行业是人力密集型行业，目前养老服务人力资源紧缺，巨大的养老服务潜在需求，更需要一支规模庞大、结构完善的人才队伍，需着力完善养老服务人才职业体系。一是推动养老服务的专业化队伍建设。针对重庆市养老服务人才匮乏的现状，加快建设养老服务人才职业体系，加大人才培养力度，与相关高校合作建立培训基地，对全市养老机构、社区养老服务中心（站）工作人员进行业务培训和专业培训。二是坚持推动社区养老服务的公益性岗位建设。组建社区养老服务志愿小分队，推动社区低龄老年人加入养老服务志愿者队伍，不断完善社区养老志愿者管理和服务机制。三是研究出台针对养老护理人员等急需岗位、关键岗位的补贴政策。依法保障从业人员合法权益，为深度老龄化的到来做好人才储备。

第三篇　实践探索

本篇内容为实践探索，分别论述了渝中区：积极探索大城市中心城区社区养老服务可持续发展之路；九龙坡区：逐步构建舒适便民的居家养老服务体系；渝北区：稳健推进居家和社区养老服务社会化；开州区：着力完善养老服务政策体系；大足区：注重农村养老服务体系建设与管理创新；奉节县：努力探索贫困家庭失能人员集中兜底供养路径；綦江区：横山镇市级健康养老示范基地建设纪实；武隆区：仙女山镇市级健康养老示范基地建设纪实。

渝中区：积极探索大城市中心城区社区养老服务可持续发展之路

面对老年人群日益增长的养老服务需求，渝中区委、区政府高度重视，大胆探索，积极创新，以“全国养老服务业综合改革试点区”和“全国社区治理和服务创新实验区”建设为基础，成功申报并扎实建设全国第三批居家和社区养老服务改革试点区，深入推进“机构进社区全覆盖、服务进家庭全天候”，初步探索出了一条大城市中心城区社区养老服务可持续发展之路，实现渝中居民“老有所养”“老有所乐”。

一、区情简介

渝中区地处长江、嘉陵江交汇处，两江环抱、形似半岛。全区水陆域面积23.24平方公里，其中陆地面积20.08平方公里，辖区11个街道办事处、79个社区居委会、1个社区工作站。相继荣获“全国文明城区”“国家服务业综合改革试点区”“全国和谐社区建设示范城区”等荣誉称号，是重庆的“母城”、金融中心、商贸中心和文化中心，也是重庆的总部经济基地和都市旅游目的地。截至2018年底，全区户籍人口50.43万人，其中60岁以上户籍老人16.82万人，超过户籍总人口33%，80岁以上户籍老人3.2万人，高龄化率高达19%。

二、养老服务成效

2019年7月，民政部、财政部公布第三批全国居家和社区养老服务改革试点地区成果验收结果，渝中区获评国家级“优秀”等级，为全市唯一优秀试点地区。截至目前，全区共建成嵌入式社区养老机构19个、街道（社区）养老服务中心6个、社区养老服务站43个、社区老年食堂（餐桌）24个。年投入2500余万元对高龄、困难、失能等老人给予补贴，惠及老人5.2万余人（户）次，基本形成“党委领导、政府主导、专业运营、多元联动”的城市社区养老服务格局，进一步完善了区、街道、社区三级养老服务工作体系和社区嵌入型养老机构、中心及站点三级养老服务体系。

（一）高度重视，强化组织领导

区委区政府高度重视养老服务工作，认真落实民政部、财政部关于居家和社区养老服务改革试点区工作要求和市委市政府安排部署。在市民政局帮助指导下，成立以区政府主要领导为组长，区委常委、分管区领导为副组长，相关职能部门为成员单位的居家和社区养老服务改革试点工作领导小组，多次专题研究部署，明确“321”工作思路，即统筹构建“区、街道、社区”分工明确、协作高效的3级养老服务体系，实现“机构进社区全覆盖、服务进家庭全天候”2个目标，打造1个“10分钟养老服务圈”。研究制订《渝中区居家和社区养老服务改革试点工作实施方案（2018—2020年）》和《渝中区居家和社区养老服务改革试点补助资金管理办法》，制订渝中养老服务业暨产业发展9条重点措施，确定养老服务设施增量提质等9大重点任务21项工作清单。

（二）多措并举，强化政策支撑

（1）完善养老服务设施体系。制订完善居家和社区养老服务设施布局专项规划，通过鼓励养老机构打开围墙、政府购置或置换场地改造装修、引入社会力量自建等方式相结合建设社区养老服务设施。

（2）健全养老服务政策措施。制订《鼓励社会力量兴办养老服务机构办法》《街道养老服务中心管理办法》《社区养老服务站管理办法》《社区养老服务站运营补助规定》等系列政策文件，在全市率先全面推行养老服务机构综合责任保险及社区养老服务站场地公众责任险，并为渝中区老年人购买老年人意外伤害保险。

（3）强化养老服务综合监管。建立社区养老服务运营机构进入退出机制、社区养老服务项目备案准入机制。在推动民政、应急、公安、消防救援、市场监管、卫生健康等部门加强行业和职能监管执法的基础上，成立区养老服务业促进会，加强第三方监管和行业自律，切实落实街道、社区日常监管责任，强化运营机构主体责任，努力实现既确保安全又保障质量。

（三）注重规范，强化专业运营

（1）注重运营机构专业化。坚持民办公助和公建民营相结合，按照规模化、品牌化、连锁化、专业化发展思路，积极引入国内外有资质、有经验、有实力的社会机构作为养老服务运营主体，在全市首创建立运营机构候选库，社区养老服务站专业化运营率为100%。引进澳大利亚明星校友企业“凯尔慈佑”建成并运营全市首个市级社区养老服务示范中心，得到民政部黄树贤部长高度肯定。引进北京安馨养老公司，开展社区无障碍适老化改造试点。

（2）注重满足需求多元化。坚持将健康讲座、文化活动、空巢老人关爱等作为普惠性项目，由政府低偿提供服务场地和设施并购买服务。同时引导运营机构通过自建队伍、整合加盟等方式，开发提供助医、助餐、助洁等个性化有偿服务项目。

（3）注重养老服务规范化。全区统一设计社区养老服务站标志，规范社区养老服务站功能，实现社区养老服务设施名称、功能、标志“三统一”。编制全市首个社区养老服务地方标准《社区养老服务规范》，确定服务范围，明确日间托管、文化娱乐、精神慰藉等服务项目的具体标准，并对服务质量评价作出规范。同时成功申报实施全市首个社区养老服务标准化示范试点项目。

（四）统筹联动，强化探索创新

（1）加强三社联动。积极推进社区自治共治，定期协商涉及养老服务设施建设、养老服务项目等重大事项。培育发展养老类社会组织20家，每年财政投入近200万元实施政府购买服务项目。鼓励引导养老机构成立社会组织或引入社工开展服务，打造示范社区社工室，通过“社工+义工”联动，充分发挥专业社工引导作用和志愿服务作用。

（2）推进医养结合。统一在社区养老服务设施配备健康设备，完善社区养老服务中心（站）康养服务功能。推进社区养老服务中心（站）与社区卫生服务中心加强合作，为辖区老年人提供健康讲座、医疗保健等基本公共服务和拓展服务。社区卫生服务中心家庭医生签约、随访服务等居家和社区层面医养结合有序推进。

（3）加强职业培训。整合辖区人社、职教、养老机构等培训资源，开展养老管理及护理人才培训，联合开展职业技能大赛，开展“最美护理员”等评选活动，培养一支能够适应老年需求的养老服务人才队伍。

（4）推进智慧养老。在全市率先建立为老服务信息平台（虚拟养老院），建立完善“老年人基础信息数据库”和“养老服务单位数据库”的同时，支持鼓励养老服务（运营）机构自建信息管理平台，开发应用产品，探索区级统一指导监管与养老服务机构自建信息管理平台相结合的线上线下一体化智慧养老服务新模式。

三、未来发展方向

通过利用闲置资源，鼓励社会办养老机构或养老企业自主选择建设、与社区卫生服务中心一体设置或邻近设置等方式，加强社区养老服务设施建设，实现“一街一中心，一社一站点”工作目标，实现养老服务设施全覆盖。同时进一步引入竞争机制，通过优胜劣汰，推动社区居家养老服务运营专业化、连锁化，持续提升服务水平。大力实施适老化改造，不断强化养老服务行业监管，推动养老服务高质量发展，让辖区居民晚年生活更加健康、安全、舒适。

九龙坡区：逐步构建舒适便民的居家养老服务体系

九龙坡区位于重庆主城核心区，辖19个镇街，户籍人口95.18万人，其中60岁以上老人22.07万人，占23.18%，分别高于全市、全国2.05、5.28个百分点，人口老龄化问题十分严重。截至 2018 年底，九龙坡区建成城市社区养老服务中心（站）72 家，农村幸福院 57 家。作为全国第二批、重庆市首个中央财政支持开展居家和社区养老服务改革试点地区和全国首批国家级“医养结合”试点城市，九龙坡区在市委、市政府的坚强领导下，在市民政局、市卫生健康委等市级部门的大力支持下，大胆探索，积极创新。以居家养老为重点，逐步构建舒适便民的居家养老服务体系。主要做法是：

一、加强组织领导和政策支持

九龙坡区聚焦大城市社区养老服务需求强烈、供给不足的短板和弱项，以深化养老管理体制改革为抓手推进养老服务业发展。一是加强组织领导。成立分管副区长任组长，区民政局、区财政局、区卫生健康委等相关部门为成员的居家和社区养老服务改革试点工作领导小组，建立联席会议制度，定期召开会议，及时协调解决改革试点中出现的困难和问题。二是加强规划引导。区民政局按照试点要求，结合区情实际，研究制订了九龙坡区《居家和社区养老服务改革试点工作实施方案》，明确了改革试点八项重点任务和三年行动计划，提出在城市“1 个社区建设 1 个养老服务站、3 至 4 个社区配套建设 1 个养老服务中心”，打造大城市社区 15 分钟养老服务圈。三是加强政策扶持。制订出台了《扶持社会力量投资建设及运营养老服务设施实施办法》《社区养老服务设施建设及运营管理办法》等政策文件，对促进九龙坡区养老服务业发展起到了推进、规范和指导作用。

二、探索嵌入式社区养老服务中心建设与运营

社区养老服务设施由于本身的公益属性，其建设与运营主要依靠政府投入，由于当前政府的财力有限，就会出现社区养老服务设施项目建设落地难、建起来的项目常态运营难等突出问题。为破解这一难题，2015 年，九龙坡区在建设渝州路街道六店社区养老服务中心时，用一半的面积为辖区居民提供公共养老服务，用一半的面积设置了 45 个床位，可以对老年人进行日托、短托和长托，委托宏善养老机构进行专业运营，探索出嵌入式养老服务中心的运营方式。通过“公办民营”“民办公助”等方式，把社区社会养老服务设施委托给专业养老机构运营，不仅解决了社区养老服务设施无专人管理、无专业技能服务等问题，还能充分发

挥专业养老机构的资源优势，为辖区老人提供多元化、个性化服务。同时，“公办民营”“民办公助”等方式，也有利于养老服务机构了解社会需求，加强自身建设，培植潜在市场。

三、推进医疗和养老深度融合

由于不可抗拒的自然规律，老年人年龄越大身体机能越弱，越需要医疗服务的支持，医养结合是其必然选择。近年来，九龙坡区采取三种方式推进医疗服务与养老服务深度融合：一是引导养老机构办医和医疗机构办养，实现医养机构内在融合；二是依托村（居）卫生服务站的资源优势，引导社区养老服务设施与社区卫生服务设施毗邻而建，实现医养资源有机融合；三是推动养老机构与辖区医疗机构签订服务协议，实现医养服务全面融合。

目前，全区社区养老服务设施与社区卫生服务设施毗邻而建的有 8 家，养老服务机构、社区养老服务设施与医疗机构签订《医疗服务协议》的达 100%。

四、构建智慧养老新格局

为解决社区养老服务设施辐射功能不强的问题，我们探索出线上智慧养老 + 线下实体服务方式，努力加大养老服务供给力度。在线上，2015 年，我们引进南京禾康智慧养老产业有限公司，在渝州路街道率先全市建成“互联网 +”智慧养老平台，实行“线上信息服务 + 线下实体服务 + 呼叫中心 + 定位终端”服务方式和“先服务后付费”运营方式，打造没有围墙的养老院。在线下，政府投入 950 余万元，为城市“三无”人员，60 周岁及以上低保老人，60 周岁及以上空巢老人，60 周岁及以上重点优抚对象，低保中 1、2 级残疾人（精神残疾除外），100 周岁及以上六类老年人和 80—99 周岁老年人购买了线上基础信息服务 + 线下助急、助医、助餐、助洁、助浴、助购、助行服务，深受群众欢迎。

平台建成以来，已累计提供线上服务 324186 人次，线下服务 53869 人次，有力扩大了社区养老服务供给。

五、未来的发展方向

为了实现“就近可及”，九龙坡区今后将坚持以社区居家养老服务设施全覆盖为基础，以养老服务信息化全覆盖、监督管理全覆盖和普惠政策全覆盖为保障，实现社区居家养老服务全覆盖目标。为让更多有需求的老年人就近获取养老服务，在社区层面将建立更多的嵌入式养老服务机构或日间照料中心，为老年人提供生活照料、助餐助行、紧急救援、精神慰藉等服务。同时，在新建住宅小区预留配套的养老服务空间及设施，打造“人人养老、人人享乐”的理念。让老年人感受到“养老就在身边”的便捷、优质、周到的养老服务，实现“新时代、新养老、新生活”的美好愿望。

渝北区：稳健推进居家和社区养老服务社会化

一、区情概况

渝北区全区幅员面积1452平方公里，辖11个镇19个街道（含两江新区）。常住人口163万，占全市总常住人口的5.25%；城镇化率80%，超过重庆市城镇化率14.5个百分点。是重庆内陆开放高地建设的重要阵地，国家首批临空经济示范区，重庆自贸试验区、中新互联互通项目重要承载地。交通优势突出、生态环境宜居、医疗资源丰富。地区生产总值、规模以上工业总产值、固定资产投资等多项经济指标常年保持全市第一。2018年，全区实现地区生产总值1543.09亿元，占全市地区生产总值的7.58%，常住居民人均可支配收入35557元，超过重庆居民人均可支配收入34.8个百分点，同比增长9.5%。2018年渝北区财政年收入7.55亿元，年支出106.3亿元，其中民生方面支出70.2亿元，占比66%。

二、老龄人口情况

截至2018年底，渝北区户籍人口105.1万人，60岁以上老年人20.6万，老龄化率19.6%，65周岁以上老年人14.9万人，70周岁以上老年人9.2万人，80周岁以上老年人2.7万人，占辖区老年人总数的12.9%，其中80周岁以上老年人超过三分之一处于失能、半失能状态。常住老年人口32.6万人，占重庆市常住老年人口的5.1%。总体呈现出基数大、比例高、增速快、高龄多的特点。

三、养老服务业发展概况

近年来，渝北区高度重视养老服务业发展，将其纳入区委、区政府重要议事日程，将养老事业产业发展列入政府重点民生实事和考核体系，定期召开专题会研究讨论养老事业产业发展工作，集中力量解决存在的困难卡点。在机构设置上，由区民政局牵头负责养老服务工作，其他部门分工协调形成合力；突出优化调整，将社会福利与慈善事业发展科调整为养老事业发展科。通过规划引领、政策扶持，以居家为基础、社区为依托、机构为补充、医养相结合，初步形成功能完善、规模适度、覆盖城乡的养老服务体系。全区提供养老床位 6600 余张，每千名老年人拥有床位 32 张，区级社会福利院 1 家，敬老院 20 家，公办民营养老机构 3 家，社会办养老机构 18 家，社区养老服务站 94 个，社区养老服务中心 3 个，区级智慧居家养老平台 1 个。此外，渝北区还积极整合区内养老资源，优化养老产业营商环境，通过召开渝北区首届养老产业招商推介会、产业研讨发展会等方式，引进了北京远洋椿萱茂、北京安馨、上海优护、重庆宏善等知名养老品牌入驻。

四、居家和社区养老服务稳健发展

截至 2019 年 8 月，在“千百工程”中市级示范社区养老服务中心在渝北区已建成 3 个，在建 4 个，规划建设 4 个。

（一）夯实基础，完善居家和社区养老服务政策体系

渝北区先后制订了《重庆市渝北区老龄事业发展“十三五”规划》《渝北社会福利和殡葬设施布局规划（2015—2020 年）》《“老有所养”专项方案（2018—2020 年）》《敬老院“三个一批”计划书（2018—2020 年）》，明确了“十三五”期间居家和社区养老服务设施的建设布点和养老服务工作的发展目标。陆续出台《重庆市渝北区人民政府办公室关于全面放开养老服务市场提升养老服务质量的实施意见》《渝北区社区养老服务设施建设管理实施方案》《渝北区居家养老服务实施方案》《渝北区养老服务业扶持资金管理办法》等文件，全面落实养老机构水费减免、土地供应、水、电、气等各项优惠政策，并形成较为完善的“居家和社区养老扶持政策八条”，扶持政策全市最优，减轻社会力量负担，为养老市场注入了活力。具体政策包括自有产权建设养老机构 10000 元 / 张、租赁产权建设

养老机构5000元/张的床位建设补贴和收住渝北籍老年人300元/人/月的服务补贴；在市级补贴基础上对社区养老服务“千百工程”市级示范中心项目再配套平均200万元/个的建设补贴、不超过30万元/个/年的租金补贴和10万—20万元/个的养老机构连锁奖励等。

（二）加大投入，增强居家和社区养老产业事业资金支持

坚持以公共财政为导向，将养老服务事业经费足额列入财政预算，每年福彩公益金留存部分50%以上用于养老服务事业，比例逐年增高。通过争取上级资金和区级财政资金相结合，投入近8000万元建成区社会福利中心；投入4000万元对公办养老机构进行建设和改造升级；补助镇街4250万元推进居家社区养老服务设施建设；投入1000万元支持居家养老服务试点工作；投入1.89个亿推进区域性公办养老机构建设；拨付社会办养老机构建设、运营补贴共计337.6万元；2018年发放高龄津贴1146万元、经济困难的高龄失能老人养老服务补贴204.9万元、分散特困人员照料护理补贴58万元。

（三）多措并举，稳步推进居家社区养老服务设施建设

一是加大社区养老服务设施有效供给。通过落实养老服务设施用房用地、给予租金补贴、整合政府资源等方式保障居家社区养老服务设施建设场所。2013—2017年，共计建设区级智慧居家养老平台1个，社区养老服务站94个，市级示范社区养老服务中心3个。二是积极引导社会力量广泛参与居家社区养老服务设施建设。指导镇街通过民建公助的方式将设施建设指标向社会公布，合理设置运营要求，加大建设补贴和租金补贴，吸引专业居家社区养老服务机构自寻场地建设社区嵌入式综合养老服务机构，解决老旧城区房屋资源紧张的现实困境。此外还出台了连锁机构补贴，鼓励推动居家社区养老服务设施连锁化、综合化、品牌化发展，目前已有百龄帮养老、宏善养老、凯尔养老等规模化企业，在龙山、龙塔、双龙湖、宝圣湖等地开展连锁化运营。三是探索搭建居家养老、智慧养老双平台。依托“互联网+”搭建居家养老平台，引入专业公司进行运营，组建线上线下服务队伍，为全区低保、失独、高龄、特困老年人和社会老年人提供“点单式”便捷养老服务。围绕重庆市养老大数据平台建设工作部署，打造区级智慧养老云平台，全面汇总全区老年人基础信息，整合居家、社区、机构养老服务信息，打造

集基础涉老数据库、养老设施管理系统、养老政策审批系统、养老服务提供系统为一体的智慧养老云平台。

（四）统筹整合，全面提升居家和社区养老综合服务能力

一是整合居家和社区养老服务能力。出台《渝北区居家养老服务实施方案》，依托居家养老平台，在城市地区以社区养老服务设施为服务点打造15分钟为老服务圈，在农村地区设立居家助老点推行邻里互助模式，提升日常服务效率和紧急救援救助时效。截至目前，养老服务点共计发放手机2377部，开展线上服务32006人次，线下服务12023人次，实施紧急救援6例。二是整合社区养老服务设施运营能力。改变社区养老服务设施政府运营、零散运营的传统模式，采取公建民营、民办公助、购买服务等方式引入专业居家社区养老服务机构运营。指导各镇街借助市级示范中心的运营能力统筹运营辖区内其余居家社区养老服务设施，以中心带站实现以点带面，形成规模效应，提高服务效率，降低企业运行成本。三是推进居家社区养老服务设施医养结合。渝北区积极探索建立医养融合模式，在社区养老服务站引入第三方医养服务企业，如仙桃街道通过专业全科医师轮岗驻点服务模式，实现社区养老服务设施医养资源供给；统筹资源，规划社区卫生服务中心和社区养老服务设施毗邻而建，打造示范性医养结合社区养老服务中心。四是积极开展养老服务人员培训，提升技能水平。支持养老机构与重庆市工职学院、渝北区职业中学进行合作，打造养老人才培训基地，为全区养老机构输送专业人才；依托区内养老机构组织开展养老护理员培训和养老服务管理人员培训，提升管理服务技能水平；定期邀请区消防、安监专家开展集中授课，强化养老服务人员安全责任意识和专业防火知识。

五、努力将渝北建成全市养老业发展高地

十九大报告明确提出，要“积极应对人口老龄化，构建养老、孝老、敬老政策体系和社会环境，推进医养结合，加快老龄事业和产业发展”。渝北区将认真贯彻落实习近平总书记关于养老工作系列重要指示批示和全国民政会议精神，通过政府搭建平台，吸引更多社会力量参与到渝北养老事业发展中来，努力将渝北建成全市养老产业发展高地，进一步提升渝北老年人的幸福感和满意度。重点抓好“五个结合”。

（一）普惠养老与高端养老相结合

积极实施城企联动普惠养老专项行动，围绕“政府支持、社会运营、合理定价”，联合优质企业深入开展城企合作，扩大普惠性养老服务供给。同时，注重引进高端养老品牌，满足群众对优质多样化养老服务的需求。

（二）社区居家养老与机构养老相结合

大力推进社区养老服务“千百工程”，鼓励建设社区嵌入式养老机构，为老年人提供家门口的养老服务。选择条件成熟的街道建设老年食堂，解决空巢独居老年人“吃饭难”问题。逐步进行适老化改造，打造老年人宜居的环境。

（三）基础工作与改革创新相结合

履行好政府托底保障职责，制订老年人基本养老服务清单，为养老服务标准化、普惠化提供支撑。积极申报养老工作改革试点，以智能化为抓手着力解决当前养老工作中存在的难点和痛点。

（四）公建民营与民办公助相结合

按照“政府主导、社会参与、市场运作”的原则，采取公建民营、民办公助、购买服务等方式，促进养老机构多种形式的发展。

（五）智慧管理与专业服务相结合

打造集涉老基础数据库、养老设施管理系统、养老服务管理系统为一体的智慧养老云平台，培养一支高素质、懂养老、善运营的养老服务队伍。

开州区：着力完善养老服务政策体系

十八大以来，党中央高度重视养老服务业的发展，习近平总书记就养老服务发展作出系列重要指示。市委、市政府已将养老服务作为保障和改善民生的重要内容。开州区作为全市社区居家养老服务全覆盖试点区县，充分利用资源禀赋，立足全区养老服务发展需要，积极探索完善养老服务政策体系，促进社区居家养老服务产业高质量发展。

一、基本情况

（一）基本区情

开州区幅员面积 3959 平方公里，全区户籍总人口 168.6 万，辖 40 个乡镇街道（其中，7 个街道、33 个乡镇），109 个社区，426 个村。

（二）老年人口现状

截至 2018 年底，全区 60 岁以上老年人 30.47 万人，占总人口的 18%；65 岁以上老年人 22.27 万人，占总人口的 13.21%；70—79 岁准高龄老年人 9.52 万人，占老年人总数的 31.55%；80 岁以上高龄老年人 4.1 万人，占老年人总数的 13.6%；90 岁以上高龄老年人 4914 人，占老年人总数的 1.6%。全区失能老年人 1.75 万人、贫困老年人 2.72 万人、计划生育特殊困难家庭老年人 0.12 万人、空巢老年人 1.21 万人。是重庆市老龄化、高龄化程度较高的区县。

（三）养老设施及营运现状

全区已建社区养老服务站 25 个，双村示范点 59 个，养老服务机构 166 家（敬老院 44 家、五保家园 110 家、民办养老机构 12 家），总床位数 6707，每千名老人拥有床位 22.36 张。共有各级各类医疗卫生机构 798 个，其中，区属医疗卫生单位 6 个、乡镇街道医疗机构 40 个、社会办医疗机构 267 个，区级医疗机构床位 1999 张、乡镇街道医疗机构床位 2835 张。现有基础设施，远不能满足养老服务发展需要。

二、工作举措及成效

（一）强化组织保障

区委区政府高度重视养老工作，将社区居家养老全覆盖试点工作列为“政府一把手工程”重点部署推动，成立以区委区政府主要领导为组长的双组长制工作领导小组，加强对全覆盖工作的领导，统筹推进社区居家养老服务全覆盖工作。成立领导小组办公室，负责落地实施社区居家养老服务全覆盖具体工作。建立部门联席会议制度，明确各涉老部门职能职责，强化协同配合，合力推进社区居家养老服务全覆盖工作顺利实施。筹备成立养老服务指导（发展）中心，充实工作力量，加强养老服务质量指导、监管。

（二）强化政策保障

坚持因地制宜、科学规划、合理布局、经济效能的原则，研究制订了《开州区社区居家养老服务全覆盖实施方案（送审稿）》及4个配套政策，对开州区社区居家养老服务全覆盖工作作了整体规划布局，从设施建设、公建民营、运营管理和督导考核等多个层面明确了工作思路和目标导向，为有序开展社区居家养老全覆盖工作打下坚实基础。

（1）《开州区社区居家养老服务全覆盖实施方案（送审稿）》（以下简称《实施方案》）。按照全市社区居家养老服务全覆盖会议“补短板、强弱项、提质量”和保障改善民生工作要求，立足开州实际，在规划布局、建设标准、部门职责、重点工作等方面，制订任务表，列出路线图，明确了社区居家养老服务全覆盖工作的目标任务和责任属地。

（2）制订4个配套子方案。为有效落实《实施方案》，配套制订了4个子方案，从全区社区居家养老规划布局、建设目标任务、公建民营措施、设施建设及运营管理和市区两级财政补助等方面进行全方位政策优化配套。《开州区社区居家养老服务全覆盖公建民营实施办法》规范明确了工作原则、组织实施、合同管理、运营管理、退出和监管机制及政府政策保障等7个方面的内容，鼓励引导社会力量参与发展养老服务业，激发公建养老机构活力。《开州区社区居家养老服务设施建设考核办法》明确将各乡镇街道、涉老部门的社区居家养老服务全覆盖工作完成情况，纳入“保障和改善民生”行动计划目标考核内容以及年度综合目标考核。《开州区社区居家养老服务全覆盖设施建设和运营管理办法》从设施建设项目、工作原则、建设标准、运营管理、服务效能评价和监督管理职责等7个方面对社区居家养老进行规范，明确了设施建设、运营管理、设施等级评估、结果运用等方面的内容和要求，将等级评定结果作为年度运营补贴的主要依据。《开州区社区居家养老服务全覆盖建设和运营管理补助办法》明确了社区养老服务中心（站点）设施建设补助和运营管理补助的补贴标准、申报程序等相关事宜。完善了补助鼓励机制，根据星级评定结果，实行差异化补贴方式，等级越高补贴越多，同时，延长补贴年限，增强养老企业造血功能，促进养老服务产业向高质量发展。

（三）强化产业提升

结合养老需求，立足长远发展，注重科学谋划，为全区养老服务产业高质量发展定基调、画蓝图、谋长远。一是充分利用好社会资本，引进专业养老服务企业，采用公建民营方式，将养老服务中心、站、点、机构打包给专业服务团队实行专业化、规模化、市场化运营。二是大力推动传统养老向现代康养服务转变，充分利用雪宝山、铁峰山等休闲度假区和中药材基地等优质资源，不断丰富服务内涵，积极拓展“养老+”的联动覆盖范围，撬动“养老+农业、养老+中医药、养老+旅游、养老+地产”等多产业融合发展。三是努力打造养老服务特色品牌，将开州本土特色资源与养老服务深度融合，探索开发中医药、养老、养生、旅游等特色养老服务项目，推行新型养老护理模式，推动康养服务产业提质升级，着力打造开州康养品牌文化名片。

（四）强化人才保障

建好人才队伍，制订出台优惠（试行）政策，将养老服务人才培养纳入中长期人才发展规划和职业教育体系，多渠道、多形式开展免费（自费）康养服务人员技能培训，建设一支高素质的康养人才队伍。组建社区居家养老服务志愿者队伍，整合社区人力资源从事社区居家养老服务。

三、发展建议

（一）注重谋划长远

发展养老服务产业是民生大计，非一时之功就能一劳永逸，而要久久为功、持续用力。注重顶层设计、科学规划布局，立足于打基础、谋长远，全面满足现实需求，又遵循发展趋势，前瞻性谋篇布局，切实做到谋一时而顾全局，促进养老服务产业长效发展。开州区充分整合可支配资源，合理利用，最大限度发挥资源优势，努力促进养老服务产业可持续健康发展。

（二）促进融合发展

大力推行社区居家养老服务全覆盖“中心带站”“中心带点”运营模式，输送服务到终端，增强养老服务上下联动、有机整合、相互补充的延展性服务功能。

注重优质资源互补，合理分配养老服务资源，既要达到“中心”服务目标，又要兼顾“站点”服务需求；注重养老服务“点片”融合，既服务于全局，又侧重于各个辐射点，强化养老服务高效能延展；注重责任属地科学高效运作，又要带动区域养老服务产业发展壮大，真正使养老服务达到设施全覆盖、服务全覆盖、管理全覆盖、信息全覆盖和监督全覆盖的目标。

（三）保障建设运营

政府制订出台相关政策法规，加大政策及财力的保障支持力度，健全完善公共服务、基础设施、税费优惠、财政补助等政策举措。同时，发挥市场在资源配置中的决定性作用，加大养老产业招商引资力度，不断优化营商环境，大力引进、扶持、培育一批高品质养老服务品牌企业，将养老服务产业发展推向长效型、健康型和稳定型发展之路。

大足区：注重农村养老服务体系建设与管理创新

一、基本情况

大足区幅员面积1436平方公里，辖6个街道、21个镇。大足拥有重庆唯一的世界文化遗产——大足石刻，《古文孝经碑》《父母恩重经变相》等一批石刻经典造像与孝道文化互相融合、交相辉映，使“孝”文化植根于大足的沃土，传承于百姓的血脉。

（一）经济社会发展情况

大足位于重庆西部，是成渝经济区发展的重要支撑点，是驰名中外的石刻之乡、五金之乡和中国重型汽车工业的“摇篮”，汽车摩托车、电子信息、机器人及智能装备、现代五金、现代家居等产业集群加速形成。2018年，实现地区生产总值517.6亿元，工业增加值224.8亿元，旅游总收入101.1亿元，地方财政收入66.4亿元，农村居民可支配收入16313元，城镇居民可支配收入34836元。

（二）人口老龄化情况

大足区是重庆市老龄化、高龄化程度较高的区县之一。截至2018年底，全区户籍人口107.16万人，60岁以上的户籍老年人21.17万人，占户籍人口的19.75%，其中，70岁以上的高龄老人9.38万人、80岁以上的高龄老人2.61万人、90岁以上的高龄老人5383人、百岁及以上老年人78人。

（三）养老服务现状

全区共有养老服务机构34个，农村互助养老点85处，养老床位3446张，其中，政府运营管理的敬老院19个，床位1628张；在建未投用养老机构3个，床位428张；社会办养老机构12个，床位1390张；政府运营的养老床位数占养老床位总数的47%。

二、主要创新及成效

（一）推行互助养老，助力解决贫困老年人养老服务需求

一是强化邻里互助。在大足铁马村、梯子村等市级贫困村开展互助式养老试点的基础上，将60周岁以上失能失智、孤寡失独、高龄特困和留守老人列为结对服务对象，由村委会负责组织实施，由贫困老人选择有服务能力的邻里作为服务人员，双方自愿建立邻里结对互助关系，有效改善贫困老人生活质量。二是强化志愿服务。采取政府购买服务形式，引进社工及志愿者服务，开展老年文体活动，通过日常生活互助、发展兴趣爱好等方式相互慰藉，让老人在“不离亲情、不改变生活方式”的前提下，走出家庭，丰富晚年生活，有效解决“空巢空心”问题。三是建设“老年之家”。依托养老服务设施，建设文体活动室、健身保健室、洗浴理发室等功能场所，解决农村老年人长期没有服务场所的问题，按照统一管理与互助服务、自我服务结合的原则，不设专门的服务人员，实行“村委会+居家养老服务+医养结合服务+社会志愿服务”运行方式和“互助+自助”的服务模式。

（二）科学合理规划，建立区域性供养服务机构

充分利用现有资源，将条件较好能覆盖多个镇街的供养服务机构，规划为区域性供养服务机构。按照“整体规划、试点先行、有序推进”的工作思路，全面

推行“10+2+1+N”区域性供养模式。设立拾万、双桥、邮亭等10个供养服务机构为自理型区域性供养服务机构，用于服务本辖区及周边镇街符合条件、有入住意愿、无居住房屋的自理型特困人员。设立铁山、智凤2个供养服务机构为失能型区域性供养服务机构，用于服务全区身体失能、半失能特困人员。以大足区第三人民医院为依托，设立万古精神卫生福利服务中心为失智型区域性供养服务机构，用于服务全区精神失能特困人员。将富余的N个供养服务机构作为经营性使用，面向社会招商，积极引进公办或社会力量参与运营管理，发挥国有资产效益，提升农村养老服务工作水平。

（三）强化运营管理，大力发展农村居家和社区养老服务

一是积极探索社会化运营模式。积极引导和鼓励公办或社会力量参与运营和管理，推进万古、宝顶等乡镇敬老院社会化服务，支持建设农村幸福院等自助式、互助式养老服务设施，为农村孤寡、失能、半失能等困难老年人提供便捷可及的养老服务。二是强化农村养老服务基层基础建设。建立健全农村留守老人关爱服务体系，建立农村留守老人档案，完善为老服务措施，结合区域性供养服务机构建设规划，对拾万、邮亭敬老院等12个基础条件较好的乡镇敬老院进行升级改造，使单张床位面积、无障碍设施、应急呼叫系统设置以及消防设备、安全监控系统等符合完全或部分丧失自理能力特困人员照料护理要求。三是推进结对互助模式。通过政府购买形式，结对服务人员按照“两访、三查、四助”要求提供服务，两访，即每天早晚两次走访受助老人家庭；三查，即查看老人每餐是否有保证、饭菜是否充足，老人穿着是否整洁、季节更换衣物是否及时，老人居住环境是否洁净、是否存在消防等安全隐患；四助，即根据老人需要提供助餐、助洁、助医、助难等服务。

三、未来发展方向

今后一段时间，大足区将依托地区资源，发展康养、栖居、文化养老新模式。一是打造山水一体的康养小镇。依托龙水湖国家水利风景区和玉龙山国家森林公园丰富的自然生态资源和休闲旅游资源，探索推进适老化建设，促进公共服务设施、特色产业与养老服务深度融合，将环龙水湖周边的玉龙镇、龙水镇、通桥街

道部分区域，以健康养生养老、生态休闲旅游为特色，融合运动康养、温泉养生、康复养老、教育培训、生态科普等业态，打造龙水湖复合型康养小镇。二是打造栖居养老模式。依托世界文化遗产大足石刻的独特坐标、依山临水的优雅环境、富锶富硒的茶产资源，以禅修、品茗、修养为主题，将旅游资源同养老需求结合起来，将传统的“吃住行”粗放旅游，转变为以“闲情奇”为主的栖居旅游养老模式，让老人带着诗意的追求居住于此，滋养身心、返身自然。三是打造文化养老园区。依托大足石刻文创园，在文创旅游区布局老年艺术大学、文化养老园区等养老文化园区，建成“产业 + 文化 + 旅游 + 养老”为一体、“产城乡养园”融合的文化园区。

奉节县：努力探索贫困家庭失能人员集中兜底供养路径

一人失能，全家被困。奉节县秉持供养“失能”、释放“有能”工作理念，从民生工程和公益事业方面积极探索“政府兜底保障、释放劳动能力、助推脱贫攻坚”新途径，将失能人员集中“托管照料”，彻底解决了贫困家庭的后顾之忧。2018 年底，全县顺利通过退出贫困县验收评估，实现全县整体“脱贫摘帽”。

一、区情简介

奉节县全县幅员面积 4098 平方公里，辖 33 个乡镇（街道、管委会）、314 个村、76 个社区，总人口 107 万人，其中 60 岁以上老年人 19.35 万人，占总人口 18.29%，是全市人口大县、农业大县、资源大县和国家扶贫开发重点县。脱贫攻坚以来，全县全覆盖、网格化、地毯式入户走访，摸排出需政府兜底保障贫困家庭失能人员 948 户、1013 人，其中因残致贫人员占 51%，因病致贫人员占 12.3%。

二、主要工作举措

（一）坚持集中供养，实行托管照料

研究出台《奉节县贫困家庭失能人员集中供养救助办法》，采取“试点先行、规范管理、财政托底、购买服务、整体带动”方式，“供养失能，释放有能”，

对城乡特困、城乡低保、农村建卡贫困户家庭“三类失能人员”实行集中供养“托管照料”。2016年以来，奉节县政府将失能供养机构建设纳入社会福利事业“十三五”发展规划，投资近5000万元，整合乡镇特困供养机构，新改建草堂、永乐、吐祥、兴隆4个失能供养中心，全县供养床位达到1000余张，满足了贫困家庭失能人员“应养尽养”需要。全县已累计供养失能人员605人，释放家庭劳动力906人，实现贫困家庭年增收2700余万元。保守估算，户均增收超过政府投入的两倍，实现贫困家庭“高一格脱贫，快一步致富”，集中供养比家庭分散供养成本大幅下降，“小投入”换取“大收益”。

（二）坚持保障基本，实行兜底供养

根据“吃饭、穿衣、上下床、如厕、室内行走和洗澡”等六项指标开展生活自理能力评估，按1:7的比例聘请专业护理服务人员。整合社会救助、慈善捐款、残疾人保障等资金，按1名失能人员1500元/月标准，统筹供养资金，财政统一拨付。集中供养期间患病需住院治疗的，特困人员由乡镇（街道）或供养机构负责，实行兜底保障；低保对象和建卡贫困户通过合作医疗报销后，本人或家庭自行承担相关费用，对特别困难的给予临时救助。供养期间，政府兜底保障提供生活照护、精神慰藉、文化活动、健康检查、疾病护理等服务。同时，根据入住对象兴趣、特长，组织开展刺绣、绘画、书法等技能培训和文艺表演、坝坝舞等文娱活动。失能人员在供养中心“大家庭”，相互交流、和谐相处，专业护理、医养结合，让他们过上了人格有尊严、生活有保障的体面生活。

（三）坚持部门联动，打捆帮扶政策

民政与残联、教育、卫生健康、人力社保等部门联动，实施就业扶贫、教育扶贫、康复救助等政策“打捆帮扶”，助推失能贫困家庭脱贫。供养中心与辖区乡镇卫生院签订协议，设立医疗门诊或医务室，派驻专业医师、护士，定期为失能人员进行身体检查和常见病处理，免费为病人做康复训练，让失能人员“足不出户”享受基本医疗服务；对重大疾病提供医疗救助帮扶，按就近就地就医原则，分步实施派驻医生“床头治疗”、乡镇卫生院住院治疗、协助转院治疗等。永乐失能供养中心率先开通了“互联网＋阿里健康”远程会诊医疗功能，为失能人员的健康提供保障。

（四）坚持动态管理，健全运行机制

加强动态管理，按照调查摸底、公示核实、汇总报送、随机抽查方式，建立失能人员管理数据库。严格准入审批，县级民政/残联、镇街、村（社区）三级把关审核，严格申报、核实、审批、公示四步工作程序，确保符合条件的贫困家庭失能人员“应养尽养”。乡镇（街道）民政办负责集中供养失能人员的接送安置工作。供养机构、入住人、监护人、乡镇（街道）签订“四方协议”，明确权利和义务，落实好监管责任。建立季度追踪回访制度，定期开展失能人员家庭脱贫情况调查，掌握失能贫困家庭劳动力务工、产业收入、思想等状况，实时更新失能人员数据档案。对于定期回访中发现不再符合集中供养救助条件，或其家庭已脱贫且有供养能力的失能人员，实行由家属接回照顾或者实行低偿服务，以保障惠民政策可持续。

实践证明，每增加10名集中供养对象，可有效释放10个家庭近20个劳动力外出务工或本地就业。奉节县通过探索开展贫困家庭失能人员集中兜底供养、提供公益性岗位解决“零就业”家庭等举措，使贫困家庭释放了“自己脱贫自己干”的巨大潜能，走出一条自主创业脱贫致富之路，目前失能人员集中供养已成为助推脱贫攻坚的奉节名片。《人民日报》《光明日报》《重庆日报》等媒体多次报道，山东、陕西、湖南、江苏等省市的民政部门实地学习考察。国务院扶贫办、民政部、中残联要求在全国推广“奉节经验”。

三、未来发展方向

下一步，奉节县将以重度残疾人为重点，建立健全长期照护保险制度，努力打造奉节失能人员集中供养升级版，扎实推进社会福利社会化改革、专业化服务，进一步增强人民群众的获得感和幸福感。

綦江区：横山镇市级健康养老示范基地建设纪实

綦江，踞渝南门户，扼黔北要津，幅员面积2747平方公里，辖30个街镇，122万人口，其中万盛经开区代管10街镇、人口27万。江以綦名，区以江名，綦江至今有近1400年州县建制历史，版画、僚人、移民等多元文化滋养勃发、

交融共生。綦江是渝南交通枢纽、西部陆海新通道上的重要节点，境内水路、铁路、公路等兼备。境内海拔 800 米以上的高山有 536 平方公里，森林覆盖率 85% 以上，夏季平均气温 25℃，是养生、养老、养心的旅游度假目的地。

綦江区老龄化问题较为突出，截至 2018 年底，全区 60 周岁以上老年人口 21.11 万，占全区常住人口的 22.7%，其中 80 岁以上老年人口 2.95 万，100 岁以上老年人 68 名。为了积极应对人口老龄化、不断满足广大市民日益增长的对健康养老生活的美好需求，綦江围绕康养市场的消费升级需求，积极推动康养产业供给侧结构性改革，精心打造重庆市一流的健康养老示范基地。

一、基地简介

横山健康养老示范基地位于市级休闲旅游度假区——重庆市綦江区横山镇，2019 年 4 月纳入“市级健康养老示范基地”先行试点地区，当月开工建设，7 月投入试运行。目前，已初步完成“1211+N”的基础建设，即 1 个康养服务中心、2 个康养服务站、1 个智慧康养平台、1 支专业康养服务队伍和 N 个深入社区的康养服务点以及特色康养项目。作为市级示范基地，横山健康养老基地具有以下特点。

一是资源禀赋好。横山镇距主城仅 50 公里，1 小时车程，是离主城最近的千米高山养生小镇。境内平均海拔 1000 米，夏季平均气温 25℃左右，80% 地域位于最适宜人类健康“黄金养生海拔线”范围内，核心区的森林覆盖面积超过 90%，入选首届“中国（重庆）气候旅游目的地”，荣获“中国最佳康养旅居度假名镇”“中国避暑养生休闲旅游最佳目的地”称号。

二是康养服务强。基地以养老服务为基础，通过“中心带站、辐射到点”的方式，依托“三养”（养生、养老、养心）融合康养多元化功能，以“六助”（助急、助餐、助洁、助浴、助行、助医）提升居家基础养老服务品质，为横山本地及旅居横山的老年人提供丰富的康养服务。

三是运营模式新。采用公建民营方式，引进专业养老公司提供优质服务，并在“八大康养服务”（基础康养、旅居康养、物美康养、国医康养、运动康养、扶贫康养、人才康养、智慧康养）基础上，结合首届全国名中医王辉武教授在全市乃至全国率先提出的心神康养超药物疗法，实现养生、养老、养心的“三养合一”。

二、主要做法和成效

（一）高位谋划，聚力打造示范标杆

一是明确发展定位。按照“因地制宜走好转型路，因势利导打造升级版”的重要指示精神，区委、区政府主要领导多次专题研究基地建设，明确提出“打造全市领先、辐射西部的养老产业基地”的发展定位，并写入区委年度工作要点和政府工作报告。二是强化规划引领。结合全区“一心、一带、多节点”的全域康养产业布局，科学编制横山“咫尺高山康养地，轻奢慢活二居所”的建设规划，凸显横山在全区康养产业发展中的重要地位。三是健全工作机制。成立康养产业发展领导小组，建立部门联席会议制度，形成齐抓共创的良性工作机制，有效凝聚力量，有力推动横山健康养老示范基地加快建设。

（二）整合资源，协力推动基地建设

一是加大资金投入。“十三五”以来，綦江区不断加大康养示范基地建设投入，已累计投入资金近 80 亿元用于全区康养产业设施建设，其中超过 10 亿元的资金投在横山健康养老示范基地。二是完善设施配套。不断改善路、水、电、气、讯等基础设施，提升建设医院、酒店、门球场、足球场、康养公园、农贸市场等公共服务设施，加快完善适残、适老等便利设施，基本解决“出入堵”“买菜难”“看病远”等瓶颈制约问题。三是营造浓厚氛围。依托“綦彩画廊・三养綦江”旅游品牌，每年举办“唱响横山・歌颂祖国”渝黔青年歌手赛、“横山杯”骑跑两项赛等文体赛事，开设寿乡一家亲周末文化大舞台，举办寿乡一家亲小区文艺晚会，为在横山享受康养服务的群众提供丰富的精神文化生活。

（三）多措并举，着力优化康养服务

一是用好社会资本。为切实提升康养服务质量，引进专业养老服务企业禾康公司，采用“公建民营”的方式，按中心每年补助 20 万元、站点每年补助 5 万元的标准，将中心、站点、机构打包给禾康公司实施专业化、规模化、市场化运营。二是建好人才队伍。实施便捷落户、免费住宿、购房补助等产业人才引育优惠政策（试行），多渠道、多形式开展免费（自费）康养服务人员职业技能培训 25 场次、2000 余人次，着力建设一支高素质的康养人才队伍。三是抓好服务监管。履

行好医疗卫生、食品药品、生态环境等方面的监管职责，引进第三方机构加大监管、处罚力度，确保康养产业持续健康发展。

（四）市场导向，努力促进产业升级

一是丰富服务内涵。在“六助”养老服务基础上，探索医疗、运动、休闲、旅游等多方面的康养服务，推动传统养老服务向现代康养服务转变。二是深化医养结合。大力推行“医养游”新型养老度假护理模式，建成一批中医养生馆，推出系列中医养生茶和药膳食谱，开展推拿、按摩、艾灸等理疗服务，探索开发中医旅游项目。三是推动产业融合。积极拓展“养老+”的联动覆盖范围，推动“养老+农业”“养老+旅游”“养老+地产”等多产业融合发展。在康养产业带动下，横山镇房地产均价达7000元/㎡，最高售价2.7万元/㎡，比上年增长40%；每年5月至10月日均常住横山镇的非本地居民达5万余人，其中近70%是重庆市主城市民，助推横山镇农副产品年销售收入达3000余万元，带动其他消费约5000万元。依靠强劲的康养消费，横山镇农村人均纯收入比上年增长20%。

三、未来发展思路

横山康养基地建设虽然取得初步成效，但也还存在硬件配置不够、政策配套不足等问题。下一步，我们将从以下三个方面进一步助推横山镇和整个綦江区的康养产业高质量发展。

一是进一步提升产业品质。加强康养队伍培训，提高康养专业素质，力争一至两年内培育打造一个綦江本地的康养服务品牌。在发展实践的基础上，探索构建结构科学、层次清晰、要素完整、技术领先、操作性强的康养服务标准体系。

二是进一步充实产业内涵。唱响“綦彩画廊·三养綦江”康养品牌，积极策划包装一批康养产业项目，特别是中高端文旅项目、民宿特色康养地产项目和“银发工业”项目、中老年食品加工项目，建立形成独具綦江特色的康养产业经济。

三是进一步壮大产业规模。积极推广横山康养基地建设经验，引领带动古剑山、高庙等具有较好基础的地方加快发展康养产业，逐步形成全域康养的产业格局，全力推动綦江康养在更大范围、更高层级提升知名度和美誉度，并成为地区经济重要支柱。

武隆区：仙女山镇市级健康养老示范基地建设纪实

武隆地处渝东南乌江下游，幅员面积 2901 平方公里，辖 2 个街道、25 个乡镇，总人口 41 万。被誉为“世界喀斯特生态博物馆”，是全国少有的同时拥有“世界自然遗产”“国家 5A 级旅游景区”“国家级旅游度假区”的地区之一。

截至 2018 年底，全区现有人口 41.15 万人，60 岁以上的老年人 84929 人，占总人口 20.64%，对比 2017 年底上升 0.2 个百分点，已步入中度老龄化社会，属未富先老的典型地区。65 岁以上老年人 66851 人，占总人口 16.25%，70 岁以上老年人 44899 人，占总人口 10.91%，80 岁以上的老年人 12146 人，占总人口 2.95%，90 岁以上的老年人 1348 人，100 岁以上的老年人 25 人。

一、养老服务发展现状

全区以居家养老为基础、社区养老为依托、机构养老为补充，互助养老、健康养老、旅居养老、医养相结合的养老服务体系初步形成。一是“托底养老”持续巩固。在建成的 27 所乡镇敬老院基础上，通过打造片区中心敬老院（福利院）与改造乡镇小敬老院相结合的方式，逐步实现了敬老院的改造升级，改善了居住环境。现已建成 4 个片区中心福利院，升级改造了 6 个乡镇敬老院，在建 1 个片区中心福利院，计划建设 2 个片区中心福利院。对 17 个乡镇敬老院实施了公办民营委托管理改革，提升了养老服务质量。二是“社区养老”稳步推进。自 2012 年以来，依托社区、村委，通过建社区养老服务中心（站）、农村幸福院的方式，搭建好平台，为城乡社区老年人提供日间照料、棋牌娱乐、康复理疗、精神慰藉、就餐等养老服务。全区现已建成社区养老服务中心（站）、日间照料中心 15 个，农村幸福院 95 个，在建日间照料中心 2 个，社区养老服务站 4 个。三是“机构养老”有序发展。遵循政府主导、社会兴办、市场推动的发展原则，建成了区社会福利综合服务中心 1 个，床位 650 张。大力鼓励社会资本投资养老产业，建成了 4 家民办养老院（中心），实现了零的突破。四是“居家养老”初见成效。建成了居家养老信息服务中心（平台）2 个，具备为城区和重点乡镇居家老年人提供日间照料、助餐、助洁、助急、助医、康复保健、文化娱乐、精神慰藉等养老服务的能力。五是“互助养老”创新平台。成立了武隆区时间银行互助养老服务中心，建成集社区时间银行、社区虚拟养老院、社区呼叫援助中心等于一体的社区爱心一卡通连锁服务信息平台和全区老年人信息数据库，为出租自己时间和租赁别人时间的人实施互助养老提供了支持平台。六是“医养结合”不断夯实。启动了“社区＋卫生院”“敬老院＋卫生院”“养老机构＋医院”建设模式，建成仙女山度假区医院医养中心、长坝社区休闲养老康复中心，在建后坪乡镇医养中心、芙蓉之家医养中心，实现医养一体无缝对接，提供全流程连续无间断的生命关怀和健康服务，形成集治疗、养老于一体的服务模式。

二、基地建设概况

（一）“面子里子”两手抓，康养院内外兼修

通过外墙刷新，室内设备换新，改造楼道、地面、功能用房，完善院内管理制度，融入人文关怀，提高专业服务水平，仙女山镇敬老院蝶变为康养院，“硬实力”和“软实力”均得到提升，基本实现了服务管理规范化、服务水平专业化、服务质量标准化、服务对象社会化。改造养老床位60张，成为休闲度假老年人的“新去处”。

（二）服务功能多元化，社区养老人性化

以提供常住和旅居老人多元化养老服务为目的，设置日间照料、文化娱乐、康复保健等功能室，使社区养老服务中心功能规范化、人性化，具备向常住和旅居老年人提供日间休息、助餐、康复保健、健康管理、文化活动、体育锻炼、休闲娱乐、图书阅览、精神慰藉等社区养老服务能力。同时公示服务申请流程、收费标准及服务内容，使老年消费透明化、阳光化；配备社工人员、设立专门服务岗位，使养老服务专业化、标准化。中心试运营以来，日均服务近300人次，成为健康活力老年人的“新乐园”。

（三）医养结合，打造健康舒适医养中心

充分利用中医馆康复医疗保健和闲置床位等设施设备优势，以及度假区医院医养中心与镇卫生院的区位优势，形成中西医医疗联合体，实现了医养一体无缝对接；设立健康大讲堂，发挥医养中心实践基地作用，着力培养一批既懂护理、

又懂照护的复合型人才，助力提高健康养老从业人员的整体水平。医养中心的投用，增加了养老床位 80 张，成为介助介护老年人的“新港湾”。

（四）24 小时在线，深入探索“互联网 + 养老”

建成集社区时间银行、社区虚拟养老院、社区呼叫援助中心于一体的信息服务平台和老年人信息数据库，开通自助服务功能，通过微信公众号“在线预约”，提供 24 小时线上线下居家养老服务。仙女山社区时间银行居家康养中心自 6 月 20 日试运营以来，登记志愿者 679 人，提供服务 982 人次，成为社区居家老人的“新保障”。

（五）树抗衰康养品牌，建标准化智慧康养小区

在建的“云上溪谷”标准化智慧康养小区集“医、养、游、居、文、农、林”七位于一体，致力于把仙女山打造成国内抗衰康养目的地；通过构建智慧服务系统和健康管理系统，利用物联网传感技术，与医院对接，实现对业主的远程健康管理。该小区建成后将成为旅居养生老年人的“新家园”。

（六）尊老敬老爱老，着力适老化公共服务设施改造

投放低踏板公共汽车 2 台，适老化改造公交车站台（亭）8 个，在游客接待中心、印象武隆剧场等停车场设置轮椅停放区 5 个，在仙女山镇卫生院内设立体检中心 1 个，设置户外大型康养形象标识 3 处、固定尊老敬老宣传专栏 8 个，投放尊老爱老 LED 电子滚动字幕标语 300 余条，营造设施为老、服务助老、活动便老、爱老敬老的良好社会氛围。

三、主要创新及成效

（一）充分利用闲置设施，有效整合资源

将仙女山敬老院和中医馆长期闲置的养老、医疗床位及相关设施充分改造利用，增加了养护床位 140 余张，用于满足度假休闲老年人“候鸟式”养老需求和介护介助老年人“照护式”养老需求。将仙女山管委会的党群活动中心与社区养老服务中心有效整合，释放了可开展养老服务的场所近 1000 平方米，能同时接纳 100 余人常住及旅居，为其提供日间照料、体育锻炼、休闲娱乐、文化活动、

助餐、精神慰籍等养老服务。适老化试点建设第一阶段共整合利用闲置资产价值近 6000 万元，有力助推了康养工作。

（二）大力推行互助养老，缓解支付能力不足

批准成立的时间银行，在政府的支持下，完善了制度，为出租自己时间和租赁别人时间的人实施互助养老提供了平台和保障，有效解决了部分老年人需要养老服务但支付能力不足的问题。截至 2019 年 9 月 30 日，武隆时间银行已储值 73953 积分，换取服务 7500 积分，换购商品 8016 积分，结余 58387 积分（目前，服务 1 小时算 20 积分，1 积分等值 1 元钱）。

（三）聚焦贫困群体，康养与扶贫有机结合

武隆区启动了“千人养老精准关爱帮扶计划”，通过政府购买服务的方式，为散居特困老人、农村留守老人、一二级重残人员、建卡贫困户家中的老人发放储值 500 元养老服务卡 1 张，使用健康一体机（移动体检工作站）进村入户免费为其做健康体检、建立健康档案、实施健康管理、进行能力评估，同时根据老年人能力评估结果，分类落实“专业养护人员 + 志愿者”，提供 24 小时线上线下紧急救援和居家养老上门服务。

（四）“政府主导 + 社会化运作”，保证康养能力全覆盖

按照政府主导、市场调配、社会化运作思路，在区民政局的业务指导下，批准成立的仙女山社区时间银行居家康养服务中心（民办非企业）统筹仙女山康养院、石梁子社区养老服务中心、社区养老服务站、仙女山度假区医院医养中心、“云上溪谷”标准化智慧康养小区服务中心、聚合山东一卡易养老服务公司的技术和管理，向仙女山旅居和常住老年人提供机构养老、社区日间照料、失能照护、社区居家养老上门、旅居养老等线上支持和线下直接服务，满足了多类型多层次养老服务需求，实现了康养服务能力全覆盖。

四、未来发展方向

持续进行适老化公共服务设施改造，计划改造老年餐厅 1—3 个，打造精品养老民宿 3—5 个，改造康养酒店 1—2 个，设置老年理疗保健站 1—3 个，适老化改造商场 1—3 个，建成门球场 1 个，改造慢行绿道 1—3 条；助力推广仙女山抗衰康养品牌，建成“云上溪谷”标准化智慧康养小区；适老化膳食技术工艺研发或引进，建成中央厨房 1 个；助推机场康养小镇建设；力争将仙女山镇建成以健康养生养老、生态休闲旅游为特色，聚合山地户外运动、民俗文化体验、养生教育、健康产品等业态为一体的综合性示范康养小镇。

参考文献

[1] 韩振燕，孙中良 . 养老服务理论与实践 [M]. 南京：南京大学出版社，2023.

[2] 曾富生 . 居家养老服务质量提升研究 [M]. 北京：中国社会科学出版社，2022.

[3] 青连斌，江丹 . 养老服务蓝皮书 中国养老服务发展报告 2021[M]. 北京：中国劳动社会保障出版社，2021.

[4] 仙蜜花 . 农村老年人居家养老服务需求预测与发展策略研究 [M]. 武汉：武汉大学出版社，2021.

[5] 丁建定主编；郭林副主编 . 中国养老服务发展研究报告 [M]. 武汉：华中科技大学出版社，2019.

[6] 高洁 . 养老服务发展与创新研究 [M]. 成都：西南财经大学出版社，2022.

[7] 许伟，叶闽慎，李静萍，等 . 智能养老服务研究 [M]. 武汉：湖北人民出版社，2020.

[8] 罗永仕，卢明威 . 养老社会服务研究 [M]. 长春：东北师范大学出版社，2018.

[9] 刘记红 . 基于社区管理创新的城市居家养老服务发展研究 [M]. 长春：吉林文史出版社，2019.

[10] 崔炜 . 养老服务业发展政策 [M]. 北京：国家开放大学出版社，2022.

[11] 赵洁 . 推动居家和社区养老服务发展的实践与思考 [J]. 中国民政，2023，（19）：23-25.

[12] 刘慧玲 . 重庆市社区居家养老服务可持续发展研究 [J]. 就业与保障，2022，（04）：42-44.

[13] 张可欣 . 社区居家养老服务问题及对策研究 [J]. 特区经济，2022，（09）：74-77.

[14] 郑功成 . 推动新时代养老服务高质量发展 [J]. 中国国情国力，2023，（09）：1.

[15] 刘军．供需视角下社区居家养老服务发展应对策略——以重庆市开州区为例[J]. 重庆行政，2022，23（06）：53-55.

[16] 汤易．积极应对人口老龄化 推动养老服务高质量发展 [J]. 中国社会工作，2023，（20）：32-33.

[17] 蒋军成，钱宇桐．促进中国式现代化的社会养老服务供需耦合路径研究 [J]. 决策与信息，2023，（05）：76-85.

[18] 孟传慧，田奇恒．重庆市健康养老服务发展困境与对策 [J]. 中国老年学杂志，2021，41（13）：2879-2883.

[19] 董晨雪，王俊华．我国健康养老发展存在的问题与建议 [J]. 中国国情国力，2022，（11）：26-29.

[20] 杨明伟，吴海燕．中国养老服务体系问题及对策探析 [J]. 兰州工业学院学报，2022，29（05）：118-121.

[21] 方缨．重庆市医养结合养老服务人才队伍建设研究 [D]. 重庆：西南大学，2023.

[22] 周卫．成渝地区双城经济圈养老服务协同发展研究 [D]. 重庆：中共重庆市委党校，2022.

[23] 焦奕文．新时代完善中国社区居家养老服务体系研究 [D]. 长春：吉林大学，2023.

[24] 颜丛丛．居家养老服务制度中政府责任设置的完善 [D]. 济南：山东大学，2023.

[25] 潘婷．积极老龄化视角下机构养老的社会工作服务优化研究 [D]. 重庆：重庆工商大学，2023.

[26] 王琳．社区居家养老服务发展现状与对策研究 [D]. 重庆：西南政法大学，2022.

[27] 周梦苑．重庆市医养结合养老服务中的政府责任研究 [D]. 重庆：中共重庆市委党校，2023.

[28] 彭丽亚．重庆市 S 区独居老人养老问题及对策研究 [D]. 重庆：中共重庆市委党校，2023.

[29] 李建．我国社会养老服务立法完善研究 [D]. 兰州：西北民族大学，2023.

[30] 王玉洁．重庆市两江新区医养结合养老服务问题及对策研究 [D]. 重庆：西南大学，2022.